臨床心理学研究法特論

（新訂）臨床心理学研究法特論（'23）

©2023　石原　宏・川部哲也

装丁デザイン：牧野剛士
本文デザイン：畑中　猛

o-38

まえがき

　本書を手に取っていただき，ありがとうございます。この本は，放送大学大学院の臨床心理学プログラム科目「臨床心理学研究法特論（'23)」の印刷教材として作成されました。放送大学とは関係なくこの本を開いてくださった方にも，本書のみで独立して臨床心理学研究法を学べる内容になっています。

　本書の最大の特徴は，大学院生（修士課程／博士前期課程）が学ぶ臨床心理学研究法であることを存分に意識した内容と構成にしたことです。大学院生が研究法を学ぶ場合に強く意識されるのは，兎にも角にも修士論文を執筆しなければならない，という現実的な要請でしょう。ですので，まずは修士論文の執筆に役立つテキストになるように，と考えました。そのため，種々の研究法を紹介する前に，修士論文のためのテーマを見つけて研究の発想を育てていく段階（第2章）と，先行研究を調べてレビューする段階（第3章）に，それぞれ1つの章を割きました。また，論文執筆の作法（第13章）や，知っておきたい研究倫理（第14章），さらには学会発表や学術誌への論文投稿（第15章）についても扱いました。この1冊で，修士論文のための研究を発想し，論文を仕上げて，学会発表などへとつなげていく一連の流れを総合的に学ぶことができます。

　本書のもう一つの特徴は，「目的（リサーチクエスチョン）を明確にすることが，研究を実施する上で最も重要である」と，一貫して強調したことです。研究法をどれだけ詳細に勉強しても，それだけでは研究はできません。研究法は必ず，その研究を通して何を知りたいのかという「目的」に照らして選択されるからです。本書では，臨床心理学の研究法を，まずは大きく量的研究法と質的研究法の2つと，両者をミックスして用いる混合研究法に分けました。これら3つの研究法を並べて比較しても，どれが優れていて，どれが劣っているかということは言えません。料理に喩えるなら，魚という食材（研究テーマ）があって，煮る・焼くという調理法（研究法）を知っていたとしても，どちらの調理法が

4

優れているかは決められないのと同じです。煮魚が食べたいこと（目的）がハッキリしていれば，煮るのが最適な調理法と分かりますし，焼き魚が食べたい（目的）のであれば，焼くのが最適ということになります。あるいは，香ばしさも楽しめる煮付けにするのなら，軽く焼き目を付けてから煮るという選択もできるでしょう。これと同じで研究法も，研究の目的がハッキリしたときに，初めて適切な選択ができます。

　もう一つ，本書がこだわったのは，臨床心理事例に関する研究法を大きく取り上げた（第9〜12章）という点です。臨床心理学を学ぶ大学院生の強みは，臨床心理の実践に携わりながら，修士論文のための研究を行っていくという点にあります。本書を通して，臨床心理実践の技能を磨くことと，臨床心理実践に根差した研究を行うことがどれほど表裏一体の関係にあるかを確かめていただければと思います。

　本書の執筆は，2020年から2022年にかけて行いました。Covid-19の影響を受け，残念ながら4名の執筆者は一度も対面で集まることができませんでした。その分，こまめにリモート会議を開催して，執筆状況を確認したり，各章の方向性を確かめたりしたことで，ほどよくまとまった執筆チームになったのではないかと思います。本書を通して読んでみると，「あぁ，自分が大学院生のときにこういうことを知っておきたかったよなぁ」という内容が詰まった一冊になったと感じます。本書で学んでくださった読者の方が，自身で納得のいく，社会的に有用な，そして何よりもおもしろい臨床心理学の研究を生み出してくだされば幸いです。

　最後になりましたが，本書執筆の機会をいただいた放送大学教授大山泰宏先生，適確なアドバイスで本書の作成を支えてくださいました有限会社アリエッタの金原智子さん，放送教材の作成を手取り足取り教えてくださった放送大学学園制作部プロデューサーの吉田直久さんに，心から感謝申し上げます。

2022年9月

石原　宏・川部哲也

目 次

まえがき　　石原　宏・川部哲也　　3

1 臨床心理学の研究とは　　｜　石原　宏　　9

1．臨床心理学の研究とはどのようなものか　　9
2．大学院で学ぶ臨床心理学研究法　　14
3．本書で取り上げる臨床心理学の研究法　　18

2 研究の発想と展開　　｜　川部哲也　　25

1．研究の発想からリサーチクエスチョンへ　　25
2．研究目的の設定　　34
3．研究方法の設定　　37

3 文献レビューの方法　　｜　田附紘平　　43

1．文献レビューとは　　43
2．文献のまとめ　　48
3．文献研究　　54

4 データ収集法　　｜　片畑真由美　　61

1．目的に即したデータ収集　　61
2．具体的なデータ収集法　　65

5 量的研究法　　｜　田附紘平　　81

1．量的研究法とは　　81
2．変数の特性を知るための分析　　87
3．変数間の関係を知るための分析　　92

6 | 質的研究法(1)　質的研究の理論

| 川部哲也　98

1．質的研究法とは　98
2．質的データの収集　104
3．質的データの分析　107

7 | 質的研究法(2)　質的研究の実践

| 川部哲也　116

1．質的データ分析の特徴　116
2．KJ 法　118
3．グラウンデッド・セオリー・アプローチ（GTA）　121
4．複線径路等至性アプローチ（TEA）　130
5．質的研究法の選択方法　133

8 | 混合研究法

| 川部哲也　137

1．混合研究法とは　137
2．混合研究法の研究デザイン　142
3．混合研究実施時の留意点　150

9 | 事例研究法(1)　単一事例の事例研究

| 石原　宏　156

1．臨床心理学における事例研究法　156
2．単一事例の事例研究のための準備　160
3．単一事例の事例研究論文を書く　165

10 事例研究法(2) 事例研究における
「1」の捉え方　　　　　　　　　｜ 石原　宏　172

1．臨床心理学の事例研究における「事例」とは　172
2．臨床心理学の事例研究と「1」の捉え方　176
3．質的な「1」から考える事例研究　180

11 事例研究法(3) 事例研究の可能性と
知見の伝達方法　　　　　　　　｜ 石原　宏　185

1．臨床心理学における事例研究の可能性　185
2．臨床心理学の事例研究における知見の伝え方　190
3．臨床心理学の事例研究における知見の伝わり方　194

12 効果研究とプロセス研究　　　　｜ 田附紘平　202

1．心理療法に関する実証研究　202
2．効果研究　207
3．プロセス研究　213

13 論文執筆の作法　　　　　　　　｜ 片畑真由美　221

1．論文構造の理解　221
2．論文の質を高めるために　233

14 研究倫理について　　　　　　　｜ 石原　宏　240

1．研究の実施にまつわる倫理　240
2．研究不正行為と好ましくない研究行為　245
3．研究の公表にまつわる倫理と倫理テスト　249

15 | 研究の遂行と研究成果の発表

| 川部哲也　　257

　　1．研究を進める上でのよくある困りごと　　257
　　2．研究発表のすすめ　　264
　　3．臨床と研究の循環　　268

索引　　274

1 | 臨床心理学の研究とは

石原　宏

　第1章では臨床心理学の研究とはどのようなものであるかについて考えたい。臨床心理学の研究テーマや研究法にはどのようなものがあるのか，概観することが目標となる。また大学院で学ぶ臨床心理学の研究法に固有の課題についても考えてみたい。第3節では，本書で扱う内容を一通り概観し，学びの見通しを立てることもねらいとなる。

【キーワード】　法則定立的研究　個性記述的研究　臨床心理学研究の多様性

1. 臨床心理学の研究とはどのようなものか

　本書では臨床心理学の研究法について学ぶ。まずは学び始める今の時点でのあなたの理解の現状を記録しておくために，以下の3つの質問について，あなたが思い浮かべるものをメモしてから先に進んでほしい。

　①あなたが考える臨床心理学の研究とはどのようなものか。
　②あなたが考える臨床心理学の研究テーマとはどのようなものか。
　③あなたが知っている臨床心理学の研究法とはどのようなものか。

（1）　臨床心理学研究の多様性

　臨床心理学の研究は，その対象も方法も多様であって簡潔に定義づけるのは困難である。
　研究のテーマとなる対象について考えてみると，自閉スペクトラム症や学習障害，うつ病や統合失調症，不安障害や強迫性障害，不登校や引きこもり，家庭内暴力や虐待，薬物依存やアルコール依存，高次脳機能障害や認知症など，臨床心理実践で援助の対象となる障害や症状，ある

いは問題行動などがまず挙げられる。また，行動療法や認知行動療法，動作法やイメージ療法，精神分析的心理療法や箱庭療法などのような介入技法に関する研究，あるいは，発達検査や知能検査，神経心理学的検査，投映法や描画法，人格目録や各種の尺度などアセスメント技法の開発や評価といった研究もある。乳幼児期，児童期，青年期，成人期，中年期，老年期のように，発達の時期に注目してそれぞれの時期において中心となる発達課題について検討するような研究もあれば，医療領域，福祉領域，教育領域，司法領域，産業領域のように臨床心理実践が行われている各分野をテーマとした研究も行われている。また，アタッチメント，自尊感情，葛藤，衝動性，攻撃性，幸福感など臨床心理学に関わる構成概念も研究テーマの定番である。

　研究方法について考えてみても，臨床心理実践の事例を個別に検討する事例研究法，調査的面接法で収集した語りをグラウンデッド・セオリー・アプローチ（GTA）などによって分析する質的研究法，親子の交流や学校の教室での児童ダイナミクスなどを記述・分析する観察法，評定尺度法を用いた調査法，要因を統制して行う実験法，さらには磁気共鳴画像（MRI）や近赤外分光法（NIRS）などの測定装置を用いた神経科学的研究法など，臨床心理学の研究にはさまざまな方法が用いられている。

　このように研究テーマから考えても，研究方法から考えても，臨床心理学の研究は多岐にわたる。「臨床心理学の研究と言えば，これ！」と単純に言い切ることはできない。あなたが臨床心理学の研究を計画し実施しようとするならば，あなた自身の関心に沿って研究テーマを絞ること（あるいは深めること），また自らの研究に適した研究法を選択することが重要になる。どのように研究テーマを絞り，どのように研究法を選択するとよいのかについては第2章以降で述べていく。

（2）　法則定立的研究と個性記述的研究という分類

　あなたがこれまでに心理学の研究法について学んだことがあるならば，心理学の研究が法則定立的（nomothetic）研究と個性記述的

（idiographic）研究に大別されるという説明を受けたことがあるのではないかと思う。臨床心理学の研究も，その研究が何を目指して行われるのかという目的の違いで，法則定立的研究と個性記述的研究に分けることができる。

　法則定立的／個性記述的という用語は，ドイツの哲学者ヴィンデルバント（Windelband, W.）が経験科学を分類する際に用いたものである。ヴィンデルバント（1894/1929）によると，法則定立的研究とは，「自然法則の形式を有する普遍者」，「普遍的・無時間的本質」を求めるものである。つまりは特定の時間や場所を超えて通用する普遍的な法則を探求することを目指す研究である。それに対し個性記述的研究とは，「歴史的に規定された形態を具する特殊者」，「個別的・時間的現象」を求めるものである。つまりは特定の時間と場所において具体的に存在する個人・個物など唯一無二の一者，一回的なものについて探究することを目指す研究である。法則定立的学問の代表例として自然科学が，個性記述的学問の代表例として歴史学が挙げられている。

　ヴィンデルバントのこのような説明を踏まえて言えば，臨床心理学の研究は，法則定立的（自然科学的）に行うことも可能であり，また個性記述的（歴史学的）に行うことも可能である。たとえば，A氏という不安障害に苦しむ人がいて，臨床心理学の研究に協力していただけることになったとしよう。法則定立的（自然科学的）研究では，A氏という具体的個人の置かれた文脈を捨象しても通用する不安障害に関する普遍的・法則的な知見を見出すことが研究の目的となる。一方，個性記述的（歴史学的）研究では，唯一無二のA氏という具体的個人が置かれたこの時この場という具体的文脈のなかで起きた事象や体験を個別的に明らかにすることが研究の目的となる。

　あなたが臨床心理学の研究を行うなら，法則定立的研究か，個性記述的研究かどちらの研究を行いたいだろうか。せっかく研究を行うのだからあらゆる人間に共通する普遍的な法則を見つけたいという考えもあるだろう。反対に，臨床心理実践で寄り添うのは唯一無二の個人なのだから研究においてもできる限り個別性に肉薄したいという考えもあるだろ

う。個別的な文脈を捨象した法則の発見は，より多くの人の役に立つ知見となりうる。一方，普遍的な法則のみでは，現実に生きる具体的個人の複雑性を捉えることはできない。この両者はどちらが正しいとか，どちらが優れているとか言うものではなく，両者の特長を活かして相互補完的に臨床心理学の知見を高め，その知見をより強靭なものにしていくような関係にあることが望ましいと言える。一人の研究者として，目的に応じて両者を使い分けることができれば理想的かもしれない。しかしたとえどちらか一方による研究を追究する道を選んだとしても，もう片方の研究から得られる知見への関心を常に失わずにいることが重要である。

（3） 臨床心理学の学問的位置づけ

　臨床心理学を学問として位置づけるとき，大きく分けて2種類の位置づけ方が存在する。一方は心理学の応用分野の1つとして位置づけるものである。他方は臨床心理の実践を研究する学問として位置づけるものである。

　1つ目の位置づけ方，心理学の応用分野の1つとして臨床心理学を捉える見方では，臨床心理学の基礎となる学問は，当然，心理学である。この見方では，臨床心理学の研究を行うためには，その基礎となる心理学を十分に学んでいる必要があると考える。これは，医学における基礎医学と臨床医学の位置づけと同様の発想である。心理学には**基礎心理学**と臨床心理学があり，基礎心理学で実験を通じて検証された知見を，実際のクライエント／患者に応用するのが臨床心理学であるとする考え方である。こうした考え方の典型例として，基礎心理学における学習理論と臨床心理学における行動療法の関係が挙げられる。イヌやハトやネズミといった動物を対象に厳密な実験によって明らかにされた行動の学習に関する法則が，臨床心理学の実践として人間の問題行動の解決に応用され法則に従った効果をあげる。この場合，臨床心理学の研究は，基礎心理学で見出された普遍的法則を個別的で特殊な具体的個人の問題解決にどのように応用するかを検討し，その応用が効果をもつことを検証す

ることになる。

　2つ目の位置づけ方，臨床心理の実践を研究する学問として臨床心理学を捉える見方は，まず何よりもカウンセリングや心理療法，プレイセラピーなど，個別の臨床心理実践があると考える。そして，その個別の実践のなかで起きてくるさまざまな事象を記述し深く分析していくことを通して，結果的に臨床心理実践についての普遍的な知を築き上げていこうとする。日本では，これを基礎心理学に対する臨床心理学と区別して，臨床心理実践すなわち心理臨床の学として「**心理臨床学**」と呼ぶ場合もある（藤原，2004）。現実に生きる唯一無二の固有のクライエントを十分に理解するために，基礎心理学によって明らかにされる知見を尊重しつつも，心理学に留まらず，医学や生物学はもとより，哲学や教育学，宗教学や文化人類学，文学など幅広い学問が臨床心理学の基礎学問となりうると考える点もこの捉え方の特徴である。こうした考え方の典型例としては，実践家自身の自己分析とクライエントとの個別の実践事例の研究を積み上げることで個人を超えた普遍性をもつ理論や体系を構築したフロイト（Freud, S.）の精神分析やユング（Jung, C.G.）の分析心理学が挙げられる。この場合，臨床心理学の研究は，臨床心理実践を出発点とするため，研究者自身が臨床心理実践の実践家であることが必須となる。必然的に，自らの臨床心理実践を原点とした実践に根付いた研究，また実践に還元される研究の実施が期待される。

　このように，同じ「臨床心理学」という名称のもとで行われる研究であっても，研究者によって臨床心理学の位置づけが異なっている場合がある。このことを理解しておくことは，術語をめぐる無用の混乱を避けるためにも役立つと考え，ここでは上記のように整理した。臨床心理学の研究を実施しようとするときに，自身が「臨床心理学」をどのように捉えているのかを自覚することは，研究を通して何を目指すのかを自覚することでもある。それはまた，どのような研究法を選択するのかの判断に直接的に関わる。

　法則定立的研究と個性記述的研究の関係と同様に，応用心理学としての臨床心理学と臨床心理実践の学としての臨床心理学（心理臨床学）も，

相互補完的に臨床心理学の知を発展させる関係にある。臨床心理学の研究は多様であり，研究が目指す方向も広角に広がっている。これは人間の心が単一の原理では決して捉えられない複雑性をもつことを反映していると考えることができる。臨床心理学の研究が多様性をもつことは，結果的に，臨床心理学全体として，多様なクライエントのニーズに応えることにつながっていることを理解しておきたい。自らが目指す臨床心理学の研究の立ち位置を自覚すると同時に，自らが選択した研究の立ち位置とは相容れないように思える研究アプローチからも学ぶ姿勢を失わないことが肝要である。

2. 大学院で学ぶ臨床心理学研究法

本書が想定する主要な読者は，大学院（以下，単に「大学院」と書く場合は，修士課程／博士前期課程を指すこととする）において臨床心理学を専攻している大学院生である。したがって，本書では，臨床心理学における研究法一般を扱いながらも，大学院生ならではの課題についても触れていく。

再び3つの質問を挙げる。あなた自身の考えをメモしてから，読み進んでいただければと思う。

①学部学生として（学士課程で）学ぶ臨床心理学と大学院生になってから学ぶ臨床心理学には大きな違いがあるが，それはどんな違いか。
②大学院を修了して，臨床心理専門職となった場合に行う研究と，大学院で行う研究には，どのような違いがあるだろうか。
③臨床心理の専門職に就く人が研究を行う必要はあるだろうか。あるとすれば，なぜ研究を行う必要があるのだろうか。

（1） 大学院で学ぶ臨床心理学とその研究―学士課程との比較

学部学生であろうと，大学院生であろうと，あるいは大学院を既に修了した人であろうと，長い目で見て最終的に身につけるべき臨床心理学の研究法の全体像に変わりはないと言える。それでも，それぞれの段階

で，何に留意しながら臨床心理学の研究法を学ぶのか，その強調点や課題は違ってくるのではないかと筆者らは考えている。

　臨床心理学を学ぶ場合，学部学生と大学院生で，学び方に決定的な違いが存在する。学部学生のうちは，臨床心理学的な支援を求めるクライエントに直接出会って専門的な臨床心理実践を行うことはない。授業などにおいても，原則として実際のクライエントに関する情報に触れることはできない。一方，臨床心理専門職を養成する大学院では，実習の枠組みのなかで，実際のクライエントと直接関わりながら，臨床心理査定や臨床心理面接などの実践技能を修得していく。また，秘密保持をはじめとした臨床心理実践の専門倫理の遵守を前提として，大学院の授業で実際のクライエントに関する情報に触れて学ぶようになる。ケースカンファレンスなどで生きた臨床心理実践の報告を聴くことも可能になる。つまり，大学院で臨床心理学を学ぶということは，臨床心理の実践家の1人として臨床心理学を学ぶということでもある。

　研究に関して言えば，学部学生の間は，臨床心理実践に直接携わることができない立場から，それでも実施可能な臨床心理学の研究に取り組むことが課題となる。そして，そのような研究に適した研究法を選択していくこととなる。比較して，大学院生になると，臨床心理実践に実際に携わる者として，どのような臨床心理学の研究ができるのかを考えることが新たな課題となる。研究法を学ぶ上でも，自らの臨床心理実践を研究に反映させるとすればどのような方法を採ることができるのか，という観点が新たに加わることになる。

（2）　臨床心理専門職における研究の位置づけ

　大学院で臨床心理学を専攻する人の多くは，資格取得を視野に入れて，臨床心理専門職になることを目指しているものと思われる。もちろん，研究にこそ取り組むために臨床心理学の大学院へ進学したという人もいるだろう。しかし，これまでの筆者らの経験からすると，そのような人は少数派ではないかと想像する。むしろ，スクールカウンセラーや病院臨床心理職などとして臨床心理の実践業務に携わることを目指して，心

理検査やカウンセリング，あるいは認知行動療法などの技能を身につけたいという思いをもって大学院に入った人が多いだろう。そして，正直なところ研究は苦手だという人も多いのではないだろうか。

　臨床心理専門職にとって最も重要なことは，クライエントに臨床心理面接などを通した専門的な関わりを行う技能をもっていることである。大学院においても，そうした実践的技能を身につけることが優先される。そこにこそ多くの時間とエネルギーを注ぎ込むことになる。研究には，実践的技能を磨くのとは種類の異なる努力が必要となる。そのため，「実践だけでも手一杯なのに，研究のことまで考えないといけないなんて苦しいな」とか，「実践さえできていれば，研究なんてしなくてもいいのではないか」などと思ってしまうのも理解のできないことではない。そもそも臨床心理の専門職に就く人は，研究を行う必要があるのだろうか。

　この点について，明確な考え方を示しているのが，公益財団法人 日本臨床心理士資格認定協会が認定する「臨床心理士」である。臨床心理士資格審査規程第11条には，「臨床心理士は，学校教育法に基づいた大学，大学院教育で得られる高度な心理学的知識と技能を用いて臨床心理査定，臨床心理面接，臨床心理的地域援助及びそれらの研究調査等の業務を行う」（公益財団法人 日本臨床心理士資格認定協会，2020）と明記されている。つまり，臨床心理士は，臨床心理査定や臨床心理面接，臨床心理的地域援助といった実践を行うのみならず，「それらの研究調査等」を行うことも「業務」として位置づけられた専門職なのである。

　また，臨床心理士受験資格に関する大学院指定運用内規第6条には，第1種と第2種の指定大学院で学ぶ大学院生について，臨床心理士資格審査のための受験資格が認められる要件が記載されている。その1つに「修士論文のテーマと内容が臨床心理学に関するものであること」（公益財団法人 日本臨床心理士資格認定協会，2020）という項目がある。臨床心理士になろうとすれば，臨床心理学に関する修士論文を書くこと，すなわち臨床心理学の研究をすることが条件となっているのである。このように，社会的には臨床心理実践に注目が集まりがちな臨床心理士で

あっても，受験資格を得るために研究を行う必要がある。そして，臨床心理士になった後も必ず行うべき専門業務として研究が位置づけられているのである。

（3）　大学院における臨床心理学研究—臨床心理専門職との比較

　臨床心理専門職として働く人が，なぜ業務として研究を行うのか。もう少し考えてみよう。

　ここでも，臨床心理士の業務について見てみよう。藤原（2021）は，臨床心理士の4つの業務のうち「調査研究に関する業務」を「リサーチを通してユーザーに関する認識を深め，臨床心理士自身の経験を捉え直し，他の臨床心理士と経験や知見を相互に検討し分かち合うことによって，臨床心理士個人の臨床実践技能と認識に公共性と社会的現実性を与えていくもの」であると説明している。この説明は，臨床心理士が研究を行う目的として読むことも可能である。つまり，①ユーザー（すなわち，クライエント）に関する認識を深めるために，②臨床心理士自身の経験を捉え直すために，また，③他の臨床心理士と経験や知見を相互に分かち合って臨床心理士個人の臨床実践技能と認識に公共性と社会的現実性を与えるために，研究を行うのである。

　このことから分かるように，臨床心理士にとって研究は，臨床心理実践と切り離して考えることはできない。①クライエント理解を深めるのも，②臨床心理士自身の経験を省察するのも，③経験・知見を共有し公共化するのも，結局のところ，臨床心理実践へと還元されることを目指すものである。臨床心理実践を前提として，より質の高い，より適切な臨床心理実践を実現するための研究，これが臨床心理専門職に求められる研究であると言えよう。

　大学院においても，このような研究を1つの手本として研究を実施することは可能であろう。たとえば，大学院生自身が担当したクライエントについての事例研究を行うことができれば，最も分かりやすい形で，臨床心理実践を前提として，臨床心理実践に還元していく研究となるであろう。しかし，学術的な評価に耐えうる事例研究を行うことは，大学

院生にとってはなかなか難しい。その理由の1つに，大学院生が経験しうる臨床心理実践は，一般的には実習における経験に限られていることが挙げられる。大学院生が実施する臨床心理学の研究を考える場合には，研究の前提となる実践経験がまだまだ圧倒的に少ないという，いかんともし難い事情のもと，どのような形で臨床心理実践に還元できる研究が行えるのかを考えることが1つの課題となる。

　以上に見てきたように，大学院で学ぶ臨床心理学の研究法には，学士課程で学ぶ臨床心理学の研究法と比較しても，臨床心理専門職が行う研究の研究法と比較しても，特有の課題が存在する。そのことを念頭におきながら，この後の各章の学習を進めていただければと思う。

3. 本書で取り上げる臨床心理学の研究法

　続いて，各章で取り上げる内容について概観することで，本書で学ぶ臨床心理学研究法の全体像を捉えておきたい。本書で扱う内容は，①研究を実施するための基本事項，②扱うデータの性質によって区別される研究法，③臨床心理実践を扱う研究法の3つに整理される。以下それぞれを見ておこう。

（1）　研究を実施するための基本事項

　これに該当するのは，研究法のなかでも，研究を計画立案する方法，先行研究を調べる方法，データを収集する基本的な方法，論文を執筆する作法，そして研究を実施する際に遵守すべき研究倫理といった，基本事項について学ぶ内容である。本書では，第2章から第4章，および第13，14章でこれらの内容を扱う。

　第2章「研究の発想と展開」（川部）では，あなたが研究を計画しようとするときに，どのように研究テーマを考えればよいのかについて考える。本書を読み始めた段階では，まだ研究したいテーマが漠然としている人も多いだろう。第2章は，そんなときに，何をきっかけに考えを進めればいいのか，どんな風にテーマを絞って（あるいは深めて）いけばいいのか，できる限り具体的なヒントが得られるような内容となって

いる。研究の計画の立案から実施，データの分析，論文の執筆まで，リサーチクエスチョン（研究設問／研究目的）こそが要となる。このことは本書で繰り返し強調する。リサーチクエスチョンが盤石であれば，後の研究プロセスは安定する。リサーチクエスチョンをどのように育てていくのか，第2章でじっくり学んでいただければと思う。

　第3章「文献レビューの方法」（田附）では，研究を進めていくのに欠かせない文献レビューについて詳しく学ぶ。どのような研究を行う場合でも，あなたの研究が，どのような学術的背景をもち，これまで行われてきた先行研究のなかへどのように位置づけられるのかを示さなければならない。そのために，既に発表されている文献（書籍や論文）を調べることになる。第3章では，研究目的の明確化を目指して研究の一部として行う「文献のまとめ」と，文献レビューそれ自体が1つの研究となる「文献研究」に分けて，文献の具体的な探し方も含めて紹介する。文献レビューは，膨大な量の文献を前に途方に暮れることも多い一見受動的な作業に見えるが，実は研究者としてのあなたの主体的な関与が求められる創造的な研究行為であることを学んでいただければと思う。

　第4章「データ収集法」（片畑）では，臨床心理学の研究で用いられる一般的なデータ収集法について学ぶ。本書で取り上げたのは「面接法」「観察法」「質問紙法」「検査法」「実験法」の5つである。どの方法を用いてデータを収集するかによって，当然，得られるデータの内容と性質は異なってくる。あなたの研究にどのデータ収集法を用いるかを決めるのは，あなたの研究がどのようなデータを必要とするかに依存する。それは，あなたの研究で何を明らかにしようとしているかと同義である。つまり，データ収集法もまた，リサーチクエスチョンに照らして決定するのである。各データ収集法の得意とするところをよく理解し，自身のリサーチクエスチョンに適した方法を選択できるようになることを目指してほしい。

　第13章「論文執筆の作法」（片畑）では，論文を執筆する際に具体的に留意すべき事柄について学ぶ。まずは臨床心理学の研究論文の一般的な構造（問題・目的・方法・結果・考察・文献）とそれぞれの項目で書

くべき内容について解説し，さらに論文の質を高めるために注意すべき
ポイントについて紹介している。論文を執筆する際の基本的なガイドと
して役立ててほしい。

　第14章「研究倫理について」（石原）では，臨床心理学に限らず研究
者が遵守すべき一般的な研究倫理について学ぶ。本書では，研究の実施
にまつわる倫理（インフォームド・コンセント，個人情報の保護，デー
タの収集と管理），研究不正行為と好ましくない研究行為，研究の公表
にまつわる倫理について学ぶ。また，ある研究行為が倫理上問題のない
行為であるかどうか自身で判断するための1つのツールとして「倫理テ
スト」を紹介する。研究倫理について適切な判断ができることは，第一
義的には研究協力者を守るために必要なことである。また，あなた自身
が不用意な倫理違反を犯さないこと，あるいは他者の研究不正行為に巻
き込まれないことで，結果的にあなた自身を守ることになるため，ぜひ
自分事として主体的に学んでほしい。

（2）　扱うデータの性質から区別される研究法

　これに該当するのは，収集したデータの内容と性質によって区別され
る研究法について学ぶ内容である。本書では，量的研究法，質的研究法，
および混合研究法の3種類に大別した。これらの研究法は，表面的には
収集したデータの性質の違いによって説明できるが，深く掘り下げた背
景には，世界をどのようなものとして捉えるのかという認識論的立場の
違いが存在している。そのような意味で，これらの区別は単にデータの
分析方法の違いではなく，研究によってどのような知見を提供しようと
するのかという研究姿勢の違いでもあることを理解して，あなたの研究
に適した方法を選択してほしい。本書では，第5章から第8章でこれら
の内容を扱う。

　第5章「量的研究法」（田附）では，得られたデータを，統計分析を
用いて処理する量的研究法について学ぶ。本章第1節で，特定の時間や
場所を超えて通用する普遍的な法則を探究することを目指す法則定立的
研究について学んだ。普遍的で一般化可能な知見の提供を目指す法則定

立的研究で第一選択肢となる研究法が量的研究法である。第 5 章では，量的研究法の概要について学ぶとともに，いくつかの具体的な統計分析の手法を紹介している。あなたが，量的研究を行って統計分析を用いようとするときに，どの手法を用いるのが自身の研究に適しているのかを的確に判断できるようになることが重要である。

第 6 章「質的研究法⑴　質的研究の理論」（川部）では，得られたデータを数量化するのではなく，ディテイルを豊富に残したテキスト（文字）の形で扱う質的研究法について学ぶ。第 7 章でも引き続き質的研究法を取り上げるが，第 6 章がいわゆる総論であり，第 7 章が各論にあたる。第 6 章では，量的研究法との比較も交えながら，質的研究法とはそもそもどのような特徴をもつ研究法か，どのようなリサーチクエスチョンの研究に向いていて，どのような下準備が必要でどのような流れで研究が進んでいくのか，質的研究法一般に共通する事項を学ぶ。

第 7 章「質的研究法⑵　質的研究の実践」（川部）では，日本の臨床心理学の研究においてよく用いられる KJ 法，グラウンデッド・セオリー・アプローチ（GTA），修正版グラウンデッド・セオリー・アプローチ（M-GTA），複線径路等至性アプローチ（TEA）を概観している。質的研究法では，概して，人間の主観的な体験を扱う。研究者による主観的な体験の解釈は，ともすると恣意的なものに陥る。さまざまな質的研究法が考案されているが，広く採用されている質的研究法は必ず，分析手続きからできる限り恣意性を排除し，かつ分析プロセスを記録することによって，解釈の妥当性を高める工夫がなされている。本章で取り上げる 4 つの方法でそれぞれどのような工夫がなされているか，比較しながら学んでみてほしい。

第 8 章「混合研究法」（川部）では，量的研究法と質的研究法を組み合わせた研究デザインを組む混合研究法について学ぶ。第 5 章から第 7 章までの学習で，量的研究法には量的研究法の長所が，質的研究法には質的研究法の長所があることを学ぶことになる。両者に長所があるならば，1 つの研究（あるいは 1 つの研究プロジェクト）で，量的研究法と質的研究法の両者を掛け合わせることで，どちらか単独では示し得な

かった知見を獲得できると考えるのは自然なことであろう。量的研究法
と質的研究法の背景には，まったく異なる哲学的前提があるが，そうし
た違いに留意しながら両者の良さを活かすさまざまな研究デザインが提
案されているので，ぜひ学んでいただきたい。

　量的研究法，質的研究法，混合研究法は，詳細に説明しようと思えば，
それぞれ独立した1冊のテキストが必要になるような内容である。本書
では，それぞれの研究法の基本的な考え方をつかみ，どのような研究目
的（リサーチクエスチョン）をもつときにどの研究法を採るとよいのか
が判断できるようになることを目指す。それぞれの研究法の具体的な手
続きについては，各章で挙げる引用文献・参考文献を読んでさらに学習
していただければと思う。

（3）　臨床心理実践を扱う研究法

　これに該当するのは，事例研究法を扱った第9章から第11章，および
効果研究とプロセス研究を扱った第12章である。

　第9章「事例研究法(1)　単一事例の事例研究」（石原）では，事例研
究法について概観したあと，1つの事例の開始から終結（あるいは中
断）までの経過を記述し分析するという，臨床心理学において最もオー
ソドックスな事例研究のスタイルを紹介する。そして，このような事例
研究を行うために必要な準備と，実際に論文を執筆する際の具体的な留
意点について学ぶ。

　第10章「事例研究法(2)　事例研究における『1』の捉え方」（石原）
では，臨床心理学における事例研究の基本スタイルの修得を越えて，事
例研究に必要なセッション数や，なぜ個別の事例あるいは個別のセッ
ションを研究するのかについて考えてみることで，事例研究についてよ
り深く理解することを目指す。「個＝1」を量的に捉える場合と，質的
に捉える場合を比較することで，事例研究において「個＝1」を探究す
ることの意義について学んでいただければと思う。

　第11章「事例研究法(3)　事例研究の可能性と知見の伝達方法」（石原）
では，第10章で学んだ質的な「1」の捉え方を活用した事例研究法につ

いて紹介し，大学院生であっても無理なく実践可能な臨床心理学における事例研究の可能性について考える。また第 9 章，第10章，第11章のまとめを兼ねて，個別の事例を検討して得た知見をどのように伝達するのかという，いわゆる知見の一般化の問題についても取り上げる。

　第12章「効果研究とプロセス研究」（田附）では，臨床心理実践を実証的に研究することを目的とした研究法である効果研究とプロセス研究について学ぶ。事例研究法が，クライエントと実践に携わる実践家＝研究者の個別的で主観的な体験に迫ることを通して普遍的な知を探究することを目指す研究法であるのに対し，第12章で扱うのは主に量的研究法の手法を用いて（一部，質的研究法を用いるものもある）臨床心理実践に関する一般化可能な知見を示そうとする研究法である。

　第 9 章から第12章では，臨床心理学の研究の醍醐味でもある，臨床心理実践をいかに研究するかという問いに応える研究法を扱っている。あなた自身の臨床心理実践を研究へとつなげるにはどうすればよいかを考えながら学んでいただければと思う。

　なお，第15章「研究の遂行と研究成果の発表」（川部）では，本書のまとめを兼ねて，研究遂行にあたって遭遇する困りごとを取り上げ，研究の停滞から抜け出す具体的なヒントについて紹介している。また，学会発表や論文投稿に関しても取り上げた。

　本書を読むことで，臨床心理学の研究は思ったよりも楽しく取り組めそうだとか，早く研究をやってみたくなったと思ってくださる方がいれば嬉しく思う。同時に，研究法を学ぶことが，回りまわって読者のみなさんの日々の臨床心理実践の質を高めることにつながることを願ってやまない。

引用文献

藤原勝紀（2004）．事例研究法　丹野義彦（編）　臨床心理学全書 5　臨床心理学研究法　（pp.19-64）　誠信書房

藤原勝紀（2021）．専門教育，資格試験，専門業務　公益財団法人　日本臨床心理士資格認定協会（監修）　新・臨床心理士になるために［令和 3 年版］（pp.11-43）誠信書房

公益財団法人　日本臨床心理士資格認定協会（2020）．臨床心理士受験資格に関する大学院指定運用内規　令和 2（2020）年度版臨床心理士関係例規集，38-43

公益財団法人　日本臨床心理士資格認定協会（2020）．臨床心理士資格審査規程　令和 2（2020）年度版臨床心理士関係例規集，16-21

ヴィンデルバント，W.　篠田英雄（訳）（1894/1929）．歴史と自然科学・道徳の原理に就て・聖――『プレルーディエン』より――　岩波書店

参考文献

引用文献にも挙げた下記の書籍の前半部分に専門職としての臨床心理士の位置づけが述べられており，このなかで臨床心理実践と研究の関係について詳しく説明されている。ここでは令和 3 年度版を紹介しているが，毎年度発行されるため最新版を参照していただければと思う。

・公益財団法人　日本臨床心理士資格認定協会（監修）（2021）．新・臨床心理士になるために［令和 3 年版］　誠信書房

研究課題

・本章第 1 節のはじめに挙げた 3 つの質問からあなたが思い浮かべた臨床心理学の研究，研究テーマ，研究方法を改めて読み返し，本章に示された「臨床心理学の研究」の説明と照らし合わせて，臨床心理学の研究に対するあなたのイメージがどのような特徴をもつか考えてみよう。

2 | 研究の発想と展開

川部哲也

　この章では，研究を始めるうえで不可欠なリサーチクエスチョンの見つけ方と，その育て方について解説を行う。「私のリサーチクエスチョン」を見つけるには，ふとした思い付きのような発想が大切であるが，その発想の見つけ方を重点的に紹介する。また，リサーチクエスチョンをしっかり立てることが，後の研究法の決定にも大きく関係することを，具体例を挙げながら解説する。

【キーワード】　研究テーマ　発想　リサーチクエスチョン　量的研究　質的研究　混合研究　事例研究　臨床心理学的な問い

1. 研究の発想からリサーチクエスチョンへ

（1）　研究テーマの萌芽

　臨床心理学の研究論文を書く時に，まず大変なのが研究テーマの設定である。多くの場合は，自分で研究テーマを見つけることになるだろう。それは，楽しくも苦しいプロセスになる。自分の興味関心に従って，好きなテーマを選べば良いという意味では楽しい。しかし，個人的な興味関心の追究というレベルを越えて，「臨床心理学研究」にしなければならないという重圧は苦しいといえる。

　では，どのように研究テーマを見つければ良いのだろうか。テッドリーとタシャコリ（Teddlie & Tashakkori, 2009）は，研究を行う理由の類型として「個人的な理由」「知識の向上に関連した理由」「社会的な理由」を挙げている。

①　個人的な理由

　この理由の例として，就職や昇進など自分のキャリアを積むための他，

関心のある現象に対する個人的な好奇心を満たすためなどが挙げられている。いずれの場合も「自分のため」といえるが，前者よりも後者が大切であろう。後者は自身の知的好奇心に支えられており，最も純粋な研究動機となりうる。研究活動は長期にわたる根気強さが必要なため，自分にとって知的好奇心が湧く研究テーマであることが何より重要である。

② 知識の向上に関連した理由

　この理由の例として，新しいアイディアや手法を生み出し検証するため，因果関係の説明を導き出すため，複雑な現象を理解するため，予測を立てるため，などが挙げられている。いずれの場合も，未知のものを少しでも解明しようという，研究者として大切な態度が示されている。

③ 社会的な理由

　この理由の例として，社会やその制度を改善するため，不利な条件に置かれたグループや団体をエンパワーするため，が挙げられている。自分の研究成果によって社会を変えていこうとする姿勢であるといえる。臨床心理学研究の全てが社会的影響をもつように最初から意識する必要はないと思われるが，将来的に自分の研究を社会的に発信すると，どのような影響が起こるか，社会からどのように受け取られるかを想定してみることは，研究倫理の観点からも大切なことと思われる。

　このように，研究テーマを見つけるにあたっては，自分の外側にある社会へ探し求めたり，自分の内側にある好奇心を見つめたりと，いろいろな道筋があることがわかる。研究テーマの見つけ方を具体的に挙げていくと，以下のような例がある。

① 自分の性格（外向性・内向性）から考えてみる

　例えば，外向的な性格の人であれば，今，社会ではどのようなことが問題になっているかを調べてみると良いだろう。最近のニュースで見聞きする社会の出来事や，学術雑誌で最近よく扱われているテーマは何かを調べることが参考になる。一方，内向的な性格の人であれば，今，自分が関心をもっていることは何かを熟考し，心に浮かんだことをノート等に書いていくという方法がありうる。このように，性格によって興味

関心の見つけ方は多少異なるだろうが，実際は外向的な方法も内向的な方法も駆使しながら見つけていくのが望ましいプロセスといえるだろう。

② 対話から考えてみる

　ひとりで考え込んでいるよりも，誰かと対話しているうちに良いアイディアが浮上することがある。その相談相手は必ずしも教員や先輩研究者でなくても構わない。最も良い相談相手は，自分と同じような立場にある人，例えば同学年の人や職場の同僚である。環境が似ているゆえに問題意識のもち方が近く，自分の感覚にフィットした助言がもらえたり，気楽にディスカッションすることで思考の自由度が高くなったりするので，お勧めである。筆者が学生時代に卒業論文の研究テーマを決めたのは，授業が終わった後，大学の学食で友人と何気ない会話をしている時であったのをよく覚えている。仲間との雑談の中から，研究の良いアイディアが出てくることは意外に多いと思われる。

③ 臨床心理学を志した頃を振り返る

　自分が臨床心理学を学びたいと思ったきっかけについて思い出し，考えを巡らせてみることも研究テーマを見つけるための源泉となる。自分はなぜ臨床心理学を学びたいと思ったのか，興味をもったきっかけはあるか。大学の学部を選んだ時や，大学院に入学する時に考えていたことを再び思い出してみよう。漠然とした形ではあっても，そこには臨床心理学への純粋な思いや探究したいことへの萌芽があるのではないかと思われる。

④ 研究への関心が湧かない場合

　人によっては，臨床心理士の仕事に関心があり，臨床現場で働きたい一心で大学院に入学したのであって，研究にはあまり関心がないという場合があるかもしれない。しかし，その状況は考え方次第で，研究テーマにつながっていくと思われる。その「臨床現場で働きたい気持ち」をより掘り下げて考えてみることが肝要であり，研究テーマの萌芽が含まれていることが多いといえるからである。例えば，精神科臨床に携わりたいという人の場合，その現場の何に自分は魅力を感じているのかを自問すると良い。ある特定の精神病理に関心があるのか，あるいは心理療

法のプロセス，治療環境，多職種連携に関心があるのかなど，自分のア
ンテナが特に何に向かって張り巡らされているかを発見すると，それが
研究テーマにつながっていく。他には，臨床心理学の講義や論文，書籍
に接していてふと湧いた疑問や，面白いと思った瞬間を深めてみるのも，
自分のアンテナを確認する良い方法である。

⑤　心に残っている出来事から考える

　心に残っている出来事，つまり自分にとってインパクトのあった出来
事から研究テーマを考えることもできる。筆者の卒業論文の研究テーマ
選びがまさにそうであり，研究しようと思ったきっかけは，筆者自身の
小学生時代の既視体験（デジャヴュ体験。以下，déjà vu 体験と記す）
にある。子ども心ながらに不思議な体験であったし，大人になってから
もありありとその感覚を思い出すことができた。あの体験はいったい何
だったのか。それを知りたいと思った。筆者を勇気づけたのは，学食で
友人が「面白そうだからやってみたら」と言ってくれたことと，déjà
vu 体験は一見すると臨床心理学と関係なさそうな用語であるのに，『心
理臨床大事典』（氏原ら，2004）を開いてみると専門用語として載って
いたことである。面白いと思ってくれる人がいること，臨床心理学の世
界で研究対象になったことがあるという事実は，筆者を非常に勇気づけ
たものである。このように，ちょっとしたことが研究テーマの萌芽期に
は重要であるため，この「ちょっとしたこと」が起こるように研究生活
を組み立ててみることも有効である。例えば，定期的に友人と食事に
行ったり，喫茶店に行ったり，目的がなくても図書館で本を眺めたりす
る時間が研究生活の中にあると良いだろう。

（2）　リサーチクエスチョンの見つけ方

　ふとした思い付きをどのようにリサーチクエスチョンにしていくかが
次の問題である。フリック（Flick, 2007）は，「質的研究を行う上でい
かに問いを立てるか，いかに研究設問（リサーチクエスチョン）を作成
するかは，研究全体の成功が左右されるほど重要なステップのひとつで
ある」と述べている。リサーチクエスチョンの設定は質的研究のみなら

ず，量的研究や混合研究，事例研究等も含め，全ての研究において重要である。

　リサーチクエスチョンとは，「研究者が，研究によって解答を得ようとしている問題」と定義される（Hulley, et al., 2013）。研究にあたっては，研究テーマに対して何らかの「解答を得ようと」する必要がある，つまり「問い」を設定することが必要なのである。前項で紹介した筆者の卒業論文のエピソードは，単に déjà vu 体験，という研究テーマが見つかっただけであり，この時点ではまだリサーチクエスチョンは見出されていない。よって，次に必要なのは，déjà vu に対する問い，つまり「（déjà vu 体験において）何を知りたいのか」を明確にしないといけない。この時，論文指導の教員はこう言うことが多い。「もっとテーマを絞りなさい。あなたの問題意識は広すぎる」。その助言は適切ではあるが，あまり役に立たないことが多い。絞りたくても，その絞り方がわからないからである。筆者の経験上，しばしばテーマを「絞ろう」とした学生は，既存の研究を参考にして，よくある形の研究計画のフォーマットに落とし込もうとする。その際に，自分が当初考えたかったことを切り捨ててしまうことが多い。これはとても残念なことである。筆者としては，研究テーマを「絞る」というよりは「深める」といったほうがリサーチクエスチョン設定に役立つように思われる。いわば「リサーチクエスチョンのためのクエスチョン」である。筆者がよく使うフレーズは以下の通りである。

　①そのテーマに関心をもったきっかけは何か
　②そのテーマのどんなところに心ひかれるのか
　③その研究を通して，どんなことがわかると嬉しいか

　①の問いは，研究テーマの背景に目を向けるのが目的である。初めてそのテーマに関心をもった時の出来事を思い出すことができれば，自分の関心の源を意識しやすくなる。その際，関心をもった理由も大切だが，関心をもった時のエピソードを具体的に想起することはより重要である。

　ある人は，子ども時代の経験がきっかけかもしれないし，青年期の経験かもしれない。友人や親子，先輩や後輩のような人間関係の中での経験，あるいは学校や職場での経験や，非日常的な経験がきっかけになる人もいるかもしれない。それらをなるべく具体的に思い出してみると，当時の自身が疑問に感じたこと，面白いと思ったことにアクセスでき，リサーチクエスチョンの案が出てくることがある。

　②の問いは，研究テーマをいったんいくつかの要素に分解し，自分はその中のどの要素に関心をもっているのかを探すのが目的である。要素に分解することで，類似した他のテーマではなく，なぜそのテーマなのかを意識することができる。誰しも最初は問題意識が漠然としており，全体をぼんやり眺めている状態であるため，リサーチクエスチョンも大雑把で曖昧なものとなりがちである。あたかも大きい森を前にして，立ち尽くしているような状態である。ここで必要な態度は，森の中で木を１本１本確かめることである。そのテーマについての要素を細かく点検し，自分の心ひかれる部分を探してみよう。そこから明確な形でリサーチクエスチョンが出てくることがある。

　③の問いは，より実践的なものである。その研究論文を書き終わった時点で自分はどんな知識を得ているだろうかと，未来の自分を想像してみると良い。具体的には，論文の結論を想像してみると良いかもしれない（最初は100％想像で構わない）。この時，もしそれが「心は十人十色だ」という結論であるならば，そのリサーチクエスチョンは明確な問いになっていない（心が十人十色なのは研究する前から既にわかっていることである）。研究であるためには，何かを「問い」，それに対する一定の「答え」を見つけようとするものでなくてはならない。換言すると，研究者が感じた「不思議なもの」の謎を解くことが研究なのである。ここで自分は何を「不思議」と感じているのかを，徹底して自問し，意識化し，言語化してみる必要がある。この作業は，案外難しい。自分の心の動きは自分にとって自明であるから，他者に伝わる形に言語化するのが難しいのである。それゆえ，仲間に自分の考えていることを説明してみる機会があると，考えが明瞭になっていく（すぐに仲間を見つけられ

なければ，考えをレジュメにまとめてみるだけでも有効である）。「不思議」と思う何かを「問う」ことができれば，それはリサーチクエスチョンの萌芽である。

（３）　リサーチクエスチョンの磨き方

　ハリーら（Hulley, et al., 2013）は，優れたリサーチクエスチョンの５つの条件として，実施可能性（Feasible），科学的興味深さ（Interesting），新規性（Novel），倫理性（Ethical），必要性（Relevant）を挙げている。その頭文字を取って，「FINER」と呼んでいる（表２-１）。以下，ハリーらの記述に従って，それらの５つを詳しく見ていくことにする。

①　実施可能性（Feasible）

　リサーチクエスチョンをもとに，研究計画を具体的に立て始めることになるが，その際にその研究が現実的に実施可能かどうかを考える必要

表２-１　優れたリサーチクエスチョンの条件

Feasible（実施可能性）
  ・対象者数が適切であること
  ・適切な専門性の裏打ちがあること
  ・かかる時間や費用が適切であること
  ・スコープが適切な範囲であること
  ・研究費を獲得できるものであること
Interesting（科学的興味深さ）
  ・研究者にとって，真に科学的関心のあるものであること
Novel（新規性）
  ・新しい知見の獲得につながるものであること
  ・既存の知見を，確認，否定，もしくは拡張するものであること
  ・健康や疾患に関する概念，臨床医学，研究の方法論にイノベーションをもたらすものであること
Ethical（倫理性）
  ・倫理委員会の承認が得られるものであること
Relevant（必要性）
  ・科学的知識，臨床医学，保健政策に重要な影響を与えるものであること
  ・将来の研究の方向に影響を与えるものであること

（Hulley, et al., 2013/2014, p.20）

がある。例えば，その研究に必要な参加者の人数は何人かを見積もり，その人数を集めることができるかを考える必要がある。他にも考えるべきこととして，得られたデータを分析するだけの専門性を備えているか（あるいは，専門性をもった指導者による適切な指導が受けられる環境か），研究を実施するための時間と経費はあるか，リサーチクエスチョンが多すぎることはないか，などがある。

② 科学的興味深さ（Interesting）

研究を行う動機として最も重要なのは「真理の追求」であると説明されている。その理由として，「そのような動機で行われる研究にこそ自然な発展性があり，さまざまな困難に遭遇しても，それを強い意志で乗り越えることができるからです」と述べている。確かに，真理を明らかにしようという動機は，研究活動の大きい支えになると考えられる。過去の偉大な心理学者による「こころの真理」を明らかにしようという強い意志によって，現在の心理学が成立している。ただし，ここで注意が必要なのは「真理」という言葉の中身であろう。真理を唯一絶対のものと考えるのか，多元的なものと考えるのかによって，研究方針は異なってくることが考えられる（研究者がどのような世界観のもとで研究を行うのかという論点の詳細は第8章の混合研究法にて説明する）。

③ 新規性（Novel）

既に知られていることをそっくりそのまま繰り返すだけの研究ではなく，新たな知見を加えるのが優れた研究であるとハリーらは説明している。ただし，リサーチクエスチョンが必ずしも完全に新規である必要はないと付言している。例えば，以前の研究結果について，新たな研究手法で同じ結果が再現できるかを検討したり，調査対象を変えて同じ結果が得られるかを検討したりする方法がありうる。これらの場合は，リサーチクエスチョン自体は新しいとはいえないが，先行研究の知見に自分の新たな知見を積み重ねる（巨人の肩の上に立つ，という言い回しがある）という意味で，ある種の新規性があるといえる。いずれにせよ，研究を行うからには，何らかの新しさが求められる。それは自分の研究に自分らしさ，オリジナリティをもたせるという発想につながる。

④　倫理性（Ethical）

　自分の行おうとする研究が，もし対象者を傷つける（身体的にも，心理的にも）可能性があるならば，研究方法を変更しなければならない。初心の研究者が，自分の研究の倫理性を判断するのは難しいものであるため，まずは指導教員に相談するのが良いと考えられる。また，近年は研究倫理への意識が高まっており，大学内に研究倫理審査委員会が設置されているところも多い。その場合は，研究計画を事前に委員会に提出し，倫理性をチェックしてもらうことになる。承認されると研究を開始することができる。研究倫理についての詳細は第14章を参照のこと。

⑤　必要性（Relevant）

　研究者は，研究から得られる知見を想定して，それらがどのように貢献するか，その後の研究の発展につながるかどうかをよく考える必要がある。つまり「その研究をなぜ行う必要があるのか」を明確に説明できることが望ましいということである。多くの研究法の解説書にもそのように書かれてあり，確かに自分の研究を社会に向けてわかりやすく説明できると良いだろう。しかし，臨床心理学の初学者にそこまで要求するのはややハードルが高いと思われる。自分が面白いと思って追究するテーマが，最初から社会に理解できる形のリサーチクエスチョンを生むとは限らない。新規性のあるテーマである場合は特に，その研究が有する意味を説明するのは困難である。例えばフロイト（Freud, S.）は『精神分析入門』（1916年）において，言い間違いなどの錯誤行為を追究したが，その研究にどのような意味があるのかを研究開始前から説明するのではなく，研究結果を示してから研究目的を提示するスタイルを取っている。つまり，独創的な研究を行う際には，最初から研究のもつ意味が説明可能であるとは限らない。筆者の私見であるが，まずは独創的なリサーチクエスチョンを立ててみても良いのではないかと考える。その後，リサーチクエスチョンを磨く中で，研究の焦点が徐々に定まってくると考えれば良い。周囲にわかってもらえる「わかりやすい研究」であるかどうかを優先するあまり，当初に自分がもっていた興味関心の方向性をゆがめてしまうのはとてももったいないことである。

2. 研究目的の設定

（1） 先行研究の流れに位置づける

　リサーチクエスチョンと研究目的はほぼ同義であり，リサーチクエスチョンが定まってくれば，その研究の方向性となる研究目的が見えてくるといえよう。さらに研究目的を明確にするために，「研究の範囲を設定する」という作業を行うのも有効な方法である。ただし質的研究の場合は最初から厳密に範囲を定めることは難しいかもしれないので，暫定的に定めると良い。

　例えば「青年期の友人関係成立のプロセス」を研究する場合には，「青年期」「友人関係」という2つの概念の範囲を定義しておくと良いだろう。手順としては，まずそれぞれの概念が先行研究ではどのように定義されてきたかを調べる。そのうえで，その概念を自分の研究にそのまま用いて良いか否かを検討する。例えば「青年期」という概念をそのまま用いて良い場合は特に問題がないが，そうでない場合，つまり自分の関心が「青年期」全体というよりは，高校生であったり，大学生であったり，就職して1年目の新人であったりする場合は，青年期という広い用語ではなく，範囲を狭めた用語に修正し，調査対象を限定するほうが良いだろう。次に「友人関係」という概念はどうだろうか。従来の「友人関係」概念を超えて，現代ではSNSを介して，会ったことがない人と親しくメッセージをやり取りすることは通常のこととなっている。どこからどこまでを「友人関係」と定義するかによって，調査時の質問の仕方が変わってくることになる。

　また，リサーチクエスチョン（研究目的）をより確かなものにするために，自分の研究テーマに関連した先行研究を読むことが必要である。先行研究を読むこととは，当該テーマについて研究者が過去に追究した蓄積を知ることに他ならない。この作業によって，「ここまではわかっている，ここから先はまだわかっていない」という線引きができるようになるため，自分の研究では何を問えば良いのかが，おのずと明らかになってくるのである。研究で問うべき「問い」は，先行研究を踏まえて

なお「まだわかっていない」ことについて，一歩でも先に歩みを進める
形になるのが良い。このようにすることで，自分の研究が先行研究の蓄
積の延長線上に位置づけられることになり，研究の意義が明確になるの
である。

　この時に困ったことが生じる場合がある。先行研究がほとんど見つか
らない場合と，先行研究が多すぎる場合である。前者から説明しよう。
前者の場合は，臨床心理学以外の文献もあたってみることが重要である。
文化人類学，社会学，社会福祉学，認知科学，医学，看護学など，隣接
領域の文献から思わぬヒントが与えられる場合もある。一方，後者の場
合は，先に説明した「範囲」の限定が有効である。多くヒットしすぎた
先行研究文献の中から，絞り込み検索を行い，より自分の関心に近い研
究を探し当てることが重要である。なお，文献研究について詳しくは第
3章を参照のこと。

（2）　仮説検証型研究と仮説生成型研究

　研究には仮説検証型と仮説生成型のものがある。前者は，仮説を定め，
その仮説が調査データによって支持されているか否かを論じるスタイル
の研究である。基本的に結果が明快であり，支持された，あるいは支持
されなかった，という記述になる。一方，後者は最初から仮説を定める
のではなく，調査データによって新たな仮説を発見するスタイルの研究
である。

　自分のリサーチクエスチョンがどちらの研究であるかを考えてみる必
要がある。先行研究がある程度揃っており，既にいくつかの知見が蓄積
されている領域であれば，仮説を立てやすいので，仮説検証型の研究が
適しているだろう。その研究は，先行研究の知見をさらに補強したり，
既存の理論に対して反証したりするものになることが期待される。

　一方で，先行研究があまり見当たらない，萌芽的な研究を行おうとす
る場合は，仮説が立てにくい。ゆえに，仮説を発見すること自体がひと
つの重要な研究となりうる。このタイプの有名な研究例として，グレイ
ザーとストラウス（Glaser & Strauss, 1965）による「死のアウェアネ

ス理論」がある。重病の入院患者が余命宣告を受けていない時に，患者
と医療スタッフはどのように振る舞うのかを，現場に密着して調査した
ものである。この場合，最初から仮説をもって現場に入るのではなく，
現場の中で調査を進めながら，仮説生成を目指すことになる。

（3）　臨床心理学的な問いに育てる

　ここまでは，どの領域にも通じる話として，リサーチクエスチョンに
ついて概観してきたが，この項では，リサーチクエスチョンをいかにし
て臨床心理学的な問いに育てていくかを提案してみたい。論文指導を経
験していて，この部分が最も説明が困難であるように感じるところであ
る。

　筆者は3つの場合を想定している。臨床心理学的な問いに育てていく
際に，①あまり悩まないケース，②少し悩むケース，③大きく悩むケー
ス，の3つである。

　①最初から「臨床心理学的概念を扱う研究」の場合は，それほど困難
　　ではない。例えば，青年期の友人関係の研究，うつ病に関連する研
　　究などである。青年期やうつ病は臨床心理学には馴染みのある専門
　　用語であり，臨床心理学的な観点での研究がしやすいテーマである。
　②「臨床心理学自体を内省する研究」の場合は，リサーチクエスチョ
　　ンを育てるのに少し困難を伴うことがある。例えば，バウムテスト
　　とは何かを問い直す研究や，ロールシャッハ・テストにおける特定
　　の反応形式の研究などである。このような研究は，一見①と似てい
　　るが，①が臨床心理学的概念を用いて考察するのに対し，②は臨床
　　心理学的概念そのものを問い直す考察となる。既存の尺度や既存の
　　心理アセスメントを自明のものとせず，「生の体験」に立ち戻って，
　　体験過程を一から考え直す研究となるため，①に比べると臨床心理
　　学的に考察を行う方向性を意識的に保持する必要がある。
　③「臨床心理学的な概念から離れた素材を扱う研究」の場合は，リ
　　サーチクエスチョンを育てる最初の段階で困難を伴うことが多いと
　　思われる。フロイトが文学や絵画などの芸術作品を精神分析的に解

読する研究を行ったのと同様に，本来は臨床心理学の対象ではない
もの（ここでは文学や絵画）に対し，「臨床心理学的な観点」を用
いて考察を行うこととなる。ここで言う「臨床心理学的な観点」に
ついては少し説明が必要であろう。

　ある物事に対し，人はさまざまな捉え方をすることができる。例
えば，自分が風邪をひいてしまった時に，なぜ風邪をひいてしまっ
たのだろうと自問した際に，「人混みに行った時にうつされたのだ
ろう」と考えたり，「季節の変わり目で急に気温が下がったからだ
ろう」と考えたりするのは，客観的であり，かつ合理的な観点であ
るといえる。そこから一歩進めて，「いつもより薄着をしていて身
体が冷えてしまったのだろう」や「手洗いうがいをさぼっていたか
らだろう」という考えは，先ほどの考えよりは客観性が減じており，
自分の不適切な振る舞いによるものという主観的要因が増加してい
るといえる。主観的要因の増加はグラデーションをなしており，主
観的要因が増加していくにつれ「それまで無理をしていたから身体
が限界に来たのだろう」「その時悩み事を抱えていて，悩みすぎて
体調を崩したのだろう」「これは神様がくれた休みだったのだろう」
へと，さまざまな考え方の位相が存在する。ここで重要なのは，風
邪という出来事ひとつをとっても，このように多種多様な観点をも
つことが可能であることである。このような多くの観点があること
を踏まえ，最もその人の体験にぴったりした観点を見つけようとす
ることが「臨床心理学的な観点」を見出す道筋である。

　臨床心理面接におけるクライエントの一言をどう考えるか，クラ
イエントの報告した夢をどう考えるかといったトピックと密接に関
連する。そこで発揮されるのが「臨床心理学的な観点」なのである。

3.　研究方法の設定

　リサーチクエスチョン（研究目的）が決まったら，今度は研究方法を
考えてみよう。この順序が大切である。時々，研究を開始する前から自
分は量的研究をする，あるいは質的研究をする，とあらかじめ決めてし

まう人がいるが，それは順序が逆である。まずリサーチクエスチョンを
もとに研究目的を設定し，次にその研究目的に最も適した研究方法を選
ぶのが，自然な研究プロセスである。もし一般的傾向を知るのが目的で
あれば量的研究が適しているだろうし，特定のグループにおける体験を
深く知りたいのであれば質的研究，目の前のひとりのクライエントを徹
底的に理解したいのであれば事例研究が適しているといえる。

　この点についてさらに考えてみるために，具体的に例を挙げて説明す
る。例えば「野球選手の心理」を研究したい人がいるとする。

（1）　量的研究が適している場合

　選手のポジションによってパーソナリティは異なるか，協調性に差が
あるかなどを知りたい場合は，量的研究が適している。方法としては，
ピッチャー，キャッチャー，内野手，外野手それぞれのポジションの人
をそれぞれ一定人数募集し，パーソナリティ検査を行うのが良いだろう。
ここでは選手個別の特徴よりも一般的傾向を知りたいのだから，多くの
人数のデータを集めやすい質問紙法を採用すると良い。他の例としては，
経験年数によって野球に対する感じ方や考え方は異なるかを調べるよう
な研究も同様に，一般的傾向を調べるタイプの研究なので質問紙法が適
している。この場合は，回答を数値化する量的研究だけでなく野球に対
する考え方について自由記述式で回答を求めることも可能である。その
データ分析に際しては，質的研究の考え方が必要となる。量的研究につ
いては第5章で詳述しているので，参照すると良い。

（2）　質的研究が適している場合

　野球が選手の人生にどのような影響を与えたかを知りたい場合は，質
的研究が適している。方法としては，野球経験者にインタビュー調査を
行うのが良いだろう。「野球はあなたの人生にどのような影響を与えま
したか？」といった質問をするなどがありうる。このように，シンプル
に回答することが困難であり，かつ，調査対象者がひとつの物語として
自分の考えを豊かに語ってくれる可能性がある場合に，質的研究を採用

すると良いと考えられる。

　質的研究は，インタビュー調査（面接調査）とセットで考えられることも多いが，それ以外の場合もある。例えば，先述した質問紙法における自由記述に対して質的分析を行うことが可能であるし，第 3 章で述べられる文献研究において，文献の記述データに対して質的分析を用いることもできる。質的研究については第 6 章，第 7 章で詳述する。

（3）　混合研究が適している場合

　現役時代に残した成績によって，監督として作るチームの特徴および指導方針は異なるかを知りたい場合は，混合研究が適している。混合研究とは，量的研究と質的研究を組み合わせた研究の形である。ここでは，現役時代の野球の成績（例えば打率，本塁打数等）と，監督になってからのチームの成績との関係を見るために量的分析が用いられ，さらに監督としての指導方針をインタビュー調査する際に，質的分析を用いることになる。混合研究は分析の作業量が多くなり大変かもしれないが，複数のデータを組み合わせることで，より多角的に研究対象に迫ることができる。混合研究については第 8 章で詳述する。

（4）　事例研究が適している場合

　事例研究には大別して 2 つの種類がある。ひとつは，調査対象者を臨床心理実践の現場で出会う来談者とするもの，もうひとつは，調査対象者を現場以外の場で出会う人とするものである。前者の「事例」は，まさに心理臨床の営みと不可分の関係にある，「臨床心理事例」の研究にあたる。一方で，後者の「事例」は，心理臨床以外の場，例えば，大学生を対象にしたインタビュー調査や，フィールドワークにおいて出会った人たちへのグループインタビュー調査がありうるだろう。この場合の「事例」は臨床心理事例ではないが，出会った人たちを臨床心理事例と同等の人として見立て，多の中の一と見るのではなく，人間存在の唯一無二性に着目して会うという意味で，「事例研究」と称する立場をとる。

　前者の意味での事例研究を想定すると，例えば，成績不振に悩み不眠

や抑うつ気分に悩むようになった野球選手の臨床心理面接過程の研究がありうるだろう。事例研究では，野球選手一般がどのような心理をもつかというアプローチをとらない。目の前の，この野球選手がひとりの人間としてどのように悩み，苦しみ，そこを乗り越えようとしたのかを研究しようとする。臨床心理実践における治療者との関係性において，治療が進んでくると，そこにひとりの人間の個別性を超えた普遍的なこころのプロセスが現れると考えられる。このように，ひとりの選手の語りを深めていく中で，心理現象を捉えようとする時に，事例研究が適しているといえる。

　後者の意味での事例研究としては，例えば，世界大会で優勝した監督の心理の研究がありうる。この条件を満たす人物はごくわずかであるため，一般的傾向を調べる量的分析はほぼ不可能である。また，質的分析を行うためにもある程度の人数が必要であるため，量的分析，質的分析ともに不向きなテーマであるといえる。しかし，だからといってこの研究テーマが悪いわけではない。世界中の強豪チームと対戦するという独特の経験が人の心に何をもたらすのかは興味深いテーマであろう。この研究テーマを追究する時に必要になるのも，他ならぬ目の前のひとりを徹底的に理解しようとする姿勢である。おそらく，その人の野球人生を丸ごと語ってもらうような，厚みのあるインタビュー調査が必要となるだろう。時には調査者の率直な思いが湧き出てきて，事前には想定していなかった質問をすることもあるかもしれない（なお，構造化面接の場合は事前に用意していた事項以外の質問はしないが，半構造化面接や非構造化面接では話の流れに応じて予定外の質問をしても良い）。そこには調査者と対象者の豊かなコミュニケーションがあり，言語的・非言語的レベルにおいて生じたこと全てが考察すべき点になる。このようなスタイルが，唯一無二のその人からしか出てこないものを追究するこのテーマに合致しているといえる。事例研究については，第9章，第10章，第11章で詳述される。

　以上，研究例を挙げながら説明してきたが，研究目的と研究方法が密

接に関連していることが見て取れるだろう。このようにして，自分のリ
サーチクエスチョン（研究目的）が何であるかを意識することにより，
最も適した研究方法が決まってくるのである。ここからの章では，さま
ざまな研究法を説明していくが，それぞれの研究法の長所と短所を理解
し，自分の研究にはどの研究方法が適切であるかを選択できると良いだ
ろう。

引用文献

Flick, U. (2007). *Qualitative Sozialforschung* (3rd ed.). Hamburg: Rowohlt.
　（フリック，U.　小田博志・山本則子・春日常・宮地尚子（訳）(2011).　新版
　質的研究入門――〈人間の科学〉のための方法論――　春秋社）
Freud, S. (1916). *Vorlesungen zur Einführung in die Psychoanalyse.*
　（フロイト，S.　高橋義孝・下坂幸三（訳）(2010).　精神分析入門　新潮社）
Glaser, B.G., Strauss, A.L. (1965). *Awareness of dying.* New York: Aldine
　Publishing.
　（グレイザー，B.G.，ストラウス，A.L.　木下康仁（訳）(1988).　死のアウェアネ
　ス理論と看護――死の認識と終末期ケア――　医学書院）
Hulley, S.B., Cummings, S.R., Browner, W.S., Grady, D.G., Newman, T.B. (2013).
　Designing clinical research (4th ed.). Philadelphia: Lippincott Williams & Wilkins.
　（ハリー，S.B.，カミングス，S.R.，ブラウナー，W.S.，グレイディ，D.G.，ニューマ
　ン，T.B.　木原雅子・木原正博（訳）(2014).　医学的研究のデザイン――研究の
　質を高める疫学的アプローチ――　第4版　メディカル・サイエンス・インター
　ナショナル）
Teddlie, C. and Tashakkori, A. (2009). *Foundations of mixed methods research:
　integrating quantitative and qualitative approaches in the social and behavioral
　sciences.* Thousand Oaks, CA: Sage Publications.
　（テッドリー，C.，タシャコリ，A.　土屋敦・八田太一・藤田みさお（監訳）(2017).
　混合研究法の基礎――社会・行動科学の量的・質的アプローチの統合――　西村
　書店）
氏原寛・亀口憲治・成田善弘・東山紘久・山中康裕（編）(2004).　心理臨床大事典
　改訂版　培風館

参考文献

　下記の2冊は，社会学のフィールドワークの解説が主であるが，現場で調査を実施しながらリサーチクエスチョンを育てていく過程が紹介されており，臨床心理学研究においても役に立つ。
・佐藤郁哉（2002）．フィールドワークの技法——問いを育てる，仮説をきたえる——　新曜社
・箕浦康子（編著）（1999）．フィールドワークの技法と実際——マイクロ・エスノグラフィー入門——　ミネルヴァ書房

　質的研究の分野では，下記文献が，リサーチクエスチョンを深めていく様子を知るのに役に立つ。
・木下康仁（編著）（2005）．分野別実践編　グラウンデッド・セオリー・アプローチ　弘文堂

研究課題

・本文中で挙げた方法を用いて，リサーチクエスチョンを2，3個考えてみよう。
・そのうちひとつを選び，本文中で挙げた方法を用いて，リサーチクエスチョンを育てる作業を実施してみよう。
・本文中で「野球選手の心理学研究」について考えたように，自分の研究テーマについて，量的研究，質的研究，混合研究，事例研究を行うと仮定して，研究計画を立ててみよう。

3 | 文献レビューの方法

田附紘平

　研究を立案・実施する際に，文献レビューは欠かせないものである。本章では，臨床心理学における文献レビューを，研究目的の明確化および研究の適切な位置付けのために研究の一部として行われる「文献のまとめ」と，それ自体が研究として捉えられる「文献研究」に分け，それらの要点を理解することを目指す。さらに，このことを通して，読者が自身の研究テーマに関して有益な文献レビューを実施できるようになることもねらいとする。

【キーワード】　文献　先行研究　批判的思考　文献研究

1. 文献レビューとは

(1)　文献レビューの難しさ

　臨床心理学に関わる研究テーマがある程度定まれば，その研究を進める上で参考となる文献を幅広く読み，先行研究を調べる。こうした**文献レビュー**は，大学の学部などで心理学を学んだ経験があると，研究に必須なものとすでに認識されていると思われる。しかし，実際のところ，文献レビューは，相当な困難を伴うものであるといえる。いざ文献をレビューしようとしても，文献をどのように探し，まとめればよいのか，あるいは，そもそも何のために文献を探索するのかが分からない場合も少なくない。漠然と文献レビューを始めた結果，たまたま目の前に現れた文献を漫然と読み，それらの内容を羅列的に紹介することによって，文献レビューを終えることになる。そうなると，研究目的の明確化が不十分となり，得られたデータや知見が本来の目的と合致しない可能性が高くなってしまう。あるいは，興味深いデータや知見が得られたとしても，その意義を学術上あるいは臨床心理実践上に適切に位置付けること

が難しくなってしまう。すなわち，文献レビューを適切に行わないと，研究の価値が減じられてしまうのである。そうした事態をなるべく避けたいと考えるのは自然であろう。そこで本章では，臨床心理学の研究を行うにあたって，心得ておきたい文献レビューの方法を説明する。

　文献レビューは，調査研究などの場合に，問題意識を整理し，目的の焦点を絞るため，もしくは得られたデータをより意味深く解釈するために実施されるものと，それ自体をもって研究とみなされるものに大別することができる。両者には，共通点も多いが，相違点も少なくない。したがって，次節以降では，前者の文献レビューを「文献のまとめ」，後者のものを「文献研究」と捉え，各々論じることにする。まずは，その前に，両者に相通ずる文献レビューの目的と概要について押さえておきたい。

（2）　文献レビューの目的

　文献とは，何かを知るための資料を指す。ここでの「何か」は，自身が設定した研究テーマである。研究テーマに関して記された資料を読み，知識を得ることは重要であろう。研究は，これまで明らかにされてきた事柄に新たなことを追加する試みであるため，有意義な研究の実施には，研究テーマについてどのような知見が蓄積されてきたかを理解することは必須である。しかし，文献レビューの目的はそれだけにとどまらない。レビューとは，英語表記では「review」であり，「捉え直す（re-view）」ことを意味している。文献には，研究テーマについてより深く知るために有用な情報が記載されているが，その著者の見方（view）が必然的に含まれている。そして，まだ十分に意識されていないかもしれないが，文献の読み手も独自の見方をもっている。この独自の見方が研究を行う上で鍵となるのである。文献レビューの目的は，研究テーマに関する知識を得ることに加え，文献を捉え直す，すなわち文献の著者の見方に自身の見方を相対させることによって，著者の見方を評価するとともに，自身の見方を明確にすることにあるといえる。

（3）　文献レビューの概要

　実際に文献を探す方法に関しては，次節以降で詳細に述べるが，文献検索の方法に先立って，ここでは文献レビューの概要について述べる。適切な文献レビューを実施するには，批判的思考の考え方が大切になってくるが，その内容についても本節で説明することにしたい。

　概ね，文献レビューには三つの段階があると考えられる。一つ目は，検索した文献が参考とするに値するものかどうかを判断することであり，この段階では，文献の著者の見方が妥当であるかや，恣意的になりすぎていないかを確認することになる。文献の妥当性を判断するための外的な基準として，当該の論文が査読のある学術雑誌に掲載されているかどうかが挙げられる。査読とは，学術雑誌への掲載の可否を決定するための審査のことを指す。通常，査読において，複数の専門家が学術雑誌に投稿された論文の審査を担当し，それぞれの審査結果をもとに，当該論文の学術雑誌への掲載の可否が総合的に判定される。したがって，査読を経て学術雑誌に掲載されている論文は，一定の妥当性を有しているといえる。しかし，査読の有無はあくまでも外的な基準であり，新たに研究を行おうとする場合，ただ査読付きの論文のみを参照すればよいというわけではない。大山（2014）は，精神分析の創始者であるフロイト（Freud, S.）の論文を例に挙げ，臨床心理学の分野では，古典と呼ばれる論文をはじめとして査読を経ていない文献のなかに価値が高いものが多くあることを述べた上で，自分で文献の価値を嗅ぎ分け，判断できる重要性を指摘した。査読の有無は明快でありながらも一つの指標にすぎず，本来的には研究者自らが文献を熟読し，その文献の妥当性を主体的に評価する必要があるといえるだろう。論文や書籍など，世の中には沢山の文献が存在しており，玉石混交の状態になっているため，自身の研究にとって価値ある文献を自ら選択できる目を養うことが大切である。

　二つ目は，当該の文献の意義や問題点を再評価することである。目の前にある文献を自身の研究の参考にすると決めたら，その文献を熟読することになる。文献では，その著者による見方に基づき，示された知見

の意義や問題点が論じられているが，それらを鵜呑みにすることなく，自身で改めてその文献の内容を吟味する必要がある。文献の内容を理解することはもちろんだが，そこから得た自分の見方に注意を向けることが大切であろう。その文献によって明らかになったこと，その独自性や臨床心理実践への示唆，そこで用いられたアプローチの意義や限界，明らかにならなかったことなどについて，文献に書かれていることを把握するだけではなく，文献には記載されていなくても，自身が読み取った事柄を覚えておいたり，記録に残しておいたりすることが重要である。文献を読む際に，どこか引っ掛かりを覚えたり，違和感を抱いたりしたことを見逃したくない。こうした感覚に，自身の見方の萌芽が含まれている場合が多いため，それを明確にすることが重要である。適宜，こうして得た理解や考えを文章にしたり，図示したりしておくと，それらの記録は後に振り返ったときに役立つことが多い。文献を読んでいて疑問に感じたことがそのまま自身の研究に繋がることもある。こうした作業は非常に骨が折れるが，それを一つ一つの文献に対して手を抜くことなく行っていきたい。

　ある程度の数の文献を読み，その研究テーマにおいて蓄積されてきた知見を概ね把握できたら，これまで各文献と向き合いながら実施してきた作業を，文献間の関係性に焦点を当てて改めて実行する。これが文献レビューの第三段階である。この段階では，一つ一つの文献と向き合い，相対化してきた自身の見方が大切になる。例えば，ある研究の問題点が別の研究によって克服されているかもしれないし，同じ目的を別のアプローチを用いて検討している研究もあるかもしれない。ここでは自身の理解に基づいて各々の先行研究を位置付けていくことになる。そうして当該研究テーマにおける先行研究の位置付けが終わったとき，先行研究全体の動向を知ることができるのに加えて自らの研究の問題意識を再構成することが可能になる。この段階に至ると，自分の研究の目的や意義が自ずから見えてくるだろう。ここで得た研究目的は，当初よりも，自身の問題意識に焦点が合ったものになっていると思われる。また，研究の意義として，「この目的について検討した研究が見当たらないこと」

だけを挙げているものを比較的よく目にするが，これは十分ではない。「これまでになされていないこと」ではなく，学術上の意義に加え，臨床心理実践にも何らかの示唆があることこそが，臨床心理学において新たな研究が生み出される動機付けとなる。

　以上から，文献レビューは，文献から知識をただ吸収するという受動的なものではなく，文献と自身の思考の往還を軸とした能動的関与が要求される行為であるといえる。批判的思考（critical thinking）は，これまで述べてきた文献レビューに通底する考えを表す概念である。批判的思考と聞くと，ただ単に対象となるものの短所を見つけ，指摘しようとすることを意味していると素朴に思うかもしれない。しかし，批判的思考はそのような意味ではなく，「何を信じ何を行うかの決定に焦点を当てた合理的で反省的な思考」（Ennis, 1987）とされる。新たな研究を行うとき，問題意識から出発し，研究目的の設定，研究の実行を経て知見の獲得にまで至る全ての道筋は理にかなっていることが求められる。客観性の重視の観点から，研究において，研究者による主観の排除を要求されることがある。しかし，臨床心理学はセラピストの主観を活用しながら，クライエントの主観に徹底的に寄り添おうとする学問である。そのため，臨床心理学の研究では，研究者の主観は余分というよりも，人間の真実味を与えるものであると考えられる。ただし，主観はおしなべて独りよがりになりやすい。そのため，研究者の主観が恣意的にならず，ある程度一般化されるもの，あるいはそうではなくても，一定の説得力をもつものになるよう，主観は妥当性を備えた一つの見方に醸成される必要がある。それを可能にするのが，文献を介した批判的思考である。文献という根拠を備えた外的な知見に自らの考えを照射し，その反射を懸命に受け止め，考えを修正することの繰り返しによって，すなわち文献レビューによって，臨床心理学の研究に血の通った論理が生まれるのである。

2. 文献のまとめ

（1） 文献の入手方法

　次に，調査研究などを実施するときの文献のまとめ方について具体的に説明する。はじめに，文献の入手方法の動向に簡単に触れておきたい。

　一昔前，文献検索は，図書館などに出向いて，書籍や学術雑誌を手にとり，文献のタイトルや抄録を手がかりに文献を選択して読み進めていく形が主であった。この調べ方には，自らの研究テーマとは直接関わらない研究に触れる機会が増え，知識の幅が広がるという長所がある反面，文献レビューが終わるまでに膨大な時間や労力が必要であり，非効率的であるという短所があった。時代が進むと，科学技術の進歩に合わせて，手探りによる文献検索の短所を克服するように，インターネットを活用した文献検索の方法が普及した。以下に詳述するが，この方法では，パソコンやタブレットなどの電子機器からデータベースにアクセスし，研究テーマに関するキーワードを打ち込むと，数多くの文献がヒットし，そのリストが目の前に現れる。図書館に足を運んで書籍や論文を探す場合でも，たいてい，**蔵書検索システム**を用いて，閲覧希望の文献がその図書館に所蔵されているかどうか，そして所蔵されている場合はどこに所蔵されているかを事前に調べておくことになる。このように，現代では，時間や労力の削減，および文献検索の幅広さという意味で，非常に便利な方法を用いることができる。一方，現代の手法においては，日付順やキーワードとの関連性が強い順などで文献リストが表示され，多くの場合，リストの上から順に文献のタイトルや抄録に目を通すことになる。そのため，文献の選択に関して受動的になりがちである。したがって，リストの上位にある文献をいくつか見繕って，その概要をまとめることによって文献レビューを終えるという誤りに陥る可能性が高くなるといえる。繰り返し述べてきたが，文献の選択およびまとめには研究者の主体性が求められるのであり，インターネットを活用した便利な手法の浸透によって，網羅的な文献レビューが可能になったと同時に，時間や労力だけではなく，研究者の主体性も省かれる危険性が増したことを

よく意識しておく必要がある。

　それでは，ここからは現代の臨床心理学における文献の入手方法について見ていきたい。文献は，主に書籍か論文のどちらかの形式をとっている。書籍は公刊されているため，書店やインターネットを通じて購入することができる。あるいは，所属機関の図書館に所蔵されていることも多く，その場合は図書館から書籍を借りて参照することができる。

　このように，書籍の入手方法に関しては比較的シンプルである一方，論文の入手方法に関しては幾分事情が複雑である。まず，入手を希望する文献が電子ジャーナルとなっているかどうかによって対応が異なる。入手したい文献が電子ジャーナルになっていることが明確であるとき，あるいはそれが不明確であるときは，インターネット上のデータベースを用いて文献を検索する[1]。例えば，英語文献も含めて幅広い検索が可能な Google Scholar や，日本語による主要な学術雑誌を扱っている CiNii および J-STAGE をデータベースとして利用することができる。いずれを用いる場合でも，検索画面に文献のタイトルやその一部，あるいは入手したい文献と直接関係がありそうなキーワードを入力し，検索する。すると，検索結果として文献リストが表示される。Google Scholar では，無料公開あるいは所属機関による契約によって全文が読める場合には，各文献タイトルの右側にリンクが表示されるため，そのリンクにアクセスする。文献の全文が読めない場合でも，文献のタイトルを選択すると，著者，発行年月，掲載雑誌，巻号，掲載ページ数，場合によっては抄録を確認することができる。CiNii では，文献のタイトルを選択すると，Google Scholar と同様の文献情報に加え，その文献へのアクセスの仕方が表示される。表示にしたがって先に進むと，Google Scholar と同様に全文を読めることがある。J-STAGE を用いて検索す

1）本章にて紹介する各データベースの URL は，以下の通りである（全ての最終アクセス日は2022年2月28日である）。
　Google Scholar: https://scholar.google.co.jp/schhp?hl=ja
　CiNii: https://ci.nii.ac.jp/
　J-STAGE: https://www.jstage.jst.go.jp/browse/-char/ja/
　PEP-WEB: https://pep-web.org/

る場合でもこれらとほとんど同じ流れをたどる。

　Google Scholar, CiNii, J-STAGE は幅広い分野の文献検索を可能とするサービスであるが、それら以外に特定の領域に特化したデータベースも存在している。例えば、Psychoanalytic Electronic Publishing が運営する PEP-WEB は、精神分析に関する文献を提供しており、所属機関が契約していれば、ウィニコット（Winnicott, D.W.）やクライン（Klein, M.）による古典も含めて、非常に多くの文献の全文をオンラインで読むことができる。このように、現在、数多くのデータベースがあるため、自身の関心に即したデータベースを用いることで、より研究テーマと関連が深い文献を入手することが可能となる。

　インターネットを用いた文献検索では全文を読むことができなかったものの、どうしても手に入れたい論文があるときは、所属機関の図書館がその論文を掲載している学術雑誌を所蔵しているかどうかを確認するとよい。前述のように、多くの場合、図書館の Web ページから蔵書検索が可能となっている。その図書館が当該学術雑誌を所蔵していることを確認したら、実際に図書館に行き、文献を閲覧したり複写したりすることになる。もし、その図書館が当該学術雑誌を所蔵していないときには、他の図書館から論文の複写を取り寄せることができる場合も多い。論文の複写を取り寄せたい場合は、図書館の窓口に問い合わせてみるとよい。

　ここまで紹介した方法は、心理学全般における文献検索の方法と共通しているが、臨床心理学特有の文献検索もある。臨床心理学においては、調査研究や文献研究だけでなく、臨床心理実践の実際の事例をもとに論じられる事例研究から知見を得ることが多い。学術雑誌または大学が刊行する紀要に掲載される事例研究は、研究倫理の観点から電子ジャーナルとなっていないことがほとんどであり、そうした場合には臨床心理実践に携る専門家しか手にすることができない。電子ジャーナルにはなっていないが、開架として扱われている文献を参照したいときは、利用する図書館がその文献を所蔵しているかどうかを確認するという上述の方法をとることになる。電子ジャーナルになっていないのに加えて、特定の学会の会員しか閲覧できない文献を手に入れたいときは、その文献を

掲載している学術雑誌を刊行している学会に入り，バックナンバーを入手することになる。大学が刊行する事例紀要に関しては，所属機関の図書館ではなく，大学附属の相談室が所有していることが多いため，指導教員や，相談室の運営に携わっている教員に尋ねてみると，希望の文献を手に入れることができるかもしれない。

（2）　文献検索の流れ

　ここでは，ある研究テーマについて文献を検索するとき，実際にどのような流れをたどるかについて述べたい。ただ，臨床心理学，ひいては心理学において文献検索の手順が明確に定められているわけではない。実際には，研究者あるいは研究テーマに合った方法で柔軟に文献検索は進められていく。しかし，研究に慣れていないと，文献の検索方法に見当がつかず，途方に暮れてしまうことも少なくないと考えられる。そのため，文献検索を円滑に進める端緒となるように，文献検索の要点を示していきたい。

　文献検索において重要なのは，新たに研究を行う上で「鍵となりそうな文献」を見つけることである。「鍵となりそうな文献」とは，新たに実施する研究の目的や方法の決定に影響を与える可能性をもつ文献のことを指している。その意味で，文献検索は，「鍵となりそうな文献」をできるだけ幅広く発見することと言い換えることもできるだろう。「鍵となる文献」ではなく，「鍵となりそうな文献」としている理由は，文献検索が終了するまで，あるいは研究が一通り終了するまで，当該の文献がその研究において鍵となるかどうかの判別がつかないからである。当初，あまり重要視していなかった文献が，研究デザインを明確にしていく段階において，実は大きな意味をもっていたと気づくことは珍しくない。だからこそ，可能な限り網羅的に，「鍵となりそうな文献」を集めることが重要である。

　文献検索の開始時，「鍵となりそうな文献」に心当たりがある場合もあれば，ない場合もあるであろう。心当たりがある場合は，その文献を前述の方法によって入手する。心当たりがない場合は，まずは主にイン

ターネットを用いてデータベースあるいは図書館の蔵書検索システムに
アクセスし，キーワードとなりそうな語を打ち込む。そして表示された
リストから「鍵となりそうな文献」を見つけ，先と同様の方法を用いて
入手することになる。もしくは，時間に余裕があれば，一昔前の方法の
ように，図書館などに出向いて，興味をもった書籍や学術雑誌を手にと
り，「鍵となりそうな文献」を探してもよいかもしれない。

　このようにして「鍵となりそうな文献」を手にしたら，内容の把握と
そこから得た自身の見方の意識化に努めるとともに，その文献の引用文
献を確認することが大切である。インターネット上のデータベースを用
いて文献を検索した場合には，その文献の被引用文献が表示されること
があるので，そのリストも確認しておきたい。「鍵となりそうな文献」
の引用文献と被引用文献のなかから次なる「鍵となりそうな文献」を探
し，次の「鍵となりそうな文献」を発見する。またそれを熟読して，さ
らに次の「鍵となりそうな文献」を見つけていく。このように，数珠繋
ぎのごとく「鍵となりそうな文献」を探索する作業を繰り返すことによ
り，より多くの「鍵となりそうな文献」を収集することができる。

　この作業がある程度飽和したように感じられる段階にきたら，文献検
索の開始時の「鍵となりそうな文献」に心当たりがない場合に立ち戻り，
これまでとは違った観点から文献を探す。インターネット上の検索画面
にこれまでとは異なる新たなキーワードを打ち込み，表示された文献か
らまた「鍵となりそうな文献」を見つけ，そこからさらに次の「鍵とな
りそうな文献」があるかどうかを調べる。このように別のキーワードを
用いて改めて検索するのは，例えば「自尊感情」と「自己肯定感」など
のように，類似した概念であっても，研究上では異なるキーワードが用
いられていることがよくあるためである。

　別の観点から文献を検索するときには，外国語文献，特に英語文献に
も目を向けたい。英語への苦手意識から日本語の文献しか参照していな
いことが少なくないが，世界中の研究者が臨床心理学の研究に取り組ん
でいるため，研究テーマによっては英語文献を把握することは必須とな
る。我が国の臨床心理学は，日本文化の特色と相まって，独自に発展し

てきた面があり，そのような我が国の独自性に着目するときには「鍵となりそうな文献」が日本語によるもののみであることもある。その場合でも，近接のテーマにおいてどのような研究がされているかを英語論文によって知ることは意味がある。

　また，臨床心理実践，大学院の授業，周囲との議論，その他の研修の機会などから，文献検索における新たな観点を得ることもあるだろう。そうした日常生活からの着想を見逃さないようにしたい。

　多角的に文献を調べ，「鍵となりそうな文献」の発見が頭打ちになったように感じたら，ひとまず文献検索を終える。この段階にまでくると，研究テーマの理解が相当に進み，研究テーマの出自やそこからの発展に関して道筋を描けるようになっているはずである。

（3）　文献のマッピング

　一通り文献を検索し，収集したら，それらの文献をまとめていくことになる。実のところ，文献検索と文献のマッピングは，文献レビューを通して同時に行われ，不可分なものである。文献レビューの概要で示したように，文献レビューでは，研究者は個々の文献の内容を把握するだけではなく，批判的思考をもって評価する。さらに，研究者は，そうした文献の内容と評価をもとに，各文献を，当該研究テーマの何を明らかにしているかに関してマッピングしていく。すなわち，研究者の見方を切り口に，各文献を位置付けていくのである。文献レビューの概要において，研究者自身の見方の重要性を強調したが，それは研究者の見方が各文献のマッピングを左右するためである。

　収集した文献のマッピング例を図3-1に示した。図3-1では，ある研究テーマの起源となる文献があり，そこから，実線と破線両方の丸を含めていくつもの文献が生まれている。これらの丸全てが，前節の方法にて集められた「鍵となりそうな文献」である。「鍵となりそうな文献」それぞれの内容および，そこから得た研究者の見方に基づいて，収集した文献をグループ分けしたり，「鍵となる文献」と「鍵となりそうだったが，そうならなかった文献」に分類したりする。そうすると，研究さ

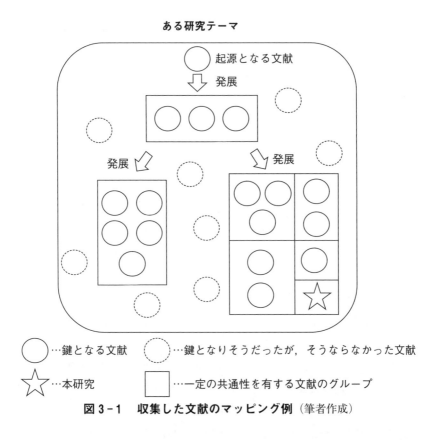

ある研究テーマ

○ …鍵となる文献　　　○ …鍵となりそうだったが，そうならなかった文献

☆ …本研究　　　□ …一定の共通性を有する文献のグループ

図3-1　収集した文献のマッピング例（筆者作成）

れる意義があるにもかかわらず，研究されていない事柄が明確になる。その事柄と自身の関心を照合し，それらが一致すれば，本研究の目的が自ずと定まる。文献のマッピングにより，研究目的を絞ることが可能になるとともに，研究目的に合う形で，研究テーマの動向を整理することができる。さらに，得られたデータを，研究テーマの動向をふまえて適切に意味付けることもできるようになる。

3. 文献研究

　文献レビューには，それ自体をもって研究とみなすことができるものが含まれ，それは文献研究と呼ばれる。文献研究とは，文献レビューを通して，先行研究を適切に位置付けるのみならず，新たな知見を提供す

るものといえる。文献研究は，文献展望，理論的検討，メタ分析の三つ
に大別できるが，本節ではそれぞれの概要を紹介する。

（1）　文献展望

　文献展望とは，文献レビューの質的な実施により，ある研究テーマの
現状を示すとともに，そうした現状に若干の考察を加えて今後の方向性
を示唆する研究を指す。文献展望は総説と呼ばれることもある。文献展
望において，研究者は，一つ一つの文献を読み込み，自身の見方に沿っ
て文献を分類しながら紹介し，それらへの見解を記述する。この方法は，
前節において文献のまとめ方として述べたことと基本的に一致している。
しかし，調査研究などにおける文献のまとめに関しては，それが研究に
占める割合は大きくないため，できるだけ簡潔に記述されることが望ま
れるが，文献展望はそれ自体が研究であるため，文献展望では，より包
括的あるいは詳細な文献レビューが求められる。膨大な研究の要点をま
とめる文献展望の意義は大きく，ある研究テーマに関心をもったとき，
まずそのテーマに関する文献展望を入手し，そのテーマについてのおお
よその研究動向を把握することも少なくない。

　ここで文献展望を行うときに注意したい点を述べる。文献展望を行お
うとする場合，あることを示したい，という動機付けがすでにあること
が多い。例えば，ある研究テーマの主要文献を予め知っており，それら
の課題を見いだしている場合，あるいは文献展望の結論を研究目的とし
た別の研究を計画している，もしくはすでに実施している場合などが挙
げられる。研究は何らかの動機付けに基づいて実施されるものであり，
もちろん文献展望もその例外ではない。しかし，文献展望の帰結点を初
めから想定しており，なおかつその修正を受け入れられない場合，文献
展望は偏ったものになってしまう可能性が高い。例えば，見知っている
文献，あるいはすぐに思い浮かぶキーワードから検索した文献だけを参
照し，そのテーマを異なる角度から検討している文献には目が向かない
とき，あるいは，各文献と真摯に向き合うことによって生まれる分類と
は異なる，事前に準備していた分類に沿って文献を分けてしまうときに

は，文献展望の意義は小さくなってしまう。研究とは新たな発見であるが，研究者の固定的な見方によって，それが見過ごされてしまうことがあるため，注意するようにしたい。文献のまとめの箇所でも述べたように，各文献から得られる自身の見方は非常に大切ではあるが，それが偏ったものになっていないかについて，文献との相対を通じて常に確認し，適宜，見方を修正していきたい。

（2）　理論的検討

　文献研究の二つ目として，理論的検討を取り上げたい。理論的検討は，ある研究テーマに関して質的に実施された文献レビューに，何らかの題材を加え，それらを総合的に議論することによって新たな知見を生み出そうとする研究である。「何らかの題材」には，臨床心理実践の事例や調査事例の一部をビネットとして切り取ったもの，小説や漫画のような公刊されている資料，別の研究テーマに関する文献レビュー，当該研究テーマの文献レビューへの他の学問領域からの意味付け，または，ある状況の具体的な想定などが含まれる。理論的検討においては，そうした題材を発表することが主な目的となっておらず，当該のテーマの文献レビューや題材を俯瞰的に捉え，それらをあわせて考察することが重視される。

　理論的検討では，何らかの題材が取り上げられるため，文献展望よりも文献レビューが紙幅に占める割合が小さくなる。理論的検討は文献を中心とした研究でありながら，そこでは研究者によって文献が取捨選択されることが多い。研究者独自の見方により文献を取捨選択することは重要であるものの，研究者の主張を支持する文献のみを列挙すれば，その議論は一面的になってしまう。自身の見方と対立する見解を主張する文献もあわせて引用することで，より深い理解が得られることも多々ある。特に理論的検討において，なぜその文献を引用することに決めたかについて，常に問い直すことが重要である。

　理論的検討は，紙幅に限界があるなかで複数の観点を取り上げるため，文献レビューだけではなく，何らかの題材についても詳しく論じること

が難しいことから，題材選択の恣意性が指摘されることも多い。そのため，文献引用の理由だけではなく当該の題材を取り上げる理由についても詳しく述べることが大切である。

理論的検討では，臨床心理実践の事例を題材としない場合，得られた知見の臨床心理実践への意義が不明瞭になりやすい。しかし，ここで取り上げている理論的検討は，臨床心理学における研究に含まれるものであるため，あくまでも臨床心理実践に寄与する必要がある。特に臨床心理実践の事例を扱わないときには，理論的検討のテーマが臨床心理学に該当するかどうかだけでなく，その検討は臨床心理実践にどのように役立つか，さらに言えば，どのような場面で生きてくるかという視点を忘れないようにしたい。

また，理論的検討を実施し，多くの文献を参照したり，何らかの題材を提示したりしてみたものの，結局，既存の学説の輪郭をなぞって終わりになってしまうことがよく見受けられる。既存の学説の紹介に終始してしまわないように，必要に応じて自身の着想に立ち戻り，オリジナリティのある論を組み立てていくことが大切であろう。

（3） メタ分析

メタ分析は，これまで別々に発表されていたある研究テーマに関する知見を，統計分析を用いることによって総合し，統一的な見解を示す研究である[2]。例えば，ユング派による臨床心理実践の効果を検討した個々の研究結果を統計的にまとめてユング派の臨床心理実践の効果を具体的な数値で示し，その効果を検証する場合が挙げられる。メタ分析の対象となるのは，統計分析の結果に限られるため，事例あるいは文献の質的な考察によって成立している事例研究，文献展望，理論的検討はその対象とはならない。

メタ分析において，複数の研究結果をまとめるために効果量（effect size）が主に用いられている。効果量には複数の種類があり，どの効果

2）メタ分析については，例えば山田・井上（2012）に詳述されている。

量を用いるかは研究によって様々であるが，メタ分析では，効果量の大きさや有意性が検討される。基本的には，効果量が大きいほど，介入の効果や各概念間の正の関連が強いと解釈され，効果量が有意であることが示されると，得られた結果は偶然によるものではなく意味があると判断される。このように，メタ分析を用いると，ある研究テーマに関する総合的な知見を明確に可視化することができる。

　メタ分析では，文献展望や理論的検討とは異なり，対象となる文献の選定過程が明示されており，その方法にしたがえば，誰が実施しても同じ選定結果となる。そのため，メタ分析には文献選択の客観性に関して利点があるといえる。

　さらに，メタ分析の長所として，対象となる研究のサンプルサイズを考慮に入れることが可能である点も挙げられる。文献のまとめ，文献展望や理論的検討において，ある研究の結果を呈示する際，サンプルサイズを示さないのが通例であり，サンプルサイズの大小にかかわらず，呈示された知見は一つの研究として等しく扱われる。一方，メタ分析では，サンプルサイズにより，各研究の重み付けを変えることができる。

　先ほどの例にも挙げたように，メタ分析を用いて，臨床心理実践の効果が検討されることがある。この種のメタ分析は，臨床心理実践の効果研究を対象としている。効果研究については第12章にて詳しく扱うが，メタ分析により，各効果研究の結果がまとめられ，メタ分析の目的に沿った形で，クライエントの主訴，あるいは臨床心理実践のオリエンテーションなどの観点別に臨床心理実践の効果が示される。ここで注意したいのは，メタ分析によって導き出される臨床心理実践の効果は，臨床心理実践の意義を全て網羅したものではないということである。先述のように，メタ分析の対象となるのは，統計分析によって算出された数値だけであり，その多くは自己報告式のアンケートをもとにしている。人間の心理的変化は，こうした数値だけからでは把握できないことは自明であり，本来であれば，事例検討などを通じて質的かつ丁寧に吟味することによって初めて浮き彫りになると考えられる。それでも，臨床心理実践の効果に関する統一的な見解は貴重であるため，限界をよく意識

した上で，メタ分析の知見を今後の研究もしくは臨床心理実践の参考にすることは意味があると考えられる。

引用文献

Ennis, R. H. (1987). A taxonomy of critical thinking dispositions and abilities. In J. B. Baron & R. J. Sternberg (Eds.), *Teaching thinking skills: Theory and practice* (pp.9-26). New York, NY: W. H. Freeman.

大山泰宏（2014）．私の臨床心理学研究論文の書き方①　森岡正芳・大山泰宏（編）臨床心理職のための「研究論文の教室」——研究論文の読み方・書き方ガイド　臨床心理学増刊第6号——　（pp.26-30）　金剛出版

山田剛史・井上俊哉（編）（2012）．メタ分析入門——心理・教育研究の系統的レビューのために——　東京大学出版会

参考文献

以下の森岡・大山（2014）は，文献レビューを中心に扱っているわけではないが，そこでは臨床心理学を牽引する研究者たちがどのように研究論文と向き合っているかが率直に書かれている。

・森岡正芳・大山泰宏（編）（2014）．臨床心理職のための「研究論文の教室」——研究論文の読み方・書き方ガイド　臨床心理学増刊第6号——　金剛出版

以下の高野・岡（2017）は，心理学全般の研究法について体系的に解説された書籍であり，心理学研究法の入門書としてお勧めできる。本書では，文献の探し方についても少し触れられている。

・高野陽太郎・岡隆（編）（2017）．心理学研究法——心を見つめる科学のまなざし——　補訂版　有斐閣

以下の津川・遠藤（2011）は，臨床心理実践に根差した研究を実施するための手順を分かりやすく説明した書籍である。そのなかに文献レビューについての一章がある。

・津川律子・遠藤裕乃（2011）．初心者のための臨床心理学研究実践マニュアル　第2版　金剛出版

　以下の山田・井上（2012）は，メタ分析に関して詳説された書籍である。タイトルに「入門」とあるが，数式が比較的よく登場することもあり，本書はメタ分析に関して深く知りたい読者向けである。
・山田剛史・井上俊哉（編）（2012）．メタ分析入門——心理・教育研究の系統的レビューのために——　東京大学出版会

■ 研究課題

・自らの研究テーマについての文献を収集し，集めた文献をマッピングしてみよう。
・自らの研究テーマ，もしくは他の研究テーマに関する文献展望を読み，その内容を要約してみよう。

4 │ データ収集法

│ 片畑真由美

　この章では，これまで学んだ視点を基に，自分が行う研究の目的に照らし合わせたデータ収集法について理解を深める。実際に研究を行っていく際に，調査ではどのようなデータが必要になるのか，そして調査対象者の設定はどのように行うのかについて述べたあと，具体的なデータ収集法として「面接法」「観察法」「質問紙法」「検査法」「実験法」を取り上げる。

【キーワード】 面接法　観察法　質問紙法　検査法　実験法　フィールドワーク　サンプリング　アナログ研究

1. 目的に即したデータ収集

（1）　リサーチクエスチョンの確認

　これまでの章で，リサーチクエスチョンに沿って研究を進めることの重要性を伝えてきた。ではリサーチクエスチョンが定まったあと，実際に自分が研究を行うとき，どのように進めていくのか。本章では，主な調査を用いた研究を想定しながら，研究論文の「方法」部分に当たる，データ収集法について述べていく。データ収集法として，具体的には「面接法」「観察法」「質問紙法」「検査法」「実験法」を取り上げる。ただし，今回は概要のみの説明になるため，手順などの詳細については章末の文献を参照していただきたい。

　調査を用いた研究を始めるとき，「質問紙調査をしたい」「インタビューをしたい」など，調査方法から考える方もいるかもしれないが，まず大事なのは自分が何を調べようとしているのかである。例えば，「一般大学生にアンケート調査がしたい」「抑うつ傾向が高い人に面接調査がしたい」という調査計画の立て方では，調査の結果をどのように

扱い，まとめればよいのかという段階で行き詰まる。まずは何を調べるかという目的が重要であり，上記の例で言うと「抑うつ傾向が高い人」の何を調べたいかによって，研究方法に面接法が適しているのか，あるいは実験法が適しているのかが大きく異なってくる。つまり自分のリサーチクエスチョンは何かを，調査を行う前に確認する必要がある。そして，リサーチクエスチョンが明らかになれば，おのずと調査対象者が想定される。リサーチクエスチョンから「抑うつ傾向が高い人」をどのように抽出するのが妥当か，「一般大学生」の中でもどのような属性をもっている人を対象にするのが妥当かについて考える。その際，第3章でも取り上げた文献レビューを進める中で，先行研究の内容，すなわち調査方法・調査対象者・調査結果について理解をしておく必要がある。

　では，調査対象者の心理を知りたいと思うとき，どのような方法が考えられるだろうか。例えば，「臨床心理学専攻の大学院生が実習に臨む際の心理的変化」に着目したとしよう。それを追究するために，まずは直接大学院生に「実習に対してどう思っていますか」，「実習の開始時と終了時ではどのような違いがありましたか」というように話を聞くという方法が挙げられるだろう。あるいは，大学院生が実習を行う場に付いていき，誰かと関わるときにどのような行動をとっているかを継続的に調べるという方法もある。前者は「面接法」の手法であり，後者は「観察法」の手法をとったということになる。あるいは，大学院生の行動を記録したあとで，実際にその人から話を聞くというように，「観察法」と「面接法」の両方を組み合わせて行うことも可能である。自分がどの調査方法を選択すればよいかを考えるときには，どのようなデータ収集法があるか，そしてそれぞれの特徴を知っておく必要がある。

（2）　研究方法の確認

　リサーチクエスチョンを確認したあと，次は自分の研究が仮説検証・仮説生成のどちらを意図しているものかを考える必要がある。それに伴って数量化したデータを用いる客観性の強い**量的研究法**か，数量化されにくい語りや行動の記述などを用いる主観性の強い**質的研究法**か，ど

ちらが妥当な研究方法かを考える。もちろん両方の手法を用いる**混合研究法**の場合もある。

　クレスウェルとプラノ　クラーク（Creswell & Plano Clark, 2007　大谷（訳）　2010）によると，**量的データ**とはクローズエンドな（選択回答式，closed-ended）情報であり，質問紙の尺度で測定されるものや行動をチェックリストで数量化したものが挙げられる。一方で，**質的データ**とはオープンエンド（自由回答式，open-ended information）な情報であるとし，対象者のインタビューの内容や観察記録などのテキストを挙げている。自分の研究目的に従って，どのようなデータが必要になるのかを検討する。

　例えば，「抑うつ傾向が高い人の夢見の特徴について調べる」という研究であれば，質問紙法で抑うつ傾向を測る尺度や夢見頻度を測る尺度を用いることで，両方の尺度得点を計算することができ，得点間の関連を検討することが可能になる。この場合，得られるデータは量的データになる。その特徴は，統計的な処理を行うことができる点である（詳しくは第 5 章「量的研究法」を参照）。一方で，同じような質問紙法を用いても，「よく見る夢の内容を書いてください」というように自由に内容を書くような項目を設けると，そこで得られるデータは個別性の強い質的データになる。このデータの特徴は，対象者の主観的な考えや思いを詳細に知ることができる点にある（詳しくは第 6 〜 7 章「質的研究法」を参照）。自分の研究では，どのようなデータを得ようとしているのか，そのためにはどのようなデータ収集法が妥当かについて検討を重ねることが，研究の構想段階では重要である。

（3）　調査対象者の設定

　さて研究目的を確認し，どのようなデータが必要かについてある程度の指針ができたあとは，実際に調査に取り掛かる前に，**調査対象者**の設定について考えたい。

　量的研究法を行う場合は，自分が調べたい対象者全員が所属する集団（**母集団**）から，対象者の一部（**標本**）を取り出し，調査対象にすると

いう方法になる（詳しくは第5章「量的研究法」を参照）。標本の取り出し方には，母集団の中から偶然の確率で標本を選び出す**無作為抽出**（ランダムサンプリング）が望ましく，最も偏りなく母集団の特徴を把握できる。労力やコストなどの問題で困難である場合は，母集団の構成を反映する代表性を担保する努力をしながら，得られた結果からどこまで母集団を推測することができるかについて慎重に考える必要がある。

　一方で，無作為抽出が研究目的にそぐわない場合もある。それは，対象や集団そのものの分析・理解を目的として，対象を固有の性質をもった存在として研究する，個性記述的アプローチに基づく質的研究法である（鈴木，2006）。代表的なものは**事例研究法**（第9〜11章「事例研究法」を参照）やフィールドワークである。質的研究法においてデータ収集と分析を連動させた「**理論的サンプリング**」（Glaser & Strauss, 1967 後藤・大出・水野（訳），1996）や，事例研究法において事例の本質が表れる「**典型事例**」の選択（山本，2018）のように，研究目的に沿う対象者の選出や位置づけが必要になる。鈴木（2005）は，面接法など質的研究法における調査対象者の選定は**有意抽出法**で行われることが多く，便宜的になりやすい特徴があるとしながら，「量的調査の代表性とは異なる意味での代表性」があることを指摘している。そのような代表性を担保するためには，調査目的に沿って対象者を注意深く選定した上で，「彼らの行動を文化的・社会的文脈の中にきちんと位置づけ，面接から得られる情報に物事の本質に迫る多面性，深さ，説得力」があることが重要であるとしている。このように，対象者の選定プロセス自体に研究の目的や研究者の姿勢が反映されており，その妥当性について考える必要があるだろう。

　さて，調査対象者の設定という視点で考えると，臨床心理実践を通した，あるいは臨床心理実践についての研究では，臨床現場や**臨床群**（臨床心理的援助を必要として来談した方々）を対象とする研究を想定する方も多いだろう。しかし臨床群の方に調査をする場合は，対象者を募集することや，調査を行うことが倫理的に困難である場合が少なくない。その課題を解決する一つの方法として，健常者を対象とした**アナログ研**

究がある。杉浦（2009）によると，アナログとは「等価な」「連続な」
という意味をもち，健常群と臨床群には質的な連続性があることを仮定
して行う研究を指している。杉浦は「不安傾向の強い健常対象者を不安
障害の人のアナログとして研究対象にする」という研究を例に挙げ，そ
の方法的な利点として，多数のデータを収集できること，倫理的問題が
少ないこと，幅広い個人差が期待できること，研究のノイズとなる要因
が少ないことを述べている。また注意点としては，健常群で見られた結
果をどこまで臨床群に一般化できるかという点，実験室で気分などを誘
導する際には，どこまで現実の現象に近づけることができたかという
「生態学的妥当性」の検討が必要である点を挙げている。

　調査対象者の設定については，いずれの方法をとる場合もどのような
課題や問題点があるか，そしてそれは調査結果にどのような影響を及ぼ
しているかについて研究者自身が考慮しておく必要がある。

2. 具体的なデータ収集法

（1）　面接法

　では，具体的なデータ収集法について述べていきたい。まずは**面接法**
を取り上げる。面接法とは，面接（interview）によるデータ収集法で
ある。井村・木戸（1965）によると，面接は「人と人とが一定の環境に
あって，直接顔をあわせ，一定の目的をもって，たがいに話し合い，情
報を交換したり，意志や感情を伝えたり，相談したり，問題を解決する
こと」と定義されている。inter（間の）-view（見る）という語源から
もわかるように，面接法では面接者と被面接者との間に起きる（言語
的・非言語的）やり取りによって質的あるいは量的データが得られる。

　臨床心理学研究で取り上げられる面接法には2種類ある。それは，
「臨床的面接法」と「調査的面接法」である。**臨床的面接法**とは，いわ
ゆる臨床心理面接（カウンセリング・心理療法を包括するもの）であり，
悩みや苦しみを抱える来談者が解決・解消を求めて訪れるところから始
まる。臨床的面接法について，河合（1975）が「個々の事例に対して，
あくまで治癒という目的に向かって努力をつづけながら，そこから得ら

れた知見を体系化することによって学問を成立せしめてゆこうとする」
と述べるように，データ収集を目的として行われるというよりは，実践
そのものであり，どのように行われたか自体が研究になり得る（詳しく
は第9～11章「事例研究法」参照）。一方で調査的面接法は，研究者の
研究目的に照らし合わせて行われるものであり，研究者側に行う動機が
ある。調査的面接法は臨床的面接法とは異なり，得られるデータの方に
主眼がある。

　面接法には，その場がどれほど構造（形式）化されたものかによって
分ける視点があり，構造化の程度が高いものから順に構造化面接，半構
造化面接，非構造化面接という（研究目的に合わせてどの面接法を選ぶ
かについては第6章「質的研究法⑴　質的研究の理論」にて詳述する）。
構造化面接ではインタビュー項目や順序を定め，それに沿って尋ねるな
ど，実施手順が明確である。この場合，回答は選択回答法で行われるこ
とが多く，調査者が与える影響が比較的少ない。半構造化面接は，予め
インタビュー項目を設定しておくが，面接を行う段階で質問を追加する
など，柔軟性や自由度がある方法である。非構造化面接では，面接者は
リサーチクエスチョンをもってはいるが，インタビュー項目や順序など
は決定せずに自由な応答を中心とした面接法になる。以上のような特徴
から，半構造化面接や非構造化面接は，その場での対話に重点が置かれ
るため，面接者と対象者の相互作用が大きくなる。

　小松（2008）は，「面接調査への協力者の参加やその回答は，面接者
側の『構え』とのマッチングのなかで生じるものとして解釈できる」と
述べている。面接法で得られるデータは，予め調査対象者の中に用意さ
れたものだけではなく，その場の相互作用の中で生まれるものであり，
研究者自身も自分の姿勢や構えを意識しておくことが必要である。何を
研究者が聞くかによって対象者の答える内容が変化するのはもちろんの
こと，どのような言葉で聞くか，どのようなタイミングで聞くかによっ
て，答えが変化することも起こり得る。そのため，実際に面接法を行う
際には，言語のやり取り以外の側面，動作やテンポ，声のトーンや雰囲
気というような非言語的な情報についても記録しておくとよいだろう。

このように，直接対象者と言語的・非言語的に柔軟なやり取りが可能であるという点が面接法の特徴である。鈴木（2005）は面接法と他のデータ収集法と詳細に比較し，面接法は「対象者自身が内面にあることを自ら語った言語的データ収集」の方法であるが，非言語的な情報にも着目するという点で観察法と相互補完的な関係であることを指摘している。また，面接法は質問紙法と比べるとより詳細で豊かな質的データが得られるという点，実験法や検査法と比べると自由で制約が少なく対象者に即したデータが得られるという点が特徴的である。

（2）　観察法

観察とは，物事の状態や変化を注意深く見ることを意味しており，「見る」という行為に焦点づけられたデータ収集法である。観察法の定義は「人間や動物の行動を自然な状態や実験的な状況のもとで観察，記録，分析し，行動の質的・量的特徴や行動の法則性を解明する方法」（中澤，1997a）とされている。つまり，観察法を行う上では，「どのような状況で」観察するか，その観察された「データをどのように扱うか」が重要になってくる。

観察法の種類として，中澤（1997a）は観察事態と観察形態の二つの観点から説明している。まず観察事態の観点から，**自然観察法**と**実験的観察法**が挙げられる。自然観察法とは「行動の発生に人為的な操作を加えないで，自然な事態の中での行動を観察する方法」である。自然観察法の例を挙げると，幼稚園で幼児の遊んでいる様子を観察し，そこで生起する行動をカウントするような調査が該当する。もう一方の**実験的観察法**とは，「対象とする行動が生じるような環境を観察者の側で設定し，その中で生起する対象行動を短期間のうちに数多く観察することを目的とする」手法である。例えば，幼児の遊びに焦点を当てた研究を行うときに，決まった状況（母親が玩具をもって誘う場面など）を設定し，そこでの遊び行動を観察するような調査が該当する。

観察形態から考えると，大きく**参加観察法**（参与観察）と**非参加観察法**という分類がある。参加観察法は「被観察者に対し観察者がその存在

を明示しながら直接観察する方法」である。幼児の様子を一緒に遊びながら観察するような調査が該当する。**非参加観察法**は，「一方視鏡やビデオを利用することによって，被観察者に観察されていることを意識させないで，自然な行動を観察する方法」である。ビデオで撮影された画像を見ながら特定の行動をカウントするような調査がこれに該当する。

観察法を用いる際には，自分の研究目的が観察事態と観察形態の組み合わせで，どの形が適しているかを考えるとよい。例えば，「子ども同士の遊びが移り変わるときには何が契機になっているのか」を調べたい場合は自然観察法かつ非参加観察法が適しているということになるだろう。

次に観察手法について，今回は**時間見本法**と**事象見本法**と**逸話記録法**を取り上げる。時間見本法とは，任意の時間間隔を設定し，そこで見られた行動の生起を記録する方法である（中澤，1997b）。例えば「箱庭制作場面においてどのような行動がどの程度生起するかを調べる」という研究を想定すると，観察時間（例えば15秒間）に「砂を触る」という行動が見られたら，それをチェックしていく。この方法では，正確で客観的なデータを得ることができる。

次に**事象見本法**は，特定の行動に焦点を当て，その行動の生起から経過をたどっていくことで，状況の文脈の中で組織的に観察する方法である（原野，1997）。例えば，箱庭制作場面を取り上げた研究を考えると，砂を使って形を変えるという行動に焦点を当てて，いつそれが起きてどのように変化していったかについて記録する。この手法では，一つの行動の背景や文脈を把握することができる。

そして，**逸話記録法**はある特定の人物や場において，そこで生じている行動を時間的な流れに沿って記述していく記録方法であり，行動や相互作用を質的に捉えたい場合に適している（坂上，2008）。これは人類学や社会学におけるエスノグラフィック研究やフィールドワークにおける記録法であり，客観的に見られる事柄だけではなく，記録をとる研究者の視点や心の動きも記録することが特徴的である。この逸話記録法の中でも，さらに観察者と対象者との間に生じている現象に焦点を当てた

のが鯨岡のいう「エピソード記述」である。エピソード記述について，鯨岡（2005）は「生の実相を関わり手である自分をも含めて客観的に見る見方と，その生の実相に伴われる『人の思い』や『生き生き感』など関わり手の身体に間主観的に感じられてくるものを捉える見方が同時に・・・必要」と述べている。

　また，観察法に関連する研究方法に，フィールドワークがある。フィールドワークとは，佐藤（1992）によると「参与観察とよばれる手法を使った調査を代表とするような，調べようとする出来事が起きているその『現場』（＝フィールド）に身をおいて調査を行なう時の作業（＝ワーク）一般をさす」ものである。さらに，箕浦（1999）はフィールドワークを「社会的現実（social reality）からデータを抽出する一つの方法」と述べ，「人々が生活を営んでいる状況にともにいること（in situ）でデータを得ることに特色がある」と述べている。フィールドワークの定義にもあるように，その場に入り込むということは，対象者とも深く関与するということである。だからこそフィールドワークでしか捉えられないデータがあると言えるが，佐藤（1992）が指摘する，対象者と同一化しすぎることで生じる「オーバーラポール」の問題に留意をしておく必要がある。箕浦（1999）は，フィールドワークの基礎的スキルとして「観察」を挙げており，「フィールドでの自分のあり方（role management）を厳しく問い直すこと（reflexivity）が重要な訓練事項である」と述べている。臨床心理学領域における研究においても，自らがどのような視点や問題意識をもっているのか，その場に参与することでどのような影響が生まれているのかを改めて客観的かつ意識的に見直すことが重要である。

　以上述べてきた観察法の特徴は，他の方法とは異なり非言語的な視覚情報を捉えることが可能な点である。そのため言語的表現が難しい乳児を対象にする研究や，母子の相互交流に関する研究などで用いられる。さらに他のデータ収集法と組み合わせて用いられることも多い。

（3）　質問紙法

　質問紙法とは，予め印刷された質問項目について調査対象者が回答を記入する，質問紙を用いたデータ収集法である。よく用いられるのは，質問項目が書いてあり，その回答を評定尺度法で測定するという方法である。例えば，リッカート（Likert）法という方法を用いると，図4-1のように1から5まで意味が連続している選択肢を提示し，1つ選んでもらうという質問項目になる。他に，SD（Semantic Differential）法では，図4-2のように対になった形容詞対を用いて，どの程度当てはまるかについて回答してもらう。

　質問紙法を行う際には，まず自分の測りたい構成概念を考える必要がある。これは直接観察することが困難で，理論的に定義される概念を指す。例えば「個人の攻撃性」という構成概念は，直接見ることができないが，その人の心理に何らかの形で存在していると想定される概念である。自分が調べたい構成概念については，すでに先行研究でそれを測定する心理尺度が作成されている場合もあるため，まずは調べたい構成概

（問1）以下の問いについて，あなたにもっとも当てはまるもの一つに
　　　〇を付けてください。

	全く当てはまらない	あまり当てはまらない	どちらとも言えない	やや当てはまる	非常に当てはまる
1　自分が人にどう見られているかが気になる	1	2	3	4	5
2　自分が失敗することを恐れる	1	2	3	4	5
3　苦手な人とは付き合わない	1	2	3	4	5
4　1人でいるのが好きだ	1	2	3	4	5

図4-1　評定尺度法（リッカート法）の例（筆者作成）

（問1）　カウンセリングのイメージはどのようなものですか。
　　　　　もっとも当てはまるもの一つに○を付けてください。

明るい	1　−　2　−　3　−　4　−　5	暗い
孤独な	1　−　2　−　3　−　4　−　5	にぎやかな
強い	1　−　2　−　3　−　4　−　5	弱い
厳しい	1　−　2　−　3　−　4　−　5	優しい

図 4 - 2　　評定尺度法（SD 法）の例（筆者作成）

念や近似する概念についての研究を幅広く調べる。先行研究で用いられた心理尺度を使用する場合には，出典論文を明記すること，営利目的の使用の場合は著作権者の許可を得ること，使用する尺度の背景となる理論や概念について十分に理解することに注意をする（山本，2001）。また使用したい尺度が日本語以外の言語であり，日本語に翻訳する場合には，原著者に連絡をとり承諾を得る必要がある。

　自分で質問紙を作成する場合には，構成概念の定義を明確にし，その定義と照らし合わせながら項目作成を行う。この場合，近似する構成概念についての先行研究を調べるのはもちろんであるが，予備調査として自由記述式の質問紙調査を行うことで幅広く質問項目候補の収集を行うという方法もある。一連の質問項目の候補が挙がれば，再度自分が調べたい構成概念の定義と合致しているかどうかをチェックしていく。項目の候補が決まれば予備調査を行い，反応の分布を調べ，極端に偏っている項目があれば除外する。

　質問項目の信頼性を高めるためには，G-P 分析や項目―全体得点相関分析，因子分析による方法などが用いられる。G-P 分析は合計得点の高低によって回答者を分割し，各項目について高群と低群で平均値を計算し，群間で平均値の差の検定を行い，有意差の出なかった項目を削除する方法である。項目―全体得点相関分析は，全体の尺度得点と各項目の相関係数を計算し，相関が低い項目は削除する方法である。因子分析では，項目間の相関関係からその背後に潜在的な変数として因子を想

定し，因子負荷量として計算する。因子負荷量が低い項目や複数の因子に高い負荷量が見られる項目は削除する（因子分析については，第5章「量的研究法」を参照）。

これらの手順を踏まえ，適切な質問項目を選択したあと，それが信頼性と妥当性を備えているものかについて検討をしていく。信頼性とは，その質問項目が一貫性や安定性を備えているかを見る視点であり，妥当性とはその質問項目が測りたいものを正確に測っているかを見る視点である。例えば，1cm刻みのものさしがあったとして，昨日測ったときは1cmであったが，今日測ると2cmになっているというものであれば，一貫性のあるものさしとは言えず，その測定方法は信頼性が低いと言える。一方で，ものさしでペンの長さを測ろうとしたところ，20gという重量の数字が出てくれば，長さではなく重さを測定していることになり，妥当性が低い測定方法ということになる。逆に言うと，そのものさしが今日測っても明日測っても1cm刻みの長さを正確に測定する機能をもっていれば，それは信頼性や妥当性が高い測定方法と言える。このように，質問紙を作成する際には質問項目の信頼性と妥当性が担保されているかを確認する必要がある。

各項目が一貫して同じものを測定しているかについての信頼性を検討する方法の一つに，クロンバックのα係数を算出する方法がある。また再検査法という方法では，一定の時間経過後に再び同じ質問項目に回答してもらい，その相関係数によって時間的に安定性が保たれているかについての信頼性を検討する。

妥当性を確かめるためには，内容的妥当性，基準関連妥当性，構成概念妥当性の検討が必要になる。内容的妥当性の確認には，質問項目が偏りなく網羅的になっているかについて，その概念に熟知した複数の専門家によるチェックを受ける方法がある。基準関連妥当性では，その人の行動など何らかの外的基準と比較して，想定した通りの相関が得られているかによって判断する。構成概念妥当性は，他の構成概念を測る尺度得点との比較によって仮説を立て，それを検証することで確かめる方法である。

　以上のような質問紙法の特徴について，宮下（1998）は，調査対象者の内面を過去から未来にわたって幅広く捉えることができる点，比較的短時間で多人数に実施可能であり，結果の一般化を行いやすい点などを挙げている。

　なお近年は，インターネットのウェブページ上に質問票を作成し回答を求める調査も増えている（例えば Google Forms や Microsoft Forms など）。この場合は，幅広い対象者にメールや SNS などで協力を求めることが容易になる，回答されたデータは自動で集計されるため入力ミスが起きにくいという利点がある。一方で，インターネットを利用できる対象者に限られること，不誠実な回答が含まれる場合があることに留意する必要がある。

（4）　検査法

　心理検査（検査法）とは，対象者に何らかの課題に取り組んでもらい，人格特性・心理的機能・知的能力などの情報を収集する方法を指す。臨床心理学の領域では主に臨床心理実践の場で，心理アセスメントの重要なツールとして，観察や面接では捉えきれないような特性を多面的に理解するために使用されている。では検査法を研究で用いるときにはどのような視点が必要になるだろうか。

　研究で検査法を使用する際には，「心理検査自体の研究」と「心理検査を通した研究」という，大きく二つの方向性がある。心理検査自体の研究の目的とは，新しい心理検査を作成すること，既存の心理検査の解釈法を提案すること，心理検査が何を測定するものかについて新たな視点を提示することなどが含まれる。この研究の例としては，青木（2013）がロールシャッハ・テストにおける特定の反応を取り上げて，その解釈仮説の検討を行った研究が挙げられる。一方，心理検査を通した研究の目的は，既存の心理検査を用いて対象者の心理的特性やその変化を理解することなどが含まれる。例えば，林ら（2016）がロールシャッハ・テストを用いて肥満症患者の心理的特徴を調べた研究が挙げられる。

　検査法の種類については様々な分類の仕方があるが，ここでは**知能検**

査，人格検査，作業検査，神経心理学的検査を取り上げる。

　知能検査とは，対象者の知的能力を様々な側面で調べるために，図形や数字，言語，絵などを用いて施行される検査である。代表的なものにビネー式知能検査，ウェクスラー式知能検査，K－ABC 心理・教育アセスメントバッテリーなどが挙げられる。

　人格検査とは，対象者の欲求，態度，情緒，性格など，多側面からパーソナリティ特性について調べる検査である。人格検査の中には，前述した質問紙を用いる検査があり，代表的なものに矢田部—ギルフォード性格検査（Y-G 性格検査），ミネソタ多面的人格目録（MMPI）がある。身体や心の状態についての質問が書かれた用紙に当てはまる答えを記入してもらい，それらを合計することで，対象者の人格や態度，行動上の特徴，心の健康状態を客観的に捉えることができる。他にも人格検査には，投映法と呼ばれる，曖昧な模様，絵，文章などに対する反応を分析する検査がある。代表的なものに，ロールシャッハ・テスト，文章完成法，P-F スタディ，バウムテストなどが挙げられる。投映法では，抽象的な質問や課題を用いるため，対象者の特徴的な認知が反映されたり，情緒的反応が表れたり，独自の意味づけが行われることから，無意識レベルの深層心理を理解するのに適していると言われている。

　作業検査は，比較的単純な作業である計算作業や図形の模写などを対象者に行ってもらい，作業量とその変化，作業内容などから性格や行動特徴を把握しようとする検査である。代表的なものに内田クレペリン精神検査が挙げられる。

　神経心理学的検査は，言語能力や記憶，注意など特定の認知機能や遂行機能など高次脳機能について調べる検査である。知能検査との違いについて望月（2008）は「各機能を個別的に評価すること」ができる点を挙げている。この特徴により，脳の損傷や認知症などで起きる認知行動機能の異常や低下レベルの測定，対象者の認知行動機能の把握，介入の効果について調べるために用いられることが多い。代表的なものに，Mini-Mental State Examination（MMSE），ウェクスラー記憶検査改訂版（WMS-R），ウィスコンシンカード分類検査（WCST）などが挙げら

れる。

　検査法を用いた研究を行う際に注意するべき点として，用いる検査が
どのような特徴をもち，何を測定する目的で作成されているか，その理
論と背景を十分理解した上で，標準化された実施法に基づいて使用する
必要がある。また心理検査を用いる際には，普段は意識していなかった
内容が心理検査を通して意識され，心の安定が脅かされるという**侵襲性**
の高さがあることに留意をする。侵襲性の高さは用いる心理検査によっ
て様々であるが，一般的に客観性が低く自由度の高い投映法は侵襲性の
高い方法と言われている。また，受ける側の状態によっても侵襲性をど
う体験するかは異なってくるため，対象者の状況も理解した上で使用を
考えることが望ましい。

　検査法の特徴としては，他のデータ収集法では捉えきれない，認知機
能や人格特性など，無意識的な側面を含めて詳細な情報が得られること
が挙げられる。ただし，対面で行う検査であれば面接法や観察法と類似
した特徴があり，質問紙を用いる検査であれば質問紙法と類似した特徴
がある。

（5）　実験法

　実験法は心理学の主要な研究法であり，人の心や行動に影響を及ぼす
であろう要因を実験者が仮定し，それを操作することで特定の結果が生
じるかを確かめる，つまり因果関係を検証する方法である。実験は規定
要因の操作を必要とするため，日常場面から離れた実験室や実験場面に
て行われる。

　実験法では，先行研究から検討すべき仮説を設定し，その仮説に沿っ
た実験計画を立てるプロセスが重要になる。仮説に基づいて研究者が操
作や処理する要因を**独立変数**，その操作や処理によって起こる変化を**従
属変数**と呼ぶ。例えば，「箱庭制作において，砂に触れる方が制作満足
度が高い」という仮説を設定した場合は，箱庭制作を用いた実験場面で，
「砂を触らず制作する」群と，「砂を触って制作する」群に分け，制作
満足度の測定を行う。ここでは「砂を触る」という要因が独立変数で，

制作満足度の得点が従属変数となる。群の違いで従属変数に変化が認められ、当該の独立変数以外の諸要因による影響がないと認められる場合、この独立変数と従属変数との間に因果関係があると考えられる。また、1つの独立変数には複数の設定条件が設けられる。この条件を水準と呼ぶ。上記の例の場合では「砂を触る」という条件に「触る」「触らない」という2水準が設けられている。

実験計画においては、条件の割り当て方によって参加者内計画（同じ参加者を違う水準に割り当てる）か参加者間計画（違う参加者を違う水準に割り当てる）かを決定する。上記の研究例では、「砂に触らず箱庭を制作する」人と「砂に触って箱庭を制作する」人は異なる人であるため、参加者間計画となる。一方で、「1回目の実験では砂を触って箱庭を制作する」、「2回目の実験では砂を触らず箱庭を制作する」という実験計画にすると、同一の人物が異なる条件に割り当てられているため、参加者内計画となる。

また、上記の例では「砂を触る」という1要因の実験計画であるが、これに複数の要因を加えることも可能である。例えば「水を使用する」という要因を入れると2要因の実験計画になる。2要因の実験計画では、それぞれの要因の影響だけではなく、要因同士が影響し合うことによる、交互作用が加わる。

そして、独立変数と従属変数以外に注意をしなければならないのは、剰余変数の存在である。これは独立変数以外に何らかの影響を従属変数に及ぼす可能性のある変数である。上記の例の場合は、「箱庭制作をこれまで経験した回数」などが可能性として考えられる。この場合、実験計画を立てる際に、剰余変数を除去するか、除去できない場合は統制することが必要になる（上記の例では、対象者を「1回も箱庭制作を行ったことがない人に限定する」という統制をする）。

このように、実験法は要因を統制することで仮説を検証する方法として適しているが、その分調べたい要因以外の影響をできるだけ少なくなるように考える必要がある。例えば、実験者効果と呼ばれるように、実験場面において実験者の結果への期待が非言語的メッセージとして協力

者に伝わり，その結果に影響をもたらすことがある。この場合は，研究目的を知らない人物が実験者になるという方法もある。

　実験法の中に，臨床心理学や教育心理学の領域で活用されている**単一事例実験**がある。これは1名の実験参加者に対し研究者が独立変数を操作し，操作前後での行動の変化を比較する実験計画を指す（関口，2017）。例えば，瀬口（2020）の研究のように，1名の強迫性障害を抱えるクライエントに対して，曝露反応妨害法による介入前と介入後の行動の生起頻度等を指標としてその効果を検討した研究が挙げられる。

　実験法は他のデータ収集法と比較して，仮説を明確に設定し要因を統制するという特徴から仮説検証型研究に適しているという特徴がある。また，観察法との関係を見てみると，実験的状況を設定し要因を限定させる実験的観察法に近い特徴をもっている。

　以上，本章では具体的なデータ収集法について述べてきたが，単独のデータ収集法を用いる場合もあれば，複数のデータ収集法を組み合わせた調査計画を立てる場合も多い。それぞれのデータ収集法の特徴を理解し，自らの研究目的に即した方法を選択してほしい。

引用文献

青木佐奈枝（2013）．色彩投映反応の解釈仮説再考──反応特徴の検討を中心に── 心理臨床学研究, *31*（4），586-596.

Creswell, J. W. & Plano Clark, V. L. (2007). *Designing and Conducting Mixed Methods Research.* CA: SAGE.
（クレスウェル，J. W.・プラノ クラーク，V. L.　大谷順子（訳）(2010). 人間科学のための混合研究法──質的・量的アプローチをつなぐ研究デザイン── 北大路書房）

Glaser, B. G. & Strauss, A. L. (1967). *The Discovery of Grounded Theory: Strategies for Qualitative Research.* New York: Aldine.
（グレイザー，B. G.・ストラウス，A. L.　後藤隆・大出春江・水野節夫（訳）(1996). データ対話型理論の発見──調査からいかに理論をうみだすか── 新曜社）

井村恒郎・木戸幸聖（1965）．面接　秋元波留夫・井村恒郎・笠松章・三浦岱栄・島崎敏樹・田椽修治（編）　日本精神医学全書　第2巻（診断）（pp.1-24）金原出版

河合隼雄（1975）．1章　面接法の意義　続有恒・村上英治（編）　心理学研究法　第11巻　面接　（pp.1-20）　東京大学出版会

小松孝至（2008）．第9章　面接法　下山晴彦・能智正博（編）　臨床心理学研究法　第1巻　心理学の実践的研究法を学ぶ　（pp.119-131）　新曜社

鯨岡峻（2005）．エピソード記述入門——実践と質的研究のために——　東京大学出版会

原野明子（1997）．第2章　事象見本法の理論と技法　中澤潤・大野木裕明・南博文（編著）　心理学マニュアル　観察法　（pp.24-35）北大路書房

林果林・端こず恵・神前裕子・土川怜・浅海敬子・齋木厚人・龍野一郎・白井厚治・藤井悠・黒木宣夫・桂川修一（2016）．肥満症患者の心理的側面の特徴——ロールシャッハ変数の比較分析から——　心身医学, 56 （9）, 920-930.

箕浦康子（1999）．第2章　フィールドワークの基礎的スキル　箕浦康子（編著）　フィールドワークの技法と実際——マイクロ・エスノグラフィー入門——　（pp.21-40）　ミネルヴァ書房

宮下一博（1998）．序章　質問紙法による人間理解　鎌原雅彦・宮下一博・大野木裕明・中澤潤（編著）　心理学マニュアル　質問紙法　（pp.1-8）　北大路書房

望月聡（2008）．第14章　神経心理学的検査法　下山晴彦・能智正博（編）　臨床心理学研究法　第1巻　心理学の実践的研究法を学ぶ　（pp.193-208）　新曜社

中澤潤（1997a）．序章　人間行動の理解と観察法　中澤潤・大野木裕明・南博文（編著）　心理学マニュアル　観察法　（pp.1-12）北大路書房

中澤潤（1997b）．1章　時間見本法の理論と技法　中澤潤・大野木裕明・南博文（編著）　心理学マニュアル　観察法　（pp.13-23）北大路書房

坂上裕子（2008）．第10章　観察法　下山晴彦・能智正博（編）　臨床心理学研究法　第1巻　心理学の実践的研究法を学ぶ　（pp.133-147）　新曜社

佐藤郁哉（1992）．フィールドワーク——書を持って街へ出よう——　新曜社

瀬口篤史（2020）．加害恐怖を示す高齢女性に曝露反応妨害法を行った単一事例研究——買い物行動に対する介入と効果の検討——　行動分析学研究, 35 （1）, 52-60.

関口理久子（2017）．第4章　実験　サトウタツヤ・鈴木直人（編）　心理調査の基礎——心理学方法論を社会で活用するために——　（pp.67-85）　有斐閣

杉浦義典（2009）．臨床心理学研究法　第4巻　アナログ研究の方法　新曜社

鈴木淳子（2005）．調査的面接の技法［第2版］ナカニシヤ出版

鈴木裕久（2006）．臨床心理研究のための質的方法概説　創風社

山本力（2018）．事例研究の考え方と戦略——心理臨床実践の省察的アプローチ
—— 創元社

山本眞理子（2001）．心理尺度の使い方　堀洋道（監修）　山本眞理子（編）　心理
測定尺度集Ⅰ——人間の内面を探る〈自己・個人内過程〉——　（pp.311-315）
サイエンス社

参考文献

・「下山晴彦・能智正博（編）（2008）．臨床心理学研究法　第1巻　心理学の実践
的研究法を学ぶ　新曜社」は，様々なデータ収集法についての基本的な事柄が網
羅されており，具体的な研究例が紹介されているので，まずは一読をお勧めする。

・上記の鈴木裕久（2006）には，質的研究を行う際のデータ収集法（観察法・面接
法）が詳しくまとめられている。

・以下は，それぞれのデータ収集法の特徴や実施法，結果の書き方まで具体的に書
かれているため，実際に調査を行う際に役に立つシリーズである。

＜心理学マニュアルシリーズ＞

中澤潤・大野木裕明・南博文（編著）（1997）．心理学マニュアル　観察法　北大路
書房

鎌原雅彦・宮下一博・大野木裕明・中澤潤（編著）（1998）．心理学マニュアル　質
問紙法　北大路書房

保坂亨・中澤潤・大野木裕明（編著）（2000）．心理学マニュアル　面接法　北大路
書房

後藤宗理・大野木裕明・中澤潤（編著）（2000）．心理学マニュアル　要因計画法
北大路書房

＜心理学基礎演習シリーズ＞

西口利文・松浦均（編）（2008）．心理学基礎演習 Vol.1　心理学実験法・レポート
の書き方　ナカニシヤ出版

小塩真司・西口利文（編）（2007）．心理学基礎演習 Vol.2　質問紙調査の手順　ナ
カニシヤ出版

松浦均・西口利文（編）（2008）．心理学基礎演習 Vol.3　観察法・調査的面接法の
進め方　ナカニシヤ出版

願興寺礼子・吉住隆弘（編）（2011）．心理学基礎演習 Vol.5　心理検査の実施の初
歩　ナカニシヤ出版

🔲 研究課題————————————————————————————————

1. 「面接法」「観察法」「質問紙法」「検査法」「実験法」のデータ収集
   法の強みと弱みをそれぞれまとめてみよう。
2. 自分が興味のあるデータ収集法を用いた研究を調べて，調査内容を
   まとめてみよう。
3. 自分の興味のあるテーマについて調査を行うとすると，どのデータ
   収集法を用いるのが妥当であるか，考えてみよう。

5 | 量的研究法

田附紘平

　量的研究法は，一般化可能な知見の提供を志向する研究を実施するときの方法として有力な選択肢となる。本章では，量的研究法の概要を把握するとともに，量的研究法において主に用いられる統計分析について理解を深める。それらを通して，読者が自身の研究において量的研究法を採用することが適切であるかどうかを判断できることを目指す。さらに，量的研究法を採用する場合には，研究目的に合致した統計分析の手法を選択できることをねらいとする。

【キーワード】　一般化可能な知見　仮説検証型の研究　統計分析

1. 量的研究法とは

（1）　量的研究法による知見

　新たな研究の目的を定め，データの収集法を選択したら，得られたデータをどのように分析するかが問題となってくる。データの分析法を決定するためには，自身がどのような性質の知見を生み出したいと考えているかについて改めて考える必要がある。自らが求める知見は，多くの人々の心理特性を的確に言い表すような一般化可能な価値をもつものなのか，特定の人々の主観的体験を細やかに描出するようなローカルでありつつリアリティのあるものなのか，一人の人物の内的なテーマの揺れ動きの経過を丁寧に追うような人間の個別性を追求するものなのか，あるいはそれらを組み合わせたものなのだろうか。もし，それが一般化可能な知見であると考え至ったら，量的研究法は，データ分析法のなかで有力な選択肢となる。ローカルな知見は質的研究法，個別性を追求する知見は事例研究法，それらの組み合わせた知見は混合研究法と親和性

が高いと考えられる。

　量的研究法とは，得られたデータを，統計分析を用いて数量的に処理しようとする研究の方法を指している。「統計分析」あるいは「数量的に処理」と聞くと，苦手と考えて尻込みしてしまう人もいるかもしれない。しかし，統計分析を用いてデータを数量的に分析することにより，幅広く適用可能な知見を得ることができる。これは他の研究法にはない量的研究法の大きな利点である。特に統計分析を用いることによって，ある心理特性の特徴を知ることや，ある心理特性と別の心理特性の間に関連があるかどうかを明らかにすることができる。統計分析は，「Aという人格傾向にはBという特徴があるのではないか」，あるいは「Cという人格傾向はDという心理状態を予測するのではないか」などの仮説を支持する，あるいは支持しないという結果を明確に示す。そのため，量的研究法は，予め仮説を立て，その是非を検討する**仮説検証型**の研究と相性が良い。

　人間の心理を量的研究法により捉えることは，本来的には微細で深遠な人間の気持ちを無味乾燥なもの，あるいは大雑把なものに還元することなのではないかと感じられるかもしれない。この疑問は，量的研究法が人間の心理を客観的に把握可能な数値に変換することに由来すると考えられるため，一定程度，量的研究法の短所を言い当てているように思われる。しかし，量的研究は，対象の客観的な把握という特徴により，むしろ人間の心理をより緻密に捉えるとともに，その実態にできるだけ寄り添った知見を生み出す可能性を秘めているといえる。自身の研究に用いる方法の選択肢から自ずから量的研究法を外すのではなく，各研究法の特色を吟味した上で，最善のものを選びたい。

（2）　量的研究法の前提

　量的研究法は客観性を重視し，一般化可能な知見を提供するため，いくつかの前提を有している。ここでは，その主なものを3つ紹介したい。一つ目は，同じ手順を踏めば，誰が実施しても同様の知見が検出されることである。そのため，量的研究により得られる知見の再現性は高いと

想定されている。量的研究法においては，研究者の結果への影響をなくすことが求められ，研究者は，予め定められたものにしたがって教示したり，質問したり，観察したりする。それとは対照的に，質的研究法では，協力者の主観的体験により迫るために，研究者は半構造化面接などを用いて事前に準備していなかったことについて質問する場合もある。また事例研究法では，研究の主体であるセラピストが事例の展開に大きな影響を及ぼしていることは明白である。

　二つ目は，第 4 章でも少し触れられているが，母集団を想定することである[1]。質的研究法はある特定の集団に，事例研究法は一人の人に合致する知見の獲得を目指す一方，量的研究法は，幅広い集団に当てはまる知見を提供しようとする。例えば「中学生の抑うつ傾向」について研究するとき，日本全国の中学生がその知見の適用範囲となる。しかし，全国の中学生の全員からデータを得ることは不可能であろう。現実的には多くても数百から数千人の中学生から回答を得るのが精一杯であると考えられる。この場合，日本全国の中学生を母集団，実際に回答を得る中学生を標本と呼ぶ。そして，統計分析を実施することによって，回答を得た中学生のデータから日本全国の中学生の抑うつ傾向を示す，つまり標本から母集団の特徴を推定し，一般化が可能な知見を得ることができるのである。また，標本から母集団の特徴を適切に推定するためには，標本は母集団と同じ性質をもっていることが望まれる。例えば，私立中学に通う中学生のみを標本として得られた知見を，日本全国の中学生に当てはまるものと捉えるには無理があるといえる。地理的な状況や生活環境などに関しても，標本において偏りがないようにすることが大切である。母集団の特徴を的確に捉えるためには，標本は母集団からランダムに抽出される必要があり，それによって母集団と等質とみなされる。ただし，実際には，身近なところから協力者を確保することがほとんどであると考えられるため，標本の偏りを完全に排除することは難しい。標本の偏りが大きいときには，それに見合った母集団を想定し，知見の

1）母集団と標本の関係については，石井（2005）に詳しく論じられている。

適用範囲を狭めることを検討する必要がある。

　三つ目は条件の統制である。量的研究法では，協力者をいくつかの群に分けた上で群ごとに条件を変え，条件間の比較をすることによって，研究目的を達成しようとする場合がある。そうしたときには，各群において条件以外の性質が等しくなるように注意しなければならない。先の例で言えば，中学生の抑うつ傾向の特徴を明らかにするために，学校段階が異なる高校生のデータと比較することがありえる。このとき，中学生と高校生という各学校段階が条件となるが，中学生と高校生のデータの性質が，学校段階以外には等質であることが求められる。知的水準，出身地域，生活環境などが各群で著しく異なっていれば，中学生と高校生の間に抑うつ傾向に差がみられたとしても，それが学校段階によるものか，あるいは他の理由によるものなのか判断がつかなくなってしまう。そのため，ランダムサンプリングによって各群の協力者を集めることが大切になる。ただし，標本の偏りの場合と同様，実際には各群の性質が条件以外に完全に一致することは難しいため，実際に得られたデータにどのような偏りがあるか，あるいは得られる知見にどのような限界があるかについて熟考することが大切である。

（3）　統計分析の基礎知識

　自身の研究が一般化可能な知見を生むことを目指していると確認し，量的研究法の前提を理解すれば，自身の研究データを，量的研究法のうちどの手法を用いて分析するかを決め，実際に分析することになる。分析手法の決定，あるいは分析結果の解釈のためには，統計分析の基礎知識を知っておく必要がある。紙幅の都合上，本項において統計分析の基礎知識を網羅することは不可能であるが，ここでは，そのなかでも特に必須と思われるものを取り上げて説明したい[2]。

　統計分析は，記述統計，統計的検定，統計的推定に大別できる。記述統計は，データの特徴を理解しやすくするために，データの要点をまと

2）統計分析の基礎知識については，吉田（1998）などに詳しく説明されている。

めることを指す。例えば，平均値，標準偏差，**相関係数**を算出したり，
因子分析を実施したりすることが挙げられる。相関係数と因子分析に関
しては，後にもう少し詳しく取り上げる。

　統計的検定とは，得られた結果に何らかの特徴があると主張できるか
どうかを確かめるものである。例えば，抑うつ傾向が中学生と高校生の
間に差異があるかどうかを検討したいとする。中学生の抑うつ得点の平
均値と，高校生のそれとの間に一定の差がみられた場合，その差が，偶
然によって生じたのか，実際に中学生と高校生の間に抑うつの程度が異
なることによって生じたのかを検証するときに統計的検定は用いられる。
統計的検定は，「ＥとＦの間に差はない」のような**帰無仮説**を設定し，
帰無仮説を棄却できるかという点から行われる。帰無仮説の棄却の基準
として，心理学では慣例的に，偶然で生じる確率が 5 ％未満であること，
つまり p 値が .05未満であることが採用されている。統計的検定により，
帰無仮説が棄却され，複数の数値の間に偶然ではない差があると解釈で
きるとき，その結果は「有意である」あるいは，結果に「有意な差があ
る」という言い方がなされる。なお，サンプルの数が増えると，p 値は
低くなる性質をもっている。そのため，p 値のみを頼りに分析結果を解
釈するのではなく，算出された平均値や効果量などの統計量がどの程度
であったかなども確認して，結果が真に意味があるものであるかについ
て吟味する必要があるだろう。

　統計的推定は，標本データから母集団の性質を推測することを指す。
統計分析を用いたほとんどの研究の目的は，標本そのものではなく，母
集団の特徴を明らかにすることにあると考えられるため，標本と母集団
の関係を考慮に入れて結果を解釈できる統計的推定は重要である。統計
的推定の主な方法は，点推定と区間推定である。点推定は，標本データ
のある性質を表す数値は母集団のものと一致するとみなす考え方を指し
ており，例えば，標本データの相関係数（第 3 節にて詳しく説明する）
は，母集団のそれと等しいと捉えることを言う。点推定は簡便で非常に
シンプルな考え方であるが，母集団と標本データに差があったときに，
適切に母集団の性質を指摘することができない。そのため，区間推定で

は，標本データの性質を示す数値から，母集団の数値をある程度幅を
もったものとして予測する。その例としては，信頼区間を想定すること
が挙げられる。

　調査研究において，何らかの方法によって測定された心理特性，年齢
や性別などのデモグラフィック属性（人口統計学的属性）のように，協
力者から様々なデータを得る。こうしたデータは**変数**と呼ばれ，統計分
析の対象となる。

　変数は4種類に分類され，その内訳は**名義尺度，順序尺度，間隔尺度，
比率尺度**である。名義尺度は，数値化が困難な質的な情報をもつ変数で
あり，例えば性別に関して，協力者を「女性」，「男性」，「その他」のい
ずれかに分けることを指す。順序尺度は，変数間の差の程度を検討する
ことは困難であるが，各変数に順位をつけることによって変数間の差を
表すことには意味があるものである。例えば，地震の揺れの強さを示す
震度が挙げられる。震度が大きくなればなるほど，地震の揺れが強くな
るといえるが，震度1と3の違いと，4と6の違いは，明確に同じと考
えることはできない。間隔尺度は，変数間の差の程度を検討することが
できるが，0に当該の変数がないという以上の意味があるものである。
例えば，摂氏の温度が挙げられる。10℃と15℃の間と，30℃と35℃の間
の温度は同じ5℃である。また，0℃は，温度がないことではなく，一
定の温度を指している。比率尺度は，間隔尺度と同様，変数間の差を検
討できるが，比率尺度においては，0は当該の変数がないことを意味し
ている。例えば，重さが挙げられる。10gと20gの差と，100gと110g
の差は同じであり，0gは重さがないことを意味している。

　統計分析においては，扱う変数が，名義尺度，順序尺度，間隔尺度，
比率尺度のどれに当てはまるかによって，採用される分析方法が異なる。
名義尺度は**質的データ**と呼ばれることもある。また，間隔尺度と比率尺
度はひとまとめにされることが多く，この二つは**量的データ**と呼ばれる
こともある。分析方法を選択する前に，自身のデータがどの種類の尺度
になるかについてよく認識しておく必要がある。

　統計分析は，手計算では非常に煩雑な作業になるため，ソフトウェア

を利用して実施する場合がほとんどである。統計分析のためのソフトウェア（以下では，統計ソフトと略記する）は多数存在しているが，利用に際し，費用がかかるものとそうではないものがある。他にも，各統計ソフトは操作の簡便さや複雑な統計処理が可能かどうかなどに関して様々な特徴を有している。統計ソフトそれぞれの長所と短所を知った上で，実際に用いる統計ソフトを選択したい。

2. 変数の特性を知るための分析

本節および次節では，臨床心理学の研究において比較的よく用いられる統計分析の手法について具体的に見ていきたい[3]。統計分析の手法は，実施目的によって，変数の特性を知るための分析と，変数間の関係を知るための分析に分類することができると考えられるため，前者の分析を本節，後者の分析を次節にて説明する。さらに，本節で扱う変数の特性を知るための分析に関しては，変数の分解，変数の要約，変数の差の分析の3種類に大別できるため，それらを項目別に説明したい。

（1） 変数の分解

臨床心理学の研究では，アンケート調査を実施し，協力者に何らかの変数を測る尺度への回答を求める場合が多い。そのような尺度への回答は，協力者の一定の心理特性を表す変数と考えることができる。しかし，協力者による各項目への回答を細かく見ていくと，その変数はいくつかの要素から構成されていると理解した方がよいと思われることが少なくない。このような場合に，因子分析が実施される。因子分析は，量的データに関して，一つの変数を複数の因子に分解しようとする手法である。因子分析によって見いだされる因子は，実際に測定されたものではないことから，潜在因子もしくは潜在変数とも呼ばれる。そのため，因子分析の特徴は，観測された変数の背景にある潜在的な変数を想定することにある。

3）統計分析の詳細については，石井（2014）にて解説されている。

　因子分析は，確認的因子分析と探索的因子分析に分かれる。確認的因子分析は，先行研究などから変数の因子の分かれ方，つまり因子構造が予め想定される場合に実施される。確認的因子分析では，得られたデータが予想とどの程度一致しているかを示す適合度をもとに，変数の因子数の想定が妥当かどうかについて検証される。確認的因子分析は，仮説モデルの検証に含まれるため，確認的因子分析について知りたい場合は，次節の仮説モデルの検証に関する項目もあわせて参照するようにしたい。

　一方，探索的因子分析は，新しく尺度を開発する場合や，先行研究で指摘されている因子数に疑義がある場合，あるいは今回の研究において先行研究で指摘されている因子数とは異なった結果が得られる可能性がある場合に実施される。探索的因子分析では，まず手法が選択される。紙幅の都合上，詳しい説明は避けるが，心理学の研究では，最尤法，主因子法，重み付けのない最小二乗法，重み付けのある最小二乗法などが採用されることが多い。観測された変数への各因子の予測力を示す固有値の分布や解釈可能性などを考慮に入れて，因子数をいくつにするかを決めた後，分析の際の回転の種類を選択する。回転とは，各質問項目を因子に割り当てる際に用いる座標軸をどのように設定するかに関わるものであり，基本的には，因子間の相関を想定しない場合は，直交回転（バリマックス回転など），因子間の相関を想定する場合は斜交回転（プロマックス回転など）を選ぶとよい。そうすると，統計ソフトから結果が出力される。当該因子と当該項目の関連の強さを示す因子負荷量を見て，因子負荷量が低い項目を削除していく。一般に，.40あるいは.35が項目を削除する際の因子負荷量の基準となっている場合が多いようである。項目を削除した場合は，再度因子分析を実施し，各項目の因子負荷量を確認する。このように，探索的因子分析では，満足のいく結果が得られるまで，因子構造の設定や項目の削除について何度も試行錯誤されることは珍しくない。探索的因子分析においては，分析過程の客観性と分析結果の研究者による納得感の両立が大切になる。因子分析によって得られた因子は，得点化の処理が施された上で，研究目的に合わせてその後の分析において一つの変数として扱われることが多い。

因子分析の過程において，各因子に含まれる項目がどの程度一貫した内容を測っているか，つまり各因子の内的整合性を表す α 係数を算出することがほとんどである。α 係数は，尺度の信頼性を示す重要な指標であるため，算出された α 係数が一定の水準にあるかを確認しておく必要がある。協力者の心理特性を把握するためにアンケート調査を実施する場合には，概ね .7 以上の α 係数が求められることが多い。

（2）　変数の要約

　複数の変数が存在していることによってデータの要点が見えにくくなっていたり，それらの変数を同時に扱うことが困難であったりする際には，変数の要約が行われる。変数の要約を行う分析として，主成分分析，クラスター分析，数量化三類を挙げることができるが，表5-1にあるように，分析方法によって分析前後の変数の種類が異なっている。ここでは，臨床心理学の研究において比較的よく用いられるクラスター分析について説明したい。

　クラスター分析は，表5-1の通り，複数の量的なデータを質的なデータに変換する。つまり，クラスター分析により，協力者をいくつかの類型から理解することが可能になる。そのため，得られた結果から，臨床心理実践におけるクライエントを想起しやすいといえ，クラスター分析は実践に活用しやすい知見を提供すると考えられる。

　クラスター分析では，複数の変数をもとに協力者間の距離を算定し，その距離から協力者を群分けする。協力者間の距離の算定方法はいくつかあり，そのどれを採用するかによってクラスター分析の手法が決まるが，Ward 法がよく用いられている。クラスター分析を実施すると，デ

表5-1　変数の要約のために用いられる分析

分析方法	分析前の変数	分析後の変数
主成分分析	量的データ	量的データ
クラスター分析	量的データ	質的データ
数量化三類	質的データ	質的データ

（筆者作成）

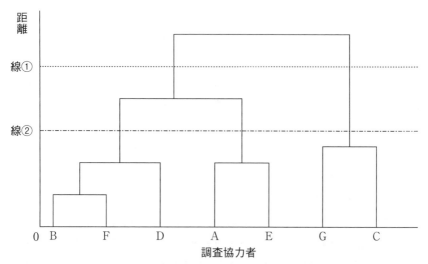

図5-1　クラスター分析におけるデンドログラムの例（筆者作成）

ンドログラムと呼ばれる図が出力される（図5-1）。デンドログラムに
おいては，協力者間の距離が縦軸，各協力者が横軸に置かれており，距
離が近い協力者が樹形図のように図示される。研究者は，デンドログラ
ムを見て，協力者をいくつのクラスターに分類するのが適切かを判断す
る。縦軸のどこを基準にクラスターを分類するかについては，研究者に
委ねられているため，研究者は，結果の解釈可能性を考慮に入れて，ク
ラスターを設定する。図で言えば，線①を基準にすると，協力者は二つ
のクラスターに，線②を基準にすると，三つのクラスターに分けられる。
　クラスターの数が決まると，次項にて取り上げる t 検定もしくは分散
分析を用いて各クラスターの特徴を明らかにすることが多い。その結果
をふまえて各クラスターの名称が決められ，変数を要約するクラスター
が確定する。

（3）　変数の差の分析

　研究において，ある変数に関して何らかの群によって差があることを
示したい場合は少なくない。こうしたとき，適切な分析方法を決定する
ためには，変数の種類，群の数，データの対応の有無を考慮に入れる必

表 5-2 変数の差を検討するために用いられる分析

変数の種類	群の数	対応の有無	代表的な分析方法
順序尺度	2	有 / 無	ウィルコクソンの符号順位検定 / マンホイットニーの U 検定
	3 以上	有 / 無	フリードマン検定 / クラスカルウォリス検定
間隔・比率尺度	2	有 / 無	t 検定（対応有り） / t 検定（対応無し）
	3 以上	有 / 無	分散分析（対応有り） / 分散分析（対応無し）

（筆者作成）

要がある。変数の差を検討するために用いられる分析を表 5-2 にまとめた。表 5-2 には名義尺度が含まれていない。その理由は，例えば「女性」，「男性」，「その他」といった性別という一つの名義尺度における違いは，質的な相違であり，連続線上にある差として捉えることができないためである。

　群とは，変数の差を比較する対象となる協力者の集団を意味しており，群の数が 2 であるか 3 以上であるかによって，分析方法が異なってくる。群の数が 3 以上の場合には，表 5-2 に取り上げた分析を実施した後に，3 つ以上の群のうち，どの群とどの群の間に差があるかを検証するための多重比較があわせて必要になる。

　対応の有無は，各群のデータが，同じ協力者が回答したものであるか，別の協力者が回答したものであるかを指している。例えば，同じ中学生が，4 月と12月にそれぞれ抑うつ傾向尺度に回答したデータに関して，4 月と12月のデータを各群として抑うつ傾向尺度の平均値を比較することを考えたとすると，このデータには対応があるといえる。他方，同時期に中学生と高校生が抑うつ傾向尺度に回答したデータに関して，中学生と高校生を各群として抑うつ傾向尺度の平均値を比較しようとする場合，中学生と高校生のデータは別々に回答されたものであるため，このデータには対応がないと捉えられる。

　また，分散分析の場合，群を要因と呼び，要因を複数設定することがある。先の例を用いると，中学生と高校生という学校段階を一つ目の要因，性別を二つ目の要因として，抑うつ傾向尺度の平均値に関して分析を行う場合，これを二要因の分散分析と呼ぶ。二要因の分散分析では，学校段階もしくは性別それぞれによる抑うつ傾向の差，つまり主効果だけではなく，学校段階と性別が相互に関連しあった上での抑うつ傾向への影響，つまり交互作用も検討される。

　統計ソフトを用いて変数の差を検討するための分析を実施すると，分析方法にあわせて t 値や F 値などの統計量が計算される。そうした統計量と一緒に p 値も算出されるので，p 値が .05未満であるかどうかを見て，要因によって変数に「有意な差」があるかを確認することになる。

3. 変数間の関係を知るための分析

　本節は，複数の変数間の関係を明らかにするための分析について扱う。前節の変数の特性を知るための分析と同様，本節の分析に関しても，本来は対象となる変数の種類によって多くの分析手法が存在している。臨床心理学の研究において比較的よく実施される手法として，変数が名義尺度であるときの χ^2 検定（カイ二乗検定），順序尺度であるときのスピアマンの順位相関分析などを挙げることができるが，本節では，紙幅に限りがあるため，変数が量的データであるときの分析[4]に焦点を当てて説明したい。

（1）　相関関係の分析

　二つの量的な変数の関係を把握するための基本的な分析に，ピアソンの積率相関係数を用いたものがある（以下では，通例にならい，ピアソンの積率相関係数を相関係数と呼ぶ）。相関関係とは，一方の変数が変化すると，もう一方の変数も変化する関係を指している。相関関係の存在は，あくまでも二つの変数に一定の関連があることを示しているので

4）名義尺度の変数を，ダミー変数とすることによって以下に取り上げる分析を実施する場合もあるが，これについては本章では割愛する。

あって，一方の変数が原因となり，その変数の変化の結果としてもう一方の変数が変化するという因果関係を意味していないことに留意する必要がある。前述の因子分析，後述する（重）回帰分析および構造方程式モデリング（SEM）は，相関関係をもとにした統計分析であるため，それらの分析手法を理解す

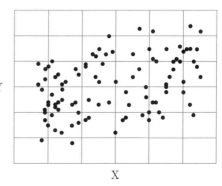

図5-2　*r*＝.4の散布図の例（筆者作成）

るためにも，基本的な相関関係の分析について押さえておきたい。

　相関関係の分析には，相関係数を算出し，二つの変数間の相関関係の強さを明らかにするものと，相関係数とサンプルの数を考慮に入れて有意性検定を行い，二つの変数間の相関関係が有意であるかを検証するものに分けることができる。

　相関係数は*r*で表されるが，*r*は－1～1の値をとり，*r*の絶対値が大きいほど，二つの変数間の関連が強いといえる。一般に，*r*の絶対値が0～.2の場合，ほとんど相関がないと解釈され，*r*の絶対値が.2～.4の場合，弱い相関があると解釈されることが多い。さらに.4～.7の場合，比較的強い相関があると解釈され，.7～1の場合，強い相関があると解釈される。参考までに，*r*＝.4の散布図の例を図5-2に示した。

　有意性検定では，二つの変数の間に相関関係があるといえるかどうかについて検証がなされる。他の検定と同様，*p*値が.05未満であれば，当該の変数間に有意な相関関係があると捉えることができるが，実際の解釈においては，*r*の値を確認して，相関の強さがどれくらいであるかに関してもあわせて吟味する必要がある。

（2）　変数の予測

　ある変数から別の変数を予測したいと考えたときには，回帰分析を用いる。例えば，人格傾向の神経症傾向がどの程度であると，現在の精神

94

健康がどの程度になるかを予測しようとするときなどが、これにあたる。回帰分析において、予測される変数は目的変数、予測する変数は説明変数と呼ばれ、目的変数の予測値は、説明変数の一次関数によって求められる。目的変数の実測値と予測値は一致しないため、その不一致は残差[5]として捉えられ、総じて残差がもっとも小さくなるように一次関数の傾きと切片が計算される。そうして導き出された傾きを標準化したものが、標準回帰係数（β）と呼ばれる。一般に、βが大きいと、説明変数によって目的変数を予測できる程度が大きいと考えられる。統計ソフトを用いて回帰分析を実施すると、βに関してp値が算出されるため、p値をもとに変数の予測が有意かどうかについて判断する。

　また、回帰分析による目的変数の予測に関する精度の高さを表す指標に、決定係数（R^2）がある。R^2は、観測された目的変数の分散に占める予測値の分散を意味している。R^2は0〜1の値をとり、1に近いほど予測の精度が高いといえる。

　回帰分析は説明変数が一つの場合のものであったが、説明変数が複数ある場合の分析は、重回帰分析と呼ばれる。重回帰分析のときの回帰係数は偏回帰係数であり、標準化されたものは標準偏回帰係数（β）という。重回帰分析においても、回帰分析と同様に、決定係数（R^2）が求められるが、重回帰分析では、説明変数の数を考慮に入れた自由度調整済みのR^2もあわせて算出される。

　重回帰分析では、説明変数の投入の仕方として、研究者が説明変数と想定したものを一度に全て投入して予測の程度を見る方法と、説明変数を順次投入していってその都度予測の程度を確認しつつ、最適な説明変数を見いだす方法がある。研究目的に合った説明変数の投入方法を選択する必要がある。

　重回帰分析においては、説明変数間の相関が高い場合などに生じる多重共線性の問題に留意する必要がある。多重共線性が起こっている可能性がある場合には、重回帰分析による結果の妥当性が疑われるため、適

5）残差は誤差と同義であるが、（重）回帰分析の慣例にしたがって残差と表記する。

切な対処をとることが大切である。

（3） 仮説モデルの検証

　先行研究から，相関や予測などの複数の変数間の関係性についての仮説モデルを作成したときのことを考えたい。構造方程式モデリング（SEM）は，そうしたモデルが妥当かどうかを検証する方法である。心理学の研究において，構造方程式モデリングは，共分散構造分析と同義に用いられることが多い。構造方程式モデリングでは，実際に測定された観測変数と潜在変数の両方を扱うことができるが，観測変数のみについて検討するときの分析を特にパス解析と呼ぶことがある。

　構造方程式モデリングでは，複数の変数間の関係性をパス図に描き，パス図をもとに分析を実施することが多い。構造方程式モデリングにおけるパス図の例を図5-3に示した。四角に囲まれた変数は観測変数，双方向の矢印は相関関係，単方向の矢印は予測，丸に囲まれた e は誤差をそれぞれ意味している。標準化解において，パス図に示される数値は標準化されたものであり，〇〇は相関係数，△△は標準偏回帰係数，××は決定係数と同一である。パス解析では，△△はパス係数と呼ばれる。図5-3には示さなかったが，潜在変数を扱う場合には，パス図では，潜在変数は丸に囲まれた変数として表される。

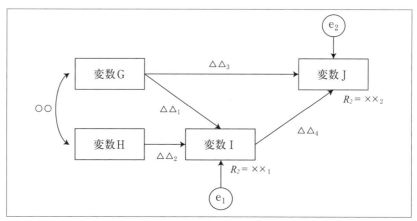

図5-3　構造方程式モデリングにおけるパス図の例（標準化解）（筆者作成）

　構造方程式モデリングを行うとき，先行研究から立てた仮説モデルが，データに適合しているかどうかを見極める必要がある。まず，統計ソフトにより計算される自由度が負の値になっていないかを確認する。その上で，モデルの適合度を示す指標である GFI，AGFI，χ^2値，NFI，RMSEA，AIC などの値を見て，それらの数値の基準と比較することを通して，仮説モデルが適切であるかを検証する。

　統計ソフトで構造方程式モデリングを実施すると，各標準偏回帰係数が有意であるかについての p 値も算出される。仮説モデルが適切であると判断されたら，標準偏回帰係数の大きさとその値が有意かどうかの点から，各パスの意味が解釈される。

引用文献

石井秀宗（2005）．統計分析のここが知りたい——保健・看護・心理・教育系研究のまとめ方——　文光堂

石井秀宗（2014）．人間科学のための統計分析——こころに関心があるすべての人のために——　医歯薬出版

吉田寿夫（1998）．本当にわかりやすい　すごく大切なことが書いてある　ごく初歩の統計の本　北大路書房

参考文献

　以下の石井（2005, 2014）の書籍は，どちらも心理学研究において大切な統計分析に関して分かりやすくかつ詳しく解説している。どちらかと言えば，石井（2005）においては，統計分析の基本的な考え方や分析結果の解釈の仕方に，石井（2014）では様々な分析手法の説明に重点が置かれている。

・石井秀宗（2005）．統計分析のここが知りたい——保健・看護・心理・教育系研究のまとめ方——　文光堂

・石井秀宗（2014）．人間科学のための統計分析——こころに関心があるすべての人のために——　医歯薬出版

　以下の吉田（1998）は，統計分析の方法もさることながら，統計分析を実施する前に知っておきたい基礎知識について解説している。本書は，同一著者によってシリーズ刊行されているもののうちのもっとも初級編でもあるため，関心のある読者はこのシリーズの他の書籍も参照されたい。

・吉田寿夫（1998）．本当にわかりやすい　すごく大切なことが書いてある　ごく初歩の統計の本　北大路書房

🔋 研究課題

・自らの研究に用いるアプローチとして，量的研究法が最適であるかを確かめてみよう。

・もし自らの研究を量的研究法によって実施しようとする場合，どの統計分析を採用するのが適切であるかを具体的に考えてみよう。

・自らの研究において量的研究法を用いない場合，量的研究法による任意の研究を設定し，その目的に合った統計分析の手法は何かについて具体的に考えてみよう。

6 │ 質的研究法⑴　質的研究の理論

川部哲也

　臨床心理学においては，量的研究のほかに質的研究も多く行われている。どちらの研究法にも長所と短所があるため，実施しようとしている研究のリサーチクエスチョンによって，選ぶのが良い。質的研究では，データを数量化せずに扱うため，データ収集・分析・考察の仕方等にいろいろな工夫が必要となるので，それらの点について概説する。

【キーワード】　質的研究法　量的研究法　仮説検証　仮説生成　半構造化面接　文字起こし　厚い記述

1. 質的研究法とは

（1）　質的研究法の特徴

　調査研究を行う場合，自分の研究目的を達成するために必要なのは，量的研究なのか質的研究なのかを考えてみる必要がある。両者の違いは，量的研究は数量化されたデータを用いるのに対し，質的研究は「データの収集，分析，結果の提示のために，数値的表現ではなく，言語的表現を使用する研究法の総称である」（能智，2008）。具体的にいえば，数量化データの代表格は質問紙調査における尺度得点である。一方，質的データの代表格は，面接調査における語りの内容である。前者は統制された客観的データであることが強調され，後者は細やかなニュアンスに満ちた主観的データであることが強調される。データの実際を詳細に見てみると，そのように単純に割り切れないことがわかってくるが，今は概略を把握するために，おおまかにそのように区別しておく。

　臨床心理学を研究するにあたり，量的研究か質的研究かのどちらで研究したいのかはしばしば大問題となる。人によっては，自分は統計が苦

手なため，決して量的研究はしたくない，と考えることもあるだろう。しかし，第2章でも述べたように，研究方法を先に決めてしまうことは研究の幅が狭くなってしまうためもったいないと思われる。あくまで研究目的に沿った研究法を選ぶことが重要である。

　また，臨床心理学においても数値化されたデータは馴染み深いものであることにも留意する必要がある。例えば，心理アセスメントにおける結果は数量化されることが多い。ロールシャッハ・テストのスコア，知能検査の得点，描画や箱庭の基礎研究においては制作時間やアイテムの数，大きさ，出現頻度などは，数量化することが有効である。このように，臨床心理学と量的研究の関係は相性が悪いわけではない。むしろ，描画や箱庭の初期の研究のほとんどは，量的研究であったといえる。新しい技法について研究する際にはまず客観的な視座から臨床的な意義を位置づけることが必要であり，そのために量的研究は適した方法だったのである。

　心理学の研究の歴史を振り返ると，出発点は自然科学的な考え方であった（Flick, 2007）といえる。調査対象は無作為抽出を原則とし，因果関係とその妥当性をできるだけ明確にするために，調査条件をできる限り統制することなどを通して，研究の客観性を高め，調査対象者および研究者の主観性をできる限り排除するよう努めてきたのである。

　一方でフリックは，現代では質的研究の意義が高まっていると述べる。その理由として，私たちの生きる世界の多元化と，量的研究の限界を挙げている。前者の「世界の多元化」については，ポストモダニズムの言葉を借りれば，現代においては大きな物語がもはや終わり，その代わりに限定付きの小さな物語が必要となっているという事情がある。人々のライフスタイルや価値観は多様であり，その多様であることを認めていく世界観になりつつあるといえる。ゆえに，このように多元化した世界に対応するためには，大きな物語に基づいた既存のモデルを前提とするのではなく，環境や状況に応じた多様性を有する小さな物語に基づいた限定的なモデルを発見するような研究が必要となる。質的研究はその要請にこたえるひとつの方法として提案されている。

　後者の「量的研究の限界」について，フリックは，自然科学の厳密さに基づいた研究成果は，現場や日常生活に活かされていないと指摘する。私たちが素朴に考えてみても，人間の心を数値化して捉える姿勢は，私たちの普段の姿勢と乖離したものであることがわかるだろう。私たちは人の話を聞きながら「この人の悲しみは先週より10％減っている」とか，「この人の喜びはあの人の喜びの２倍だな」などといつも考えているわけではない。このように，心を数値として捉えることには私たちの自然な心の理解の実感からは少し離れているところがある。ここに「心」について研究する際のジレンマがある。心を数量化することにより，何か大事な生命力が失われる可能性がある。その一方で，心について何も加工せずに示そうとするならば，単なるエピソード記述に留まってしまい，他者が納得するような形にはならないであろう。この両者のバランスを取るところに，臨床心理学研究の難しさと面白さがある。

　量的研究の長所は，強力な説得力を有する客観性を備えているところであり，質的研究の長所は，文脈やニュアンスを活かし，なるべく生きたままの心を捉えようとするところであるといえる。両者のメリットを理解した上で，自分のリサーチクエスチョンと照らし合わせ，研究法を選択することが望ましい。

　また，量的研究と質的研究には，認識論において違いがあるため，考えが対立する時期があった。この点については第８章の混合研究法のところで改めて説明することとする。

（2）　質的研究における３つの基本的な前提

　質的研究を基礎づける理論については，さまざまな研究者がさまざまに論じているため，諸説入り乱れているのが現状である。本書ではフリック（Flick, 2007）の考え方を紹介する。フリックは，質的研究における３つの基本的な前提を示している。(1)シンボリック相互作用論，(2)エスノメソドロジー，(3)構造主義的モデルである。これらのどの理論的立場に立つかによって，研究対象への焦点の当て方が異なってくる。

　まず，シンボリック相互作用論について説明する。ブルーマー

（Blumer, 1969）が提唱したこの立場では，事物や出来事，経験等の意味は，最初から事物等そのものにもともと備わっているものではなく，また，個人の中で単に心理的に意味づけしたものでもないと考える。そのどちらでもなく，意味は，人々の社会的な相互作用の中で生じたものと考えるのである。そのようにしてできた意味を，個人が解釈することによって取り扱い，修正することがあると考える。これらの前提のもと，この立場が重視するのは，「個人が自分の行為やとりまく環境に与える主観的意味」（Flick, 2007）となる。具体例として，船津（1995）は以下の現象を挙げている。「人びとの投票行動は選挙キャンペーンによって影響されて，すぐさま変化するものではない。選挙キャンペーンと投票行動の間には人びとの『解釈』が介在している。その『解釈』によってキャンペーンの効果は縮小されたり，また逆に増幅されたりする」。このように，選挙キャンペーンがもつ「意味」は，個人がもつ主体的な「解釈」によって変わる。この立場では個人の主観的意味を分析できるように，日誌や手紙などの質的データが重要になる。

　エスノメソドロジーは，ガーフィンケル（Garfinkel, 1967）が提唱した立場である。この立場では，相互行為によって人々がいかに社会的現実を作り出しているのかを重視する。好井（1987）の解説に従えば，エスノメソドロジーでは，事物の意味を考える際に，文脈によって意味が変わるので文脈が先にあるかと考えると，そうではないと考える。逆に，人が文脈を作り出す面があるからである。ゆえに，この立場では，意味と文脈が同時生成すると考えるのである。その上で，研究者が現実の文脈における意味を「あたりまえ」のものと考えるのではなく，人々が実際にどのような文脈の中にいて，かつどのような文脈を生み出しているのかを探究し，その文脈を生きることを目指す。具体的にいえば，カウンセリングの会話が，他の会話と異なる独自性のある会話として成立するのは，その会話のメンバーがそのような状況を作り出しているからであると考える。その状況は前もって存在しているのではなく，会話の中で文脈が形成され，状況が作られるというふうに考えるのである。

　構造主義的モデルでは，当事者の主観によっては到達できない深層が

あることを想定し，その深層の構造によって，当事者の行為は規定され
ていると考える立場である。フリックは精神分析を一例に挙げている。
精神分析では，人間の行為は表層意識ではなく，無意識における潜在的
構造に規定されているとみなす。ゆえに，無意識を解明することが精神
分析の重要な目標になるのである。言語や文化などが潜在的構造として，
私たちの行為を規定していると考えるのがこの立場である。

　これらの理論的立場に共通してみられるように，質的研究では研究さ
れる現象や出来事を，その内側から理解することが目指される。ゆえに，
研究者は現象を単に客観的に捉えようとする姿勢よりも，個別の事例を
再構成しようとする姿勢が求められる。すなわち，質的研究では，個人
がその現象において主観的に何を体験しているのかを明らかにしようと
するのである。

（3）　リサーチクエスチョンとの関連

　まず，自分のリサーチクエスチョンが目指しているものが仮説検証で
あるか，仮説生成であるかを確認する必要がある。谷口（2008）の議論
に従って論点を説明してみると，仮説検証型研究とは，「先行研究から
立てた仮説を検討することで，既存の理論をより精緻なものに発展させ
たり反論したりするタイプ」の研究であり，仮説生成型研究とは「現実
から出発して新しい知識を築き上げていくタイプ」の研究である。仮説
検証型研究の「仮説」は，例えば「独居老人のほうが，ホームで集団生
活を送る老人よりも孤独を感じているのではないだろうか」というよう
に，「孤独感」と「生活形態」という2つの要因間の相互関係について
の問いとなる。これは簡潔に正誤を述べることができるスタイルの問い
である。一方，仮説生成型研究の「仮説」は，例えば「ひとり暮らしの
老人は，ひとり暮らしという自分の生活をどのように捉えているのか」
のように，行為や実践，経験，考えなどの内容を問うスタイルの問いで
あり，問いの答えはイエスかノーかといった正誤判定をするものではな
く，より豊かで多様性に富む内容をもつ記述やその分類カテゴリーとな
る。ここでは，「価値のある仮説を見出すことが研究目的となる」ので

ある。

　このように，研究には仮説検証型研究と仮説生成型研究があるが，質的研究に向いているのは後者の，仮説生成型研究である。前述の例を用いて説明すると，仮説検証型研究では2つの要因間の相互関係を調べるためには，「孤独感」と「生活形態」について数値化されたデータがあると裏づけやすいため，量的研究法を用いるのが適切であろう。仮説生成型研究では，前もって仮説を設定するのではなく，これまでに知られていない知見を発見することが目的であるため，ひとり暮らしの老人へのインタビュー調査を行い，その語りの中からリサーチクエスチョンに対する仮説のヒントとなる概念を探すのだと考えるほうが適切であろう。この場合は，インタビュー内容を数値化するのではなく，言語的表現として語りのニュアンスをそのまま活かすほうが有効であると考えられる。

　もう少し詳しく，どのようなリサーチクエスチョンに対して質的研究が適しているかについて述べてみよう。この点について能智（2011）は，3つの留意点を挙げている。

　第一は，「質的研究の問いで使われている概念や用語は，多くの場合，心理学なら心理学の学問領域や先行研究で使われてきた概念・専門用語そのままではない，ということ」（能智，2011）である。量的研究では先行研究の概念定義をそのまま引き受けて「変数」として用いるのに対し，質的研究では，既存の定義よりも，研究対象の人々などの現場の「意味」づけのほうを大事にする。概念そのものを問い直すという点に，質的研究ならではの特色があるといえよう。

　第二は，「質的研究の問いでは，研究対象の現象を理解しようとする枠組みが初めからは明示されておらず，何と何の関係に注目するかなどは，この段階ではまだオープン」（能智，2011）であるという点である。この点については，佐藤（2002）も詳しく述べている。「現場調査を進めていくなかで浮かんでくるリサーチクエスチョンの重要性については，いくら強調しても，し過ぎということはないでしょう。特に，比較的漠然とした問題設定のままで現場調査が開始された場合は，実際に調査地の社会生活を体験するなかで浮かび上がってきた個々のリサーチクエス

チョンは，その漠然とした問題設定を明確にし，個々の調査課題群を体系化していく上で最も有効な手がかりになる」。そして「リサーチクエスチョンが最も明確なものになるのは，実際に調査をおこなっている最中というよりは，むしろフィールドワークの作業をあらかた終えて報告書としての民族史を書いている時のことの方が多いのです。」と説明されている。つまり，調査を実施している中でリサーチクエスチョンが新たに浮かぶことが大切であり，調査中も絶えずリサーチクエスチョンはアップデートされていき，最後のまとめを書く段階でリサーチクエスチョンが完成するのである。量的研究が調査前にリサーチクエスチョンを明確化する必要があるのに対し，質的研究では，分析プロセスとして調査データと絶えず対話を繰り返す中で，リサーチクエスチョンを磨き上げていくことが重視されているといえるだろう。

　第三は，「質的研究の問いで志向されるのはもっぱら仮説生成であり，その仮説もたいていは時空を超えた普遍性を持つものではありません」（能智，2011）という点である。第2章でも少し触れたが，量的研究の前提が無作為抽出であり，いつでも，どこでも，誰にでも普遍的に生じる心理現象を解明しようとするのに対し，質的研究の狙いは，ある時代や文化，状況，あるいはある個人や集団に限定された，特定の具体的な状況を解明しようとするところにある。自身の研究が，どのレベルにおける解明を目指しているかは，研究開始前に考えておくことが望ましい。

2. 質的データの収集

（1）　量的データと質的データ

　この章の冒頭に，量的データの代表格は質問紙調査における尺度得点であり，質的データの代表格は面接調査における語りであると述べた。しかし，この言い方は誤解を招くものであったかもしれない。必ずしも「質問紙調査＝量的データ」ではないし，「面接調査＝質的データ」でもないからである。

　質問紙法では，尺度化された質問項目以外に，自由記述欄を作ることができる。この欄に書かれた内容は，質的データである。また，面接法

であっても，構造化面接として，「あなたが支持する政党はどこですか」
と尋ねたとすれば，A党の支持者○名，B党の支持者○名といった量的
データが得られる。

　観察法の場合も量的データと質的データの両方を取ることが可能であ
る。例えば，乳幼児の行動観察において，子どもの特定の行動の出現回
数を数えれば，量的データとなる。一方，子どもの行動の様子をエピ
ソード記述として記載すれば，質的データとなる。調査計画を工夫すれ
ば，ひとつの調査で量的・質的両方のデータを取ることも可能になるだ
ろう。

　このように，研究法とデータの形式が一対一対応しているわけではな
い。このことを踏まえて，研究法をうまく使い分けていくと良いだろう。

（2）　面接調査の構造化の程度

　第4章で説明されているように，面接調査におけるテーマや質問があ
らかじめどの程度構造化されているかに応じて，いくつかの種類に分け
ることができる。基本的には，質問事項が調査者によって決定されてい
る「**構造化面接（structured interviewing）**」と，テーマは決まってい
るが明確な質問は用意されていない「**非構造化面接（non-structured
interviewing）**」を2つの極にした連続体を描くことができ，その中間
にある広い領域が，「**半構造化面接（semi-structured interviewing）**」
と呼ばれる。

　構造化面接の長所は，回答結果をまとめたり，他の協力者の回答と比
較したりしやすいため，全体の傾向を把握することが容易である点であ
る。一方，短所は，回答の形式があらかじめ決まっているため，協力者
の回答を枠づけてしまい，協力者の回答の自由度が低い点である。

　それに対して，**非構造化面接**の長所と短所は，ちょうど構造化面接の
短所と長所にそれぞれ対応しているといえる。すなわち非構造化面接に
おいては，調査者が協力者と柔軟にコミュニケーションを取り，質問も
面接の流れに応じて臨機応変にしていくことになるため，協力者の回答
の自由度は高いのが長所となる。一方，短所としては，調査者の質問の

仕方によって協力者の語りが違ってくるため，結果をまとめたり比較したりするのが困難であること，そこから結果の信頼性を担保しにくい可能性があることが挙げられる。

　そのような点を考慮して，非構造化面接に，ゆるい枠組みを加えたのが半構造化面接である。半構造化面接では，キーとなるいくつかの具体的な質問項目をあらかじめ準備し，それらをリストアップしたガイド（インタビューガイド）を使って，面接を進めていく。用意した質問は語りのきっかけであり，関心のテーマから語りが逸脱しないようにするための目安である。同時に，複数の協力者を比較する際の視点にもなる。なお「半構造化」の「半」の範囲は非常に幅広いため，構造化面接に近いものである場合や，非構造化面接に近いものである場合もあるので，注意が必要である。そのさじ加減には，調査者が面接中にどれくらい積極性を発揮するかに関わってくる。

　話が少し逸れるかもしれないが，筆者はここで臨床心理面接のことを想起する。基本的にはクライエントが自由に語る場を提供するので，一見すると非構造化面接に位置づけられるように思われる。しかし，実際は「クライエントが基本的には自分の意思で，自分の問題解決のために来談し，語りを紡いでいる」という強力な枠づけの下で面接が行われているという側面がある。加えて，セラピスト側においても，クライエントの問題解決に全力を尽くすという前提で面接を行っているという枠づけが機能している。そして，原則としてセラピストは「傾聴」の姿勢を貫くが，大事な局面では積極的に発言をしたり，判断をしたりすることもある。ゆえに，この2つの意味で，臨床心理面接は一見，非構造化面接に見えるものの，実際には半構造化面接になっているとも考えられる。聴き手が積極性を発揮しうる半構造化面接は，聴き手の姿勢次第で，きわめて創造的な面接になりうるともいえよう。

　話を戻すと，ここまでの記述を参考に，自分の研究目的に応じて，面接調査の構造化の程度を決めていくことが重要である。

3.　質的データの分析

（1）　質的データ分析の準備

　質的研究の理論とデータ収集の方法を述べた後は，いよいよ質的データ分析を紹介することになる。しかし，能智（2011）は，個別の分析法を取り上げる前にすべきことがあると述べている。「まず，何より，分析の足場となる質的データを準備しなければなりません」。つまり，例えば音声資料であれば，それを文字化されたテキストに書き起こして分析可能な形にする必要があること，そしてそれと並行してデータを読むという作業が始まることに注意を向ける。この作業は「分析らしい分析の準備としてデータに自分をなじませる作業であると同時に，データとの対話をその要とする質的データの分析の重要な部分でもある」。

　インタビューで得られたデータを文字起こしする際に，よく問題になるのが，どこまで詳細に文字起こしするのか，という点である。現代はICレコーダーが安価で入手できるようになり，インタビューを録音する作業自体は容易になったが，その音声データを文字起こしするのにはかなりの時間がかかる。慣れてくると録音時間の2〜3倍程度でできるようになるが，個人差が大きい。できれば省略した形で労力を節約したいと思う人も多いようである。筆者の経験では，いくつか守るべきルールがある。

　まずは「省略せず文字化する」というルールである。時間と労力をかけたくない思いから，省略して書きたくなる誘惑に駆られることがある。調査対象者が同じことを何度も言っていたり，意味がわかりにくい内容を迂遠に語っていたりする場合に，つい「○○の話をした。」と一言でまとめたくなるのである。しかし待ってほしい。その人が「同じことを何度も言う」ことに，特別な意味があるとしたら？　まわりくどく語るその語り方に大切な意味があるとしたら？　と想像してみてほしい。例えば，その調査対象者は，今まで誰にも言ったことのない秘密を口にしようとしているのかもしれない。もしそうだとしたら，流暢にすらすらと語ることができるだろうか？（例えば好きな人に愛を打ち明ける場合

を想像しても良いかもしれない。）つまり，「すらすらと語ることができない」という事実に重要な意味があるのかもしれないのである。そのように考えると，単に内容が重複しているとか，わかりにくいという理由で，文字起こしを省略してはならないのである。

　次に，「インタビューの全プロセスを文字化する」というルールである。前述したことと重なるが，インタビューの中の一部だけを文字化するのではなく，最初から最後までを文字化しておく必要がある。極端な例を挙げると，インタビューの途中で，前に言ったことを否定して意見が変わることがある。その場合に，インタビューの前半部分だけを文字化して分析対象にしていると，事実とは正反対の分析結果となってしまう。自分の論に都合の良い部分だけをつまみ食い的に文字化したデータは，データとしての価値は低いと言わざるを得ない。あくまで，インタビュー全体の文脈に照らして，各発言の意味が決定するからである。また，インタビューのどこからどこまでがデータなのか，という問題もある。通常は，録音機器の録音ボタンを押し，停止ボタンを押すまでの間を「インタビュー内容」と想定するだろう。しかし別の考え方もできる。実際にその調査対象者と出会うまでのプロセスもまた，インタビューの一部と考えられないだろうか。例えば，その調査対象者と出会うまでにかなりの苦労がある場合も稀ではない。知人のつてをたどって，やっとたどり着いた相手であれば，そのようにして出会ったということも，インタビューの記録には残しておきたいものである。また，録音機器を操作する前のやり取りについては，どうだろうか。通常，出会ってすぐに録音スイッチを入れることはしない。最初は調査についての説明をする時間があるだろう。その説明を聞いている間の相手の様子も大事な情報である。また，その前に待ち合わせ場所で出会った時の挨拶の様子や，服装，表情，雰囲気も，インタビュー記録に書いておくのが良いかもしれない。そこには，このインタビューで成立している人間関係がどのような性質をもった関係であるかが示されていることがある。

　第三に「研究目的に応じて，文字化の詳細さを調整する」というルールである。調査対象者の語り口についてどの程度詳細に文字起こしする

かは，バリエーションがある。なるべく普通の文章として読めるように
する形にするか，接尾語や間投詞（「あのね」「えーと」など，その人の
口癖のような，特徴的な言い回しになることが多い），沈黙の秒数も含
めて詳細に文字化するか，である。研究目的が，語りの内容だけを分析
するのであれば，前者の形で良いが，言い淀みや心の揺れなど，語りに
おける語り方も分析に含めるのであれば，後者の形が望ましい。もっと
も，後者の形を採る場合であっても，詳細さの程度は各自で調整するこ
とが可能である（例えば，調査対象者の語りは全て詳細に文字化するが，
調査者の言葉は間投詞を省略するなど）。

　やや詳細に述べてしまったが，文字起こしに関しては，学生から質問
が寄せられる経験が多いため，詳細に説明を行った。なお，文字起こし
の労力を節約するために，業者等に外注する場合や，音声認識ソフトを
用いて自動的に文字起こしを行う場合があると思われる。そのような場
合も，でき上がってきたトランスクリプト（文字起こしされたテキス
ト）と音声資料を自分で照合する作業が必要であると能智（2011）は述
べている。単純なミスを発見して修正する必要があるのみならず，文字
起こしの作業をしているうちに，考察のアイディアが見つかる場合があ
るからである。

（2）　質的研究における「厚い記述」の必要性

　アメリカの人類学者ギアーツ（Geertz, 1973）が提唱した厚い記述
（thick description）という用語がある。これは，もとは調査現場でつ
けるフィールドノーツの詳細な記述などを通して現地社会の生活と人々
の行為の意味を明らかにしていくことを指していたが，今では優れた質
的研究の報告書に盛り込まれている，研究対象や調査現場の状況に関す
るリアルできめ細かい記述を指すことが多くなってきた（佐藤，2008）。
なお，フィールドノーツとは，「フィールドにおける観察の結果を中心
に，集められた情報を記述し集積したもの」（能智，2011）である。

　観察法では，この「厚い記述」が目指されるが，しばしばそうなって
いない「薄い記述」が存在することを佐藤（2008）は指摘している。以

下，佐藤の説明に従って，7つのタイプの薄い記述について見ていくことにしよう。

①読書感想文型：主観的な印象や感想を中心とする，私的エッセイに近いもの

②ご都合主義的引用型：自分の主張にとって都合のよい証言の断片を恣意的に引用した記述が目立つもの

③キーワード偏重型：何らかのキーワード的な用語ないし概念を中心にした，平板な記述のもの

④要因関連図型：複数の要因間の関係を示すモデルらしきものが提示されているのだが，その根拠となる資料やデータがほとんど示されていないもの

⑤ディテール偏重型：ディテールに関する記述は豊富だが，全体を貫く明確なストーリーが欠如しているもの

⑥引用過多型：「生」の資料に近いものを十分な解説を加えずに延々と引用したもの

⑦自己主張型：著者の体験談や主観的体験が前面に出すぎており，肝心の研究対象の姿が見えてこないもの

以上の7つの「薄い記述」は，観察法によって得られたデータをまとめる際に陥りがちな落とし穴のシリーズであるが，面接法によって得られたデータに対しても重要な注意点を提供していると考えられる。

①から④までは，「データ自体に問題があるもの」と佐藤は位置づけており，観察法であれ面接法であれ，調査データそのものの量や質が不足している可能性が高い。あるいは，データは不足していないが，その引用があまりに主観的であったり，部分的であったりする場合や，データと考察のつながりの説明が乏しい場合がありうる。

⑤から⑦までは，「表現の仕方に問題があると思われるもの」とされている。⑤と⑥は，素材を調理せずに生のまま提出してしまうパターンであり，⑦は自分の味つけを濃くしすぎて，素材の味を消してしまうパ

ターンである。これも観察法であれ面接法であれ，論文としてまとめる
際に起こりがちなことであり，留意しておくと良いだろう。

　これらを「反面教師」として考えると，厚い記述となるための条件を
5つ挙げられると佐藤は述べている。

- 一つひとつの記述や分析が，単なる個人的な印象や感想だけではな
  いデータを含む，しっかりした実証的根拠にもとづいてなされてい
  る。
- 複数のタイプの資料やデータによって議論の裏づけがなされている。
- 具体的なデータと抽象的な概念ないし用語とのあいだに明確な対応
  関係が存在する。
- 複数の概念的カテゴリーを組み合わせた概念モデルと具体的なデー
  タとのあいだにしっかりした対応関係が存在しているだけでなく，
  それについて論文のなかできちんとした解説がなされている。
- 議論や主張の根拠となる具体的なデータが論文や報告書の叙述のな
  かに過不足なく盛り込まれている。

　もっとも，これらは最終的な報告書や論文を仕上げる際に留意すべき
ことであって，作成途中にある原稿に対して求められるものではない。
最初から5つの条件を満たそうと勢い込むと，たちまち行き詰まると佐
藤は警告しているので，注意しておこう。

（3）　質的データ分析の流れ

　質的データ分析の流れは，多くの量的データ分析がそうであるような，
データを収集し，そのデータを分析したら終わり，という直線的なモデ
ルで表すことができない。すなわち，質的データを扱う調査とその分析
においては，フリック（Flick, 2007）が図6-1に示したように，デー
タ収集とデータ分析が互いに交代しながら理論構築に向かっていく循環
的モデルとなる。具体的にいうと，調査を実施してある程度データ収集
した時点で，分析を行う。その分析でわかったこと・わからなかったこ

研究プロセスの循環的モデル

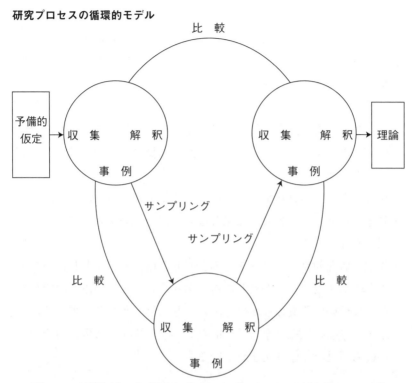

図6-1　質的データ分析のプロセス（フリック，2007/2011，p.113）

とをもとに，次のデータ収集に取り掛かる。そしてまた次の分析を通して，不足するところ，補強したいところを明確にし，次のデータ収集に取り掛かる。その循環を行う中で，理論構築を目指していくことになる。この図はそのようなプロセスを表したものである。この調査と分析の流れについては，調査対象者をどのように見つけるかというサンプリングの問題と深く関わるため，第7章のGTAの項にて改めて説明する。

　図6-1では，調査から理論構築までの大きな流れにおける循環を示したが，質的データ分析においてはその循環とは別にもうひとつ，小さいミクロの次元でも循環が起こっている。それが能智（2011）が描いた図6-2である。質的データの分析プロセスについて，データを「ほどく」「むすぶ」「まとめる」という3つの相で説明している。ここで例えば，ひとりのインタビュー内容を分析することを想定してみる。

まず「ほどく」では，もつれた全体に向かい合いつつ，とりあえず自分の視点をもとに部分に注目して読み，その意味を解きほどいていく作業が中心となる。インタビューに登場した協力者の特定の言葉に注目し，この言葉は一体何を言おうとしたのだろうかと，調査者の視点から読み解

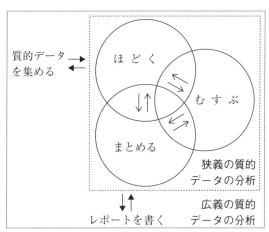

図6-2 狭義の質的データ分析の概略
(能智，2011，p.249)

き，多くの可能性を浮かび上がらせるよう試みる。次に，「むすぶ」では，特定部分の読みではなく，読みと読みを比較してその関係について考えていく過程である。先ほど注目した言葉だけでなく，他の言葉の使われ方にも注目し比較検討を行う。そしてそれらがどのような関係にあるのかを考えていく。「まとめる」では，そうした比較の結果を整理・統合して，手元にあるデータ全体から研究対象について何が言えるか，モデル構成や仮説生成を行う。これらは相互に独立した段階ではなく，3つの相の間で何度も行き来を繰り返す円環的な過程である。

これら3つの作業を行うために，質的データ分析法がいろいろ開発されていると言って良い。例えばグラウンデッド・セオリー・アプローチ（GTA）では，「ほどく」を切片化とオープン・コーディング，「むすぶ」を軸足コーディング，「まとめる」を選択的コーディングに対応するものと考えることができる。

このように，質的データ分析においては，データ収集と分析が交互に円環をなしているのみならず，データ分析の過程においても，データと分析者が交互に円環をなす，つまり，分析者がデータに密着し，データとの対話を絶え間なく続けることが求められるのである。

引用文献

Blumer, H.（1969）. *Symbolic interactionism: perspective and method*. Hoboken, New Jersey: Prentice-Hall.
（ブルーマー，H.　後藤将之（訳）（1991）．シンボリック相互作用論――パースペクティヴと方法――　勁草書房）

Flick, U.（2007）. *Qualitative Sozialforschung*.（3rd ed.）　Hamburg: Rowohlt.
（フリック，U.　小田博志・山本則子・春日常・宮地尚子（訳）（2011）．新版　質的研究入門――〈人間の科学〉のための方法論――　春秋社）

船津衛（1995）．シンボリック相互作用論の特質　船津衛・宝月誠（編）　シンボリック相互作用論の世界　（pp. 3 -13）　恒星社厚生閣.

Garfinkel, H.（1967）. *Studies in ethnomethodology*. Hoboken, New Jersey: Prentice-Hall.

Geertz, C.（1973）. *The interpretation of cultures*. New York: Basic Books.
（ギアーツ，C.　吉田禎吾・柳川啓一・中牧弘允・板橋作美（訳）（1987）．文化の解釈学Ⅰ　岩波現代選書　岩波書店）

能智正博（2008）．「よい研究」とはどういうものか――研究の評価　下山晴彦・能智正博（編）　心理学の実践的研究法を学ぶ　臨床心理学研究法　第 1 巻（pp.17-30）　新曜社

能智正博（2011）．臨床心理学をまなぶ 6　質的研究法　東京大学出版会

佐藤郁哉（2002）．フィールドワークの技法――問いを育てる，仮説をきたえる――　新曜社

佐藤郁哉（2008）．質的データ分析法――原理・方法・実践――　新曜社

谷口明子（2008）．仮説生成型研究　下山晴彦・能智正博（編）　心理学の実践的研究法を学ぶ　臨床心理学研究法　第 1 巻　（pp.49-62）　新曜社

好井裕明（1987）．「あたりまえ」へ旅立つ――エスノメソドロジーの用語非解説風解説　ハロルド・ガーフィンケル他　山田富秋・好井裕明・山崎敬一（編訳）エスノメソドロジー――社会学的思考の解体　（pp.297-310）　せりか書房

参考文献

・上記の能智正博（2011）には質的研究法の考え方の詳細がわかりやすく示されている。
・「無藤隆・やまだようこ・南博文・麻生武・サトウタツヤ（編）（2004）．質的心理学——創造的に活用するコツ—— 新曜社」には，質的研究法の全体像が示されている。
・「太田裕子（2019）．はじめて「質的研究」を「書く」あなたへ—研究計画から論文作成まで— 東京図書」には，質的研究の具体的な進め方が示されている。
・「西條剛央（2007）．ライブ講義 質的研究とは何か SCQRM ベーシック編 新曜社」「西條剛央（2008）．ライブ講義 質的研究とは何か SCQRM アドバンス編 新曜社」には，質的研究の基本となる考え方が平易な言葉で説明されている。

研究課題

・質的研究と量的研究の違いはどのような点が挙げられるか，考えてみよう。
・構造化面接と非構造化面接の長所と短所をそれぞれ挙げてみよう。
・文字起こしにおける注意点について，まとめてみよう。
・「厚い記述」と「薄い記述」について，どのような具体例がありうるか，考えてみよう。

7 | 質的研究法⑵ 質的研究の実践

川部哲也

　前章で紹介した質的研究法の理論を踏まえて，実践的に質的データの分析方法の解説を行う。代表的なものとして，KJ法，グラウンデッド・セオリー・アプローチ（GTA），修正版グラウンデッド・セオリー・アプローチ（M-GTA），複線径路等至性アプローチ（TEA）を扱う。質的研究法には理論と分析法がセットになっているという特徴があり，自分の研究目的に合った方法を選択することが重要である。

【キーワード】 質的研究法　KJ法　グラウンデッド・セオリー・アプローチ（GTA）　修正版グラウンデッド・セオリー・アプローチ（M-GTA）　複線径路等至性アプローチ（TEA）

1. 質的データ分析の特徴

　前章の理論編を踏まえて，本章では実践的に質的データ分析の解説を行う。質的データの分析法には，多くの種類があるが，本書では代表的なものとして，KJ法，グラウンデッド・セオリー・アプローチ（GTA），修正版グラウンデッド・セオリー・アプローチ（M-GTA），複線径路等至性アプローチ（TEA）を扱うこととする。

　ところで，質的研究の分析方法を習得するには，独特の難しさがある。量的研究と異なり，ひとつの決まった方法が存在するわけではないからである。神崎（2019）は，その質的研究の学びにくさの理由として，以下の3つを挙げている。

①質的研究は，一つの研究法を試みるのにも，膨大な時間がかかる
②質的研究法の手続きは，量的研究のように明瞭ではない

③質的研究では，研究法同士の関係があまり整理されておらず，研究
　法の選択が困難である

　①については，質的研究では，「データ収集や分析の『手法』だけで
なく，研究の焦点やものの見方を方向づけるような『理論』がセットに
なっているため」，手軽に分析方法だけを学ぶことができない。KJ 法，
GTA，M-GTA，TEA など，いずれの方法を選択するにしても，その
分析手法の背景にある世界観（理論）をも学ぶ必要がある。そのような
事情があるため，本書でも分析手法だけでなく理論も含めて解説するこ
ととする。
　②については，「量的研究であれば，調査したいと考えている事象に
対して，とりうる（とるべき）手続きはある程度決まっている」。つま
り，調査デザインに合致する統計方法を選択すれば，後は統計ソフトが

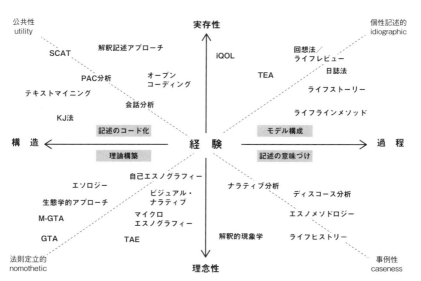

GTA：グラウンデッド・セオリー・アプローチ，iQOL：個人の生活の質，
M-GTA：修正版グラウンデッド・セオリー・アプローチ，PAC：個人別態度構造，
SCAT: Steps for Coding and Theorization, TAE: Thinking At the Edge, TEA：
複線径路等至性アプローチ
　　　　　図 7 - 1　質的研究法マッピング（サトウら，2019, p.3）

分析結果を算出してくれるわけである。一方，質的研究ではそのようにはいかない。質的データのニュアンスを読み取ることが必要であり，研究者自身が積極的にデータに関わり，「読み取る」眼を養わなくてはならない。

③については，質的研究法のそれぞれが独自に発展を遂げてきた経緯があるため，研究法同士の関係がどうなっているかを論じられることは少ない。そのため，サトウら（2019）は，研究法同士の関係を表すのに際して「構造－過程」（その研究法が構造を扱うのが得意なのか，過程を扱うのが得意なのか）と「実存性－理念性」（実際に存在することを理解するのか，現象の背後にある本質的なことを理解するのか）の2次元を導入して図に表した（図7-1）。自分の研究がどのような志向性を有するかによって，適した研究法を選択するのが良いと考えられる。

2. KJ法

（1） KJ法とは

KJ法とは，文化人類学者の川喜田二郎（『発想法』1967）によって発案された，質的データをまとめて，新しい知見を発見する分析方法である。日本の質的研究においてしばしば用いられている方法である。この方法の原点には，既存の概念や先入観によって判断するのではなく「データをして語らしめること」が最も重要であるという考えがある。川喜田（1986）は非行少年の例を挙げ「『彼は非行少年だ』と思いこむと，その少年がよいことをやっても，あべこべに悪いことの表われのように解釈される」と説明している。人間がいかに先入観に囚われやすいかということに警鐘を鳴らしているわけである。そこで，いったん先入観を排し，膨大なデータをKJ法によって整理することで，自ずからデータが語り始めるようにするのが大切であるとする。

（2） KJ法の手続き

KJ法の具体的な手続きを川喜田（1986）の示した「狭義のKJ法一ラウンド」の図を用いて説明する（図7-2）。

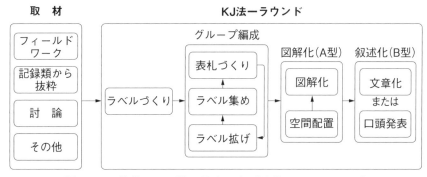

図7-2　狭義のKJ法一ラウンド（川喜田，1986，p.123）

　まず，「取材」の段階がある。フィールドワークにより現場から見聞して集めたり（面接調査での語りデータもここに含まれる），討論内容や文書記録から抜粋したりするなどの取材段階を経て，分析素材となる質的データを収集する。

　次に「ラベルづくり」である。名刺サイズのカードに，質的データの内容を一文で「見出し」をつけるように書き出す。ラベルづくりの際に重要なことは，「ひとつのラベルはひとつの志をもつように記せ」というルールである。ひとつのラベルに書かれたデータが，ひとつの中心性をもって訴えかけるものであることが要求される。

　次に「グループ編成」である。データ化したラベルを広い机の上などに広げ，ラベルを全部通して何度も繰り返し読む。3回くらい読み通すと，「志が近い，似ている」という感じがするラベル同士が目に付いてくるので，そのラベルをセットにして置くようにする。このように，内容的に類似したラベルを集める。いくら繰り返し志を聴いても，どうしてもこれ以上は集まらない，というところまでこの作業を行う。このラベル集めが終わると，ラベルのセットがいくつかできる。このセットをクリップや輪ゴムで束ね，「表札」をつける。表札には，そのラベルが集まった理由として考えられる内容（ひとまとまりの志）を的確な短文表現にしたものが書かれる。

　すべてのセットに表札をつけ終わったら，一段目のグループ編成が終

わったことになる。次は二段目のグループ編成として，類似した表札を集める。その作業を何段階か繰り返し，最大限10束以内程度になるまで行う。これでグループ編成が完了となる。グループ編成の際に留意しておくべきこととして，川喜田はどのラベルとも仲間にならない「一匹狼」の存在に触れている。この一匹狼を，無理にどこかのグループに入れようとするのではなく，あくまでデータに密着してボトムアップ的に作業を積み上げていくことが重要である。

　次が「A型図解化」である。模造紙を用意し，グループ編成されたものを空間配置していく作業となる。「空間配置というのは，この数束の表札の訴える内容が，どういう空間的配置をとれば，意味の上で最も判りよい相互関係の配置図をなすか，それを探って空間的に配置する作業である（川喜田，1986）」。そこではまずグループであることを示すために，円や楕円で囲んで「島」をつくる。次に島（グループ）同士の関係を示すために，二重線（両者はほぼ同じもの），一重線（両者は関係が深い），片矢印（両者は，因果関係，大小関係，上下関係など，序列関係をもっている），両矢印（両者は相互に影響を及ぼし合っている）などの関係線を書き込む。他にも，対立関係や関係の切断など，工夫された関係線が開発されている。詳しくは川喜田（1986）を参照のこと。図解が完成したら，その図解全体の意味内容を表す言葉を1

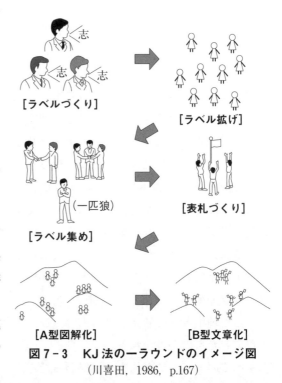

[ラベルづくり]　[ラベル拡げ]　[表札づくり]　[ラベル集め]　（一匹狼）　[A型図解化]　[B型文章化]

図7-3　KJ法の一ラウンドのイメージ図
（川喜田，1986，p.167）

行程度で書き表す。これで A 型図解化の完了である。

　その図解化を踏まえて，図に示されたことを人に説明することができるように文章化するということが「B 型叙述化（文章化）」である。川喜田によると，図のどの部分から説き起こしても良く，内容を忠実に説明しても，内容を踏み台にしてさらに新たな発想を述べても良いとのことである。

　以上が KJ 法の手順の説明である。このプロセスを図示したものが図7 - 3 である。KJ 法の長所として，視覚的・空間的なイメージを重視したデータ整理の方法であること，「似ている」という直感に基づきながらもデータに密着した形で概念化を進めていること，データ内の多様な連関をボトムアップで見つけ出していくことにより，新たな発想・新たな仮説が生まれやすくなっていることが挙げられるだろう。

3.　グラウンデッド・セオリー・アプローチ（GTA）

(1)　グラウンデッド・セオリーの背景

　グラウンデッド・セオリー・アプローチ（Grounded Theory Approach: GTA）とは，社会学者のグレイザーとストラウスによって提唱された質的データの分析法である（Glaser & Strauss, 1967/1996）。得られたデータを常に参照し，データと対話することにより，現象がどのようなメカニズムで生じているのかを「理論」として示そうとする研究法であるといえる。換言すれば，抽象的な理論を前提に分析を進めるのではなく，「データから概念を抽出し，概念同士を関連づけようとする方法」（戈木クレイグヒル，2016）である。

　実は，グレイザーとストラウスによって開発された GTA はその後，認識論とコーディング方法の違いによって，いくつかのタイプのものに分化しており，それぞれ細部が異なっているという事情がある。能智（2011）および木下（2014）を参考に整理すると，GTA はグレイザーによる初期の実証主義的なバージョンと，ストラウスとコービン（Strauss & Corbin, 1998/2004）によるいくらか解釈的なバージョン，社会構成主義の考え方を取り入れたストラウスとコービンの第 3 版

（Corbin & Strauss, 2008/2012）やシャーマズ（Charmaz, 2014/2020）によるバージョンがある。日本でも木下康仁（1999；2007）がプラグマティズムに立脚して独自の修正を加えた"M-GTA（修正版 GTA）"を提案している。GTA の参考書を選ぶ際には，その著者がどの立場のGTA に立脚しているのかを確認する必要があるといえる。

　木下（2003）は，GTA のどの立場にも共通している考え方として5つの点を挙げている。すなわち，

　　①データに密着した分析から独自の理論を生成する質的研究法であること

　　②分析におけるコーディング方法としてのオープン・コーディングと（軸足・）選択的コーディング

　　③基軸となる継続的比較分析

　　④その機能面である理論的サンプリング

　　⑤分析の終了を判断する基準としての理論的飽和化

である。この5つの条件を満たしていて初めて，GTA と呼ぶことができると考えられている（木下，2003）。

　以下，まず GTA が開発された経緯を説明し，次に GTA の手続きについて紹介する。そのうえで，上記の5点について総括的に解説を行う。

（2）　グラウンデッド・セオリー・アプローチ開発の経緯

　木下（1999）によると，もともとグラウンデッド・セオリーの考え方は，グレイザーとストラウス（Glaser & Strauss, 1965）が行っていた研究プロジェクトの副産物であった。彼らは1960年代初頭にサンフランシスコ湾岸の6つの病院において，死を迎える終末期患者と病院スタッフとの社会的相互作用（人と人との対面的，直接的関わり合い）を明らかにするために，病院内で社会学的フィールドワークを行っていた。具体的には，病院スタッフに研究目的を伝えたうえで，病院内を比較的自由に動き回る中で，病院スタッフや患者を観察したり，インタビューを行ったりした。そこで明らかになったのは，「死にゆく状況に関わる人々が患者の運命をどの程度知っているかによって，あるいは，どのよ

●「閉鎖」認識の構造

●「相互虚偽」の儀礼のドラマ

●「疑念」認識の構造

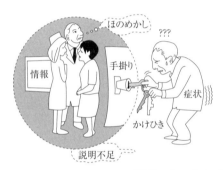

●「オープン」認識のあいまいさ

図 7−4　4 タイプの合成図
（木下，1988，p.32，54，67，83）

うに知っていくかによって患者と病院のスタッフの社会的相互作用がダイナミックに変化すること」であった。具体的には「認識文脈」の 4 類型が見出された。患者以外のすべての人々は彼の切迫した死を知っているのに本人だけが知らない場合である「閉鎖認識文脈」，他の人々は自分の状態について何かを知っているのではないかと患者が疑問を抱きそれを確認しようとする場合である「疑念認識文脈」，患者とスタッフの双方が死が間近に迫っていると判断しつつも互いに相手はそう思っていないかのように演技しあう「相互虚偽認識文脈」，そして，それぞれが事実を認めあいその前提でのやりとりを行う「オープン認識文脈」である。これら認識文脈がどのようであるか（あるいはどのように移行するか）によって，彼らの社会的相互作用が変わることを示すことができた

のである。

　このようにデータに密着した分析を行うことにより，現場で生じているプロセスについての理論を作り上げていくのがGTAの手法である。

（3）　グラウンデッド・セオリー・アプローチの手続き

　GTAの手続きについて説明する際に留意が必要なのは，データの切片化を行うか行わないかによって，手続きがかなり異なるという点である。詳しくは後述するが，データの切片化とは，例えばインタビューデータを分析する際に，単語や文章をいったんインタビューの文脈から切り離し，ひとつの「切片」とすることである。この切片化を行う立場のGTA（日本ではストラウスの考え方を継承した戈木クレイグヒル（2016）の説明が詳しい）と，切片化を行わない立場のGTA（木下（2003，2007）が修正版GTA（M-GTA）として説明しているものが詳しい）があるが，まずは切片化を行う立場，次に切片化を行わない立場の順に説明を行うこととする。

　まず切片化を行う立場のGTAについて，岩壁（2010）の説明に従って，手法の主要な点を解説する。

　データ分析の第一段階は，データの性質に合わせて，協力者をある属性に沿っていくつかのサブグループに分ける，あるいは特定のテーマや場面，状況（これらを領域と呼ぶ）などを使ってデータを分けることである。例えば前者の場合であれば，年齢ごとにサブグループに分けることができる。後者の場合であれば，半構造化面接の質問によって各協力者のインタビューデータを領域ごとに分けることができる。これは大量のデータを一度に扱うことを避け，実際に扱える範囲のテーマに絞ってデータを検討するためである。

　第二段階は，インタビューデータを分析する単位に区切る切片化の作業である。切片のサイズは研究者が判断することになるが，データをじっくりと読み込み，「1つの体験としてのまとまりを抜き出すこと」が重要だと考えられている。この作業の具体例については，岩壁が挙げているものがわかりやすい。例えば，社会人経験の後に大学院に進学し

た人が，就職していた 2 年間を振り返った語りとして「2 年間のあいだ
にいろいろな人と出会えて，とっても素晴らしい勉強をさせてもらった
と思っています。もう一方で，対人関係でとても苦しい思いもしました。
人生で一番苦しかったと思うことさえあります。」と語られた場合，一
文ずつコードをつけることも可能である。前半の一文は「人との出会い
から大いに学ぶ」「その会社へ感謝する」とつけ，後半の一文は「対人
関係で苦労する」「人生最大の難関に直面する」とつけるかもしれない。
しかし，前半と後半の内容の対比にこそ意味があると考え，大いに学ん
だことと，とても苦しかったことという 2 つの対立した気持ちが混在し
た体験として「苦楽を生きる」「社会人としての苦学をする」などとい
う言葉をつけるほうが適切な感じがする。これが「1 つの体験としての
まとまりを抜き出す」という作業となる。

　第三段階は，前の段階で抜き出された「意味のまとまり」ごとに，そ
の部分の内容，テーマ，意味を的確に表すタイトルをつける。この作業
を初期コード化（オープン・コーディング）と呼ぶ。「この一文（段落）
は，リサーチクエスチョンに関してどんなことを伝えているだろうか」
という観点から考え，コード化することが推奨される（岩壁はこの作業
を，満タンに詰まったスーツケースのふたを開けて荷ほどきする作業と
して「アンパッキング（unpacking）」と呼んでいる）。一人目のインタ
ビューデータに対して，初期コード化を行い，コード表を作成する。二
人目以降のコード化は，一人目のコードを参照しながら付していく形に
なり，コードブック（コードの一覧表）を厚くする作業となる（図 7-
5）。なお，コードブックには，そのコードと逐語の対応を示しておき，
どの協力者のどの逐語の箇所から取り出されたかがわかるように記録し
ておく必要がある。

　第四段階は，フォーカスト・コード化（軸足コーディング）であり，
関連するコードを集めて，より抽象的で包括的なカテゴリー（概念）を
生成する作業である。ここでは，コードとコードを比較して，それらを
ひとまとめにするようなカテゴリーが根底にあるかどうかを検討する。

　第五段階は，カテゴリー同士の関連を見ていき，さらに抽象的で包括

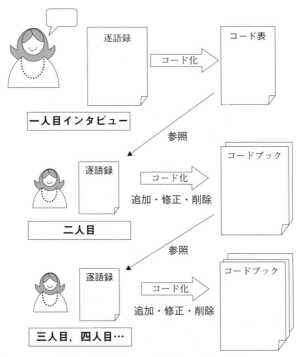

図 7-5　GTA におけるコード化の過程（岩壁，2010，p.55）

的な上位カテゴリーを生成していく。この作業には選択的コーディング
という名称が与えられている。なお，これらすべての段階において，
コードおよびカテゴリーの生成は直線的に進むのではなく，コードとカ
テゴリーがこれで良いか，常に行きつ戻りつしながら，積み上げていく
ものと考える。GTA の不可欠な点として「基軸となる継続的比較分
析」を挙げた理由がここにある。

　最後の段階は，カテゴリー間の関係を理論化する作業である。カテゴ
リーの全体が見渡せる図や表を作成すること，それらの関係をひとつの
流れをもつストーリーとしてまとめる。そのうえで，そのストーリーが
協力者の各人の体験をうまく説明できているかどうか検討することによ
り，データ分析の信用性を確かめる。

　このような段階を経て，特定の事象についての理論構築を行うことが

できるのが GTA の方法論である。

（4）　修正版グラウンデッド・セオリー・アプローチ（M-GTA）の手続き

　修正版グラウンデッド・セオリー・アプローチ（Modified-Grounded Theory Approach: M-GTA）とは，木下康仁が考案した GTA の方法論である。臨床心理の他，社会福祉，看護，作業療法，教育などのヒューマンサービス領域の質的研究でよく用いられている。

　前述の GTA が，データの切片化を行う方法であったのに対し，M-GTA ではこの切片化を行わない。木下（2007）は切片化の問題点として，①データの文脈を考慮していないこと，②切片化したデータ同士の関係を解釈する時に，無自覚のうちに研究者の主観的判断が入ってしまっていることを挙げている。この 2 つの問題点を解決するために，M-GTA では①切片化を行わず，文脈を損なわない形で「概念」をつくること，②研究者の主観的判断を最初から「研究する人間」として積極的に位置づけることを提案している。

　山崎（2019）によると，M-GTA の特徴として「『研究する人間』の方法論化」と「データ分析過程の明示化」の 2 点が挙げられている。

　まず 1 点目の「研究する人間」とは，「徹底して内省的かつ実践的な研究者のあり方」を指す。つまり，研究者である自分が，「なぜこの研究をするのか，対象者と自分の関係をどう捉えるのか，生成する理論を誰にどのように応用してほしいのか」といった問いと徹底的に向き合い，答えを明確化することが求められる。すなわちリサーチクエスチョンを最も重視するわけである。

　M-GTA のもうひとつの特徴が，「データ分析過程の明示化」である。具体的には「分析ワークシート」（図 7 - 6 ）を用いて，以下のように概念の生成を進める。

　①逐語録を読み込み，分析テーマと照らし合わせて重要と判断したデータ部分（バリエーション）をひとつ選び出し，分析ワークシー

128

トの「バリエーション」欄に書き込む。

②バリエーションの意味を深く解釈し，定義として文章化して，「定義」欄に書く。

③暫定的な定義を踏まえて，それよりもコンパクトでインパクトのある暫定的な概念名を考え，「概念」欄に書き込む。

④暫定的な定義・概念名と照らし合わせて，類似と対極の両方向でバリエーションを探し，類似のものは「バリエーション」欄に，対極のものが見つかれば「理論的メモ」欄に，それぞれ書き込む。

⑤④を繰り返す過程で，必要に応じて暫定的な定義と概念名に修正を加える。

分析ワークシートを活用するにあたり，概念生成の過程で出てきた疑問，気づきなどの自分の思考の内容を，「理論的メモ」欄に記録として残していくことが重要とされる。この記録により，研究する人間が自分自身の解釈や判断の根拠をいつでも確認可能となる。そして，概念がいくつか生成された後は，コアとなる概念を明確化し，概念同士を関係づける。その過程で，いくつ

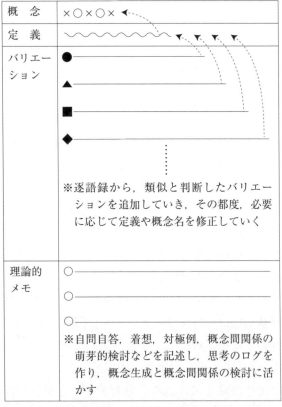

図7−6　分析ワークシート（山崎，2019，p.113）

かの概念をまとめてカテゴリーを生成し，カテゴリー同士を関係づける。その結果を図示し，ストーリーラインを生成する。

　このような手順により，理論を生成することができる。

（5）　理論的サンプリングと理論的飽和

　GTA の不可欠な5条件のうち，1）「データに密着した分析から独自の理論を生成する質的研究法」であること，分析における2）「コーディング方法としてのオープン・コーディングと（軸足・）選択的コーディング」の2つについては，分析手続きの際に既に説明した。

　3）「基軸となる継続的比較分析」については，分析の過程でデータと行きつ戻りつしながら分析を進めていくということを示している。4）の理論的サンプリング，5）理論的飽和化については，ここで改めて説明の必要があるだろう。

　理論的サンプリングとは，グレイザーとストラウス（Glaser & Strauss）が開発した GTA に特徴的なデータ収集の考え方である。多くの研究では，データを収集し終えてからデータ分析に取り掛かるが，GTA では，データ収集とデータ分析を交互に行いながら進めていく。一定数のデータが集まればすぐに分析を行い，その結果から，開発されつつある理論をさらに良いものにするためには，次はどのような人や場を対象にして調査を行えば良いか，理論的観点から考えて調査対象を選択することを「理論的サンプリング」という。これは量的研究で前提となる無作為サンプリングとは対極の考え方である。

　理論的飽和とは，GTA において，データ収集が十分であることを示す指標である。「理論的飽和とは，新たにデータを加えても，コードやカテゴリーを新しく加えたり，修正したりする必要がなく，それまでに生成されたカテゴリーを使うことによってすべて説明がつく状態である（岩壁，2010）」。ただし，理論的飽和は1年か2年という短期間で仕上げなければいけない研究の場合は起こらないことも多く，理論的飽和に達しなくともある程度の安定性が得られたところで研究を終了とすることが多い。その時は，どの程度まで結果が安定しているのかを示すため

に，例えば10人，または15人というサンプル数を決めている場合に，得られた上位カテゴリーが何人の協力者から得られたのかということを提示し，十分に発展できなかったカテゴリーがどれなのかを示すなどの方法を提案している（岩壁，2010）。修士論文作成にあたって，参考になる意見と考えられる。

4. 複線径路等至性アプローチ（TEA）

（1） 複線径路等至性アプローチとは

複線径路等至性アプローチ（Trajectory Equifinality Approach: TEA）とは，サトウタツヤらによって開発された方法であり，「異なる人生や発達の径路を歩みながらも類似の結果にたどり着くことを示す等至性（Equifinality）の概念を，発達的・文化的事象に関する心理学研究に組み込んだヴァルシナー（Jaan Valsiner）の創案に基づいて開発された（安田，2019）」質的研究法である。

TEA の根幹をなしている手法は，複線径路等至性モデリング（Trajectory Equifinality Modeling: TEM）である。具体的な分析手法については，安田（2015a，2015b）の説明に詳しいので，本書ではその考え方に沿って TEM の概略を解説する。

（2） 複線径路等至性モデリング（TEM）の手続き

TEM では「等至点」「分岐点」「非可逆的時間」という概念を用いる。等至点とは，リサーチクエスチョン（研究目的）に基づいて，焦点となるある行動や選択として設定される（例えば「犬を飼う」「不登校の人が再登校する」などである）。一方で，その等至点と補集合（等至点の内容を含まない事象）の関係にある「両極化した等至点」を設定する（例えば「犬を飼わない」「不登校が継続する」などである）。そして，それぞれの等至点に至るまで，時間経過とともにどのようなプロセスを歩んだのかという径路，そして実際には生じなかったが生じる可能性があった径路を可視化し，ひとつの図にして示したものが TEM 図となる。

等至点に至るまでのプロセスにおいて，上記に記したように，径路が

分岐するポイントがある。これを分岐点と呼ぶ。例えば，「犬が欲しいと思った」が，親にねだろうかねだるまいかと迷った結果，「親にねだる」場合と「親にねだらない」場合に分岐する。この場合は「犬が欲しいと思った」が径路分岐の起点となるため，分岐点と位置づけられる。この分岐点において，その後の分岐にどのような力が作用していたのかを考えていく。例えばこの時にきょうだいに相談して賛同が得られた場合は，「きょうだいの賛同」という要素がこの分岐に作用していたと考えられる。つまり，「犬を飼う」という等至点に向かって後押しする力が働いたと考えられ，これを TEM では「社会的助勢」と呼ぶ。他方，そのような力と拮抗する「犬を飼わない」という対極の等至点に向かう力（例えば「マンションでは犬を飼ってはいけない」という決まりがあるなど）があれば，それを TEM では「社会的方向づけ」と呼ぶ。分岐点において，その後の径路に影響を与えるこの 2 つの力を TEM 図に描き入れていく。

　なお，TEM 図には，等至点にたどり着くまでに必ず通過するポイントとして，「必須通過点」を定める。上記の例ではペット禁止のマンションを出て，「一戸建てに引っ越す」ことを必須通過点として捉えることができる。

　最後に，非可逆的時間を説明する。TEM では，時間を考える際に，時計などによって示される計測可能な時間（物理的時間）を考えるのではなく，計測が不可能で，「人間が時間とともにあるようなモデル（サトウ，2015）」を想定している。つまり，人間が主観的に生きている時間を想定していると思われる。TEM 図では，時間を左から右へと向かう矢印（→）で示し，時間経過とともに人間がどのような径路をたどっていくかを描くこととなる（図 7-7）。

　なお，分析単位となるデータは，インタビューにおいて語られたデータを文字に起こし，繰り返し精読し，意味のまとまりごとに切片化する。GTA と同様の手続きとなる。

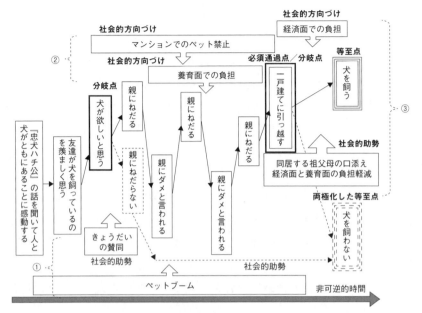

図7-7　TEM図の例（安田，2015b，p.54）

（3）　複線径路等至性モデリングの特徴

　TEMの特徴はその手続きとTEM図から見られるように，「時間」という観点を導入し，時間経過にともなってどのように変容したかというプロセスを描くところが特徴である。廣瀬（2015）はKJ法とTEMを比較して論じ，KJ法が「機能・構造」を捉え，TEMは「過程・発生」を捉えると位置づけている。すなわちKJ法では，特定の視点から事例を捉えるのではなく，事例に含まれるそれぞれの視点を移動しながら事例を捉えようと試みることにより，さまざまな事象が同時に存在している人のライフの機能と構造が描き出される。それに対してTEMでは，時間の経過にともなって変容していく人のライフの過程と発生が描かれると述べられている。境（2015）はGTAとTEMを比較して，GTAが「プロセスの構造」を示すのに対し，TEMは「構造のプロセス」を示すと位置づけている。すなわち，GTAでは対象とする現象に関する複数のプロセスを総合することにより，現象の全体構造を見出すことが目的であるのに対し，TEMでは個人の経験や現象の動きに関す

るデータを，実際の時間に沿って配列することで，対象の変容プロセス
をモデル化する方法であると述べられている。

　また，TEM で分析するのに相応しい事例数として，「1／4／9 の
法則」が提案されている（荒川，2015）。研究対象が 1 事例の場合は，
個人の径路の深みを探ることができる数であり，4（±1）事例の場合
は経験の多様さを描くことのできる数であり，9（±2）事例の場合は，
径路の類型を把握することができる数であるとしている。TEM で分析
する際の目安となるだろう。

5.　質的研究法の選択方法

　ここまで，日本の臨床心理学で用いられることが多い（多くなってき
た）質的研究法の例として，KJ 法，GTA，M-GTA，TEA を挙げてき
た。他にも多数の質的研究法があるが，これだけ多くの方法が存在して
いるというのは，用いる方法によって捉えられる側面が異なるという質
的研究法の特徴があるからである。

　少々，細かく述べ過ぎたかもしれないが，質的研究法は単なるデータ
分析法ではなくて，依って立つ世界観となる理論とデータ分析方法が密
接に関連していることが伝わっただろうか。自分のリサーチクエスチョ
ン（研究目的）に応じて，自分に合った研究法を選択することが重要で
ある。

　概して述べるならば，新たな発想を発見することに強い KJ 法，体験
のプロセスの全体像を再構成することに強い GTA と M-GTA，時間経
過を踏まえた個々の経験の流れを示すことに強い TEM，といえるかも
しれない。

引用文献

荒川歩（2015）．1／4／9の法則からみた TEM　安田裕子・滑田明暢・福田茉莉・サトウタツヤ（編）　TEA 実践編——複線径路等至性アプローチを活用する——　（pp.166-171）　新曜社

Charmaz, K. (2014). *Constructing grounded theory*. (2nd ed.)　Los Angeles: SAGE.
（シャーマズ，K.　岡部大祐（監訳）（2020）．グラウンデッド・セオリーの構築　第2版　ナカニシヤ出版）

Corbin, J. M., Strauss, A. L. (2008). *Basics of qualitative research: techniques and procedures for developing grounded theory*. (3rd ed.)　Thousand Oaks: Sage Publications.
（コービン，J., ストラウス，A.　操華子・森岡崇（訳）（2012）．質的研究の基礎——グラウンデッド・セオリー開発の技法と手順——　第3版　医学書院）

Glaser, B. G., Strauss, A. L. (1965). *Awareness of dying*. New York: Aldine.
（グレイザー，B. G., ストラウス，A. L.　木下康仁（訳）（1988）．死のアウェアネス理論と看護　医学書院）

Glaser, B. G., Strauss, A. L. (1967). *The discovery of grounded theory: strategies for qualitative research*. Chicago: Aldine.
（グレイザー，B. G., ストラウス，A. L.　後藤隆・大出春江・水野節夫（訳）（1996）．データ対話型理論の発見——調査からいかに理論をうみだすか——　新曜社）

廣瀬太介（2015）．KJ 法と TEM　安田裕子・滑田明暢・福田茉莉・サトウタツヤ（編）　TEA 実践編——複線径路等至性アプローチを活用する——　（pp.186-191）　新曜社

岩壁茂（2010）．はじめて学ぶ臨床心理学の質的研究　岩崎学術出版社

神崎真実（2019）．はじめに　サトウタツヤ・春日秀朗・神崎真実（編）　質的研究法マッピング——特徴をつかみ，活用するために——　新曜社

川喜田二郎（1967）．発想法——創造性開発のために——　中央公論社

川喜田二郎（1986）．KJ 法　渾沌をして語らしめる　中央公論社

木下康仁（1999）．グラウンデッド・セオリー・アプローチ——質的実証研究の再生——　弘文堂

木下康仁（2003）．グラウンデッド・セオリー・アプローチの実践——質的研究への誘い——　弘文堂

木下康仁（2007）．ライブ講義 M-GTA——実践的質的研究法　修正版グラウンデッド・セオリー・アプローチのすべて——　弘文堂

木下康仁（2014）．グラウンデッド・セオリー論 現代社会学ライブラリー17 弘文堂

能智正博（2011）．臨床心理学をまなぶ6 質的研究法 東京大学出版会

戈木クレイグヒル滋子（2016）．グラウンデッド・セオリー・アプローチ 改訂版 ——理論を生みだすまで—— 新曜社

境愛一郎（2015）．GTA と TEM 安田裕子・滑田明暢・福田茉莉・サトウタツヤ（編） TEA 実践編——複線径路等至性アプローチを活用する——（pp.192-199） 新曜社

サトウタツヤ・春日秀朗・神崎真実（編）（2019）．質的研究法マッピング——特徴をつかみ，活用するために—— 新曜社

Strauss, A. L., Corbin, J. M. (1998). *Basics of qualitative research: techniques and procedures for developing grounded theory.* (2nd ed.) Thousand Oaks: Sage Publications.

（ストラウス，A.，コービン，J. 操華子・森岡崇（訳）（2004）．質的研究の基礎——グラウンデッド・セオリー開発の技法と手順—— 第2版 医学書院）

田垣正晋（2019）．KJ 法 サトウタツヤ・春日秀朗・神崎真実（編） 質的研究法マッピング——特徴をつかみ，活用するために——（pp.52-58） 新曜社

山崎浩司（2019）．修正版グラウンデッド・セオリー・アプローチ（M-GTA） サトウタツヤ・春日秀朗・神崎真実（編） 質的研究法マッピング——特徴をつかみ，活用するために——（pp.108-115） 新曜社

安田裕子・滑田明暢・福田茉莉・サトウタツヤ（編）（2015a）．TEA 理論編——複線径路等至性アプローチの基礎を学ぶ—— 新曜社

安田裕子・滑田明暢・福田茉莉・サトウタツヤ（編）（2015b）．TEA 実践編——複線径路等至性アプローチを活用する—— 新曜社

安田裕子（2019）．TEA（複線径路等至性アプローチ） サトウタツヤ・春日秀朗・神崎真実（編） 質的研究法マッピング——特徴をつかみ，活用するために——（pp.16-22） 新曜社

参考文献

質的研究法の全体像を把握するには，下記の文献が参考になる。

・サトウタツヤ・春日秀朗・神崎真実（編）（2019）．質的研究法マッピング——特徴をつかみ，活用するために—— 新曜社

KJ 法については，概要を知るためには，下記の文献が適している。

・川喜田二郎（1967）．発想法——創造性開発のために——　中央公論社（2017年に改版され字と図が読みやすくなっている）

　KJ法を自分の研究に用いるのであれば，KJ法の詳細がわかる下記文献を参照すると良い。

・川喜田二郎（1986）．KJ法——渾沌をして語らしめる——　中央公論社

　GTAについては，下記の文献が初学者にもわかりやすい。

・岩壁茂（2010）．はじめて学ぶ臨床心理学の質的研究　岩崎学術出版社

　M-GTAについては，下記の文献が初学者にもわかりやすい。

・木下康仁（2007）．ライブ講義M-GTA——実践的質的研究法　修正版グラウンデッド・セオリー・アプローチのすべて——　弘文堂

　M-GTAの理論と方法を体系的にまとめたものとしては，下記を参照すると良い。

・木下康仁（2020）．定本M-GTA——実践の理論化をめざす質的研究方法論——　医学書院

　TEAについては，下記の文献に方法論の成立の経緯が説明されておりわかりやすい。

・サトウタツヤ（編著）（2009）．TEMではじめる質的研究——時間とプロセスを扱う研究をめざして——　誠信書房

研究課題

・本章で挙げた質的研究法（KJ法，GTA，M-GTA，TEA）のいずれかを用いている論文を読み，著者がどのような質的分析を行ったのかを追体験する姿勢で読んでみよう。

・また，その方法論を用いたからこそ得られた結果（すなわち他の方法論では得られなかったであろう結果）として考えられることを述べてみよう。

8 │ 混合研究法

川部哲也

　本章では，近年注目されている混合研究法について解説を行う。混合研究法は，量的研究と質的研究の両方を含む研究デザインを組むところに特徴があるが，両者は異なる背景をもつがゆえに単純に混合することが難しい面もある。理論的な背景をめぐって生じたパラダイム論争を通して，量的研究と質的研究の長所と短所を知った上で，混合研究法を知ることが重要である。

【キーワード】　混合研究法　トライアンギュレーション　パラダイム論争
実証主義　社会構成主義　プラグマティズム　ジョイントディスプレイ

1. 混合研究法とは

（1）　量的研究法と質的研究法

　ここまで量的研究法と質的研究法の両方を学んできたが，どちらにも長所と短所があることが見て取れたと思われる。あらためて，両者の長所と短所を表にして示すと表8－1のようになる。「一般的に，量的研究が普遍的法則の探究を目指す法則定立的（nomothetic）な研究であるのに対し，質的研究は数少ない個々のケースの詳細かつ濃密な記述を目指す個性記述的（idiographic）な研究である（抱井，2015）」。この時，自分の研究目的を達成するためには，どちらかひとつを選ぶことができない，あるいは両方の方法が必要だ，と感じることがあるだろう。例えば，ある研究テーマについて，全体の一般的な傾向も見てみたいし，個別の事例がどうなっているのかにも興味があるという場合である。通常の場合は，前者の関心なら量的研究法，後者の関心なら質的研究法を選択することになる。しかし，第三の選択肢もある。それが量的研究法と質的研究法の両方を組み合わせて研究計画を立てるという混合研究法

表 8-1　質的・量的研究の長所と短所

質的研究

長　所	短　所
少数の人々のもつ視点を詳細に示す 研究参加者の声をとらえる 研究参加者の経験を文脈の中で理解する 研究者ではなく，研究参加者の視点に基づいている ストーリーを楽しむ人々を引きつける	一般化可能性が制限される ソフトなデータ（数字のようなハードなデータではない）のみを提供する 少数の人々のみを調査する 極めて主観的である 研究参加者への依存度が高いため，研究者の専門知識の使用は最小に抑えられる

量的研究

長　所	短　所
多数の人々に関する結論を導き出す 効率的にデータを分析する データ内における関係性を調査する 推定される原因と結果を調査する 偏りを統制する 数字を好む人々を引きつける	非人間的で，無味乾燥である 研究参加者のことばを記録しない 研究参加者が置かれた文脈への理解は限定的である 概して研究者主導である

（クレスウェル，2015/2017，p.5）

（Mixed Methods Research: MMR）という方法である。

（2）　トライアンギュレーションと混合研究法

　混合研究法の説明の前に，トライアンギュレーションという概念を説明しておきたい。この用語は，1970年代にデンジン（Denzin, N.K.）が社会調査のためのより体系的なアプローチとして発展させたものである（Flick, 2007/2011）。トライアンギュレーションとは，研究者がひとつの研究対象に対して，複数の異なる視点を取ることである。日本語に訳せば「三角測量的方法」であり，ひとつの地点をより正確に測量するために，複数の視点から対象を捉えることを意味する。トライアンギュレーションには4つのタイプがある（Denzin, 1989）。

①データ・トライアンギュレーション：研究において様々なデータ源を使うこと。例えば，人物，グループ，調査地，調査時期などを変えた調査データを組み込むことである。

②研究者トライアンギュレーション：一人で研究するのではなく，複数の人による研究を行うこと。ひとつのデータを複数人で分析することや，複数の調査者による調査を設定することも含まれる。

③理論トライアンギュレーション：複数の理論的枠組みを用いて調査実施やデータ分析を行うこと。例えば，ひとつのデータに対して異なる複数の理論的アプローチを用いて分析を行う。

④方法的トライアンギュレーション：ひとつの問題を研究するのに複数の研究方法を使うこと。

　いずれのタイプも，研究テーマについて複数の視点から見ていく点では同じであるが，ここでは特に④の「方法的トライアンギュレーション」について説明を補足したい。これは，異なる複数の研究法を組み合わせて用いることである。具体的には，**面接法**と**観察法**を組み合わせるといった例がある。この場合は，複数の質的研究法を組み合わせるという意味となる。一方，混合研究法は，トライアンギュレーションの一形態であるが，量的研究法と質的研究法を組み合わせるという意味となる。多く見られる具体例としては，**質問紙法**により量的データを，**面接法**により質的データを収集する方法がある。

（3）　混合研究法の定義

　混合研究法に対していくつかの定義づけがなされてきたが，クレスウェル（Creswell, 2015/2017）の定義がシンプルでわかりやすいと思われる。

　「研究課題を理解するために，（閉鎖型の質問による）量的データと（開放型の質問による）質的データの両方を収集し，2つを統合し，両方のデータがもつ強みを合わせたところから解釈を導き出す，社会，行動，そして健康科学における研究アプローチである。」

　その後に続けてクレスウェルは「このアプローチの核となる前提は，調査者が，統計的傾向（量的データ）にストーリーや個人の経験（質的データ）を結び付けた時に，その組み合わせによる強みが，どちらか一方のデータのみを使用した時よりも研究課題に対するより良い理解をもたらすというものである」と述べている。このことからわかるのは，混合研究法は，単に量的データと質的データを両方収集すれば良いというのではなく，単に一方の研究法に他方の研究を付け加えるというものでもない。まず研究者が自分の追究したい研究目的（リサーチクエスチョン）があり，それを達成するために，量的研究と質的研究の両方を組み合わせることによって最も理解が深まると考えられる時に，混合研究法を用いることになるのである。

（4）　混合研究法におけるパラダイム論争

　混合研究法が成立するまでには，1980年代を中心に展開したパラダイム論争があった。この論争は，「質的研究者と量的研究者の間で起きた，人間科学における知識構築のあり方をめぐる対立であり，研究アプローチの優位性をめぐる闘いである（抱井，2019）」。その後，両者は統合可能であると考えた研究者が現れ，混合研究法が発展してきたという経緯がある。

　このパラダイム論争において，何が問題になっていたのかを概観しておくことは，量的研究と質的研究がそれぞれどのような前提のもとに成立しているかを知る良い素材になると考えられる。なぜ量的研究と質的研究は対立していたのか。論点を先取りして一言で言うならば，この両者は前提としている世界観が異なるからである。抱井（2015）に従って解説すると，ポスト実証主義を背景とする量的研究者と，社会構成主義（構築主義）を背景とする質的研究者の対立であった。その違いは表8－2にあるように，存在論，認識論，方法論にわたる。なお，ここでいうポスト実証主義は，哲学での意味とはやや異なり，「社会科学においては，量的研究を支える主な哲学的基盤という認識が一般的である（抱井，2015）」。ポスト実証主義の基本的な考え方は，人間とは無関係に，

表 8 - 2　ポスト実証主義と社会構成主義（構築主義）の哲学的前提の比較

	ポスト実証主義	構成主義
存在論	調査する側の視点と独立して，一つの「客観的リアリティ」が存在する。そのため研究者の使命は，その客観的リアリティを発見するところにある。	リアリティは社会的に構成される。したがって，人にはそれぞれ異なるリアリティが存在する。研究者の使命はリアリティを「発見」するのではなく，社会的に構成された複数のリアリティの「意味解釈」をするものである。
認識論	研究の対象と研究者は完全に独立した存在であるとされる。研究者の理論，仮説，これまでの知識が対象の観察に影響を与えると認めた上で，より「客観的」になろうとする態度を重視する。	研究者と研究対象者は互いに影響し合う関係にある。したがって，研究者はより人間相互間の関係（敬意をもって交渉された，相互に学び合う関係）を重視した中でデータを収集する。
方法論	自然科学の実験法（「客観性」を重視した厳格なデータ収集と分析）を社会科学にあてはめようとする。人間を対象とする社会科学では，被験者の無作為割付の難しさなどから自然科学的な純粋な実験は不可能であるため，準実験計画法を使って実験を行う。質的研究法もこのパラダイムで使用できないわけではないが，量的研究法が一般的な研究方法である。	調査的面接，観察，文書分析などがこのパラダイムの枠組みにおける典型的な調査方法で，次のような特徴をもつ。①複数のデータ源から情報を時間をかけて収集し，②調査中，尋ねる質問が時間の経過とともに変化することを許容し（プロセス重視），③調査対象の文脈に関する情報を詳細に報告し（調査対象者と取り巻く環境を包括的に把握），④調査対象者の視点から，ある事柄を説明・理解することを調査の目的とする。

（抱井，2015，p.46/Mertens，1998，pp. 9 -15をもとに抱井が作成）

独立してひとつの「客観的リアリティ」が存在すると考えるため，研究者はその客観的リアリティを追究することが目的となる。ゆえに方法としては，自然科学の考え方に従って，可能な限り人間の主観を排除し，研究を行うことを重視する。一方，社会構成主義の基本的な考え方は，ポスト実証主義が想定するような「客観的リアリティ」は存在せず，社会的に構成された複数のリアリティが存在するというものである。ゆえ

142

に研究者は客観的に既にあるリアリティを追究するのではなく，それぞれに作り上げられた，人それぞれに異なるリアリティを解明しようとする。方法としては，研究者と研究対象者のそれぞれの主観があることを認め，それらの主観が相互に影響しあって各自の現実（リアリティ）を作り上げている，そのリアリティを描き出すことを重視することになる。

　単純化して言うならば，物理的法則のように，この世界の現実は人間の影響を受けずに成立していると考えるのか（例えば太陽が毎日東から昇り，西へと沈むように，現実世界には人間のあり方に関わらず，ひとつの確固たる客観的現実があるという考え），この世界の現実は社会や人間の影響を受けながら成立していると考えるのか（例えば，ある映画を面白いと感じる人もいれば面白くないと感じる人がいるように，ひとつの絶対的な「面白い映画」が存在するのではなく，各自がそれぞれの主観的現実をもつという考え），という違いであると言ってもいいかもしれない。臨床心理学について考えるならば，どちらの立場もありうるだろう。心理療法において来談者と治療者とが同じひとつの客観的現実を生きていると考えれば前者の考え方であり，それぞれに異なる主観的現実を生きていると考えれば後者の考え方となる。

　混合研究法では，この両者を統合する考え方として，米国のプラグマティズムを哲学的基盤としていることが多い。プラグマティズムでは，結果における「有用性」が重視されるため，その有用性が認められる限り二者択一の選択を拒否する。そして，前述のトライアンギュレーションの考え方が注目されるようになるとともに，混合研究法の考え方が次第に受け入れられるようになっていった。

2. 混合研究法の研究デザイン

（1）　混合研究法のリサーチクエスチョン

　混合研究のリサーチクエスチョンをどのように立てるかについては，これまで複数のアプローチが提案されているが，抱井（2015）が挙げる代表的な例は2つある。ひとつは，テッドリーとタシャコリ（Teddlie & Tashakkori, 2009/2017）による方法であり，①混合研究のリサーチ

クエスチョンを先に立ててから，②そのクエスチョンを構成する下位設問（量的リサーチクエスチョンと質的リサーチクエスチョン）を立てるものである。具体的には「治療法ＸはグループＡとＢの行動と認識にどのような影響を与えるのか？」を最初に立て，その次に「（治療法Ｘに関わる）変数ＹとＺにおいて，グループＡとＢでは違いが見られるのか？」（量的リサーチクエスチョン），「グループＡとＢの調査参加者における治療法Ｘに対する認識と解釈はどのようなものか？」（質的リサーチクエスチョン），「治療法Ｘが２つのグループに異なる効果をもたらすのはなぜか？」（質的リサーチクエスチョン）という３つの下位設問を立てるということである。これは研究デザインとしては「介入デザイン（詳細は後述）」にあたり，治療法Ｘの効果検証を主目的とする量的研究の中に，両群の数量的比較だけでは捉えられない調査対象者の主観的経験を明らかにする質的研究が埋め込まれているデザインになっている。

　もうひとつは，クレスウェルとプラノクラーク（Creswell & Plano Clark, 2018）が提案している方法であり，方法に焦点化したリサーチクエスチョンと，研究内容に焦点化したリサーチクエスチョンを両方立てて，それらを「方法と研究内容の両方に焦点化したリサーチクエスチョン」としてまとめるものである。例えば，「質的研究の成果は，量的研究の結果をどの程度裏づけているか（方法に焦点化したリサーチクエスチョン）」と「少年たちの自尊心の変容が中学校時代に見られるという研究結果を，彼ら自身の見解はどのように裏づけているか（研究内容に焦点化したリサーチクエスチョン）」の２つを組み合わせ，「少年たちの自尊心に関する探索的な質的データと，自尊心尺度を用いて得た量的な測定データを比較することで，どのような結果が得られるか（両方に焦点化したリサーチクエスチョン）」を問う研究デザインがありうる。混合研究初学者には，このように焦点を当てる方法がリサーチクエスチョンを立てる上でわかりやすいかもしれない（抱井, 2015）。

　上記の２つの方法をまとめると，前者はリサーチクエスチョンから研究法を導き出すのに対し，後者はリサーチクエスチョンと混合研究法を

関連させて同時に立てているのが特徴である。どちらの方法もありうると思われるが，第2章で述べたように，研究目的（リサーチクエスチョン）を磨き上げることに注力するならば，自分のリサーチクエスチョンにふさわしい研究法を選択するという前者の道筋が自然であるように思われる。一方で，後者の方法は，混合研究法の研究デザインを作成するための良いトレーニングになると考えられる。

（2） 混合研究法の基本型デザイン

　クレスウェル（Creswell, 2015/2017）は，混合研究の研究モデルとして6つのモデルを提示している。まず3つの基本型デザインのいずれかに該当するかどうかを考慮してみることが提案されている。基本デザインは「収斂デザイン」「説明的順次デザイン」「探索的順次デザイン」からなる。

① 　収斂デザイン（convergent design）

　このデザインでは，量的および質的データの収集と分析を別々に実施する。その目的は，量的・質的データ分析の結果を結合することである。具体的には，量的研究の結果と質的研究の結果を並べて比較することにより，一方の結果がもう一方の結果によって支持されているか（またはその逆）を検討する。もし支持されていれば，同一の結果を示す複数のデータがあることになり，強力な論拠をもつことになるだろう。一方で，もし支持されなかった場合は，2つの結果が示す離齬を検討することにより，なぜそのような違いが見られるのかを説明する必要がある。この説明により，片方のデータだけでは見落とされがちだった面に目を向け

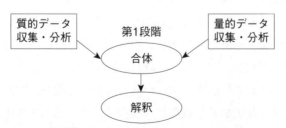

図8-1　収斂デザイン（クレスウェル，2015/2017, p.42）

ることができるので，建設的な考察になると考えられる。

　このように，収斂デザインでは 2 つの形態のデータから，複数の角度や複数の視点といった異なる観点からの洞察が得られる。図 8 - 1 に示すように，量的・質的データを同時に収集することもこのデザインの特徴である。例えば，質問紙調査（量的データ収集）と面接調査（質的データ収集）を同時並行で行う場合などがこのデザインに相当する。

② 　説明的順次デザイン（explanatory sequential design）

　このデザインでは，まず量的データ収集および分析を実施した上で，次に量的研究結果を説明するための質的研究を実施する。具体的には，まず量的研究を実施し，そこで大まかな結果は明らかになるが，どのようにしてこれらの結果が生起したのかという，結果の背景にある要因や原因についてはわからないことがある。その後にその点について，より深く掘り下げるために質的研究を実施するという流れになる。

　図 8 - 2 に示すように，量的研究に続いて，質的研究を行うという順序があり，それぞれ別の段階の調査として実施するというのが特徴である。ゆえに，調査に時間がかかることや，量的結果のどの部分にさらなる説明をしようと考えるかによって，質的研究の研究対象者を選択する必要が生じることなど，難しさもある。第 1 段階の量的研究の結果をどのように受け止め，第 2 段階の質的研究の目的を明確に定めるところが大きいポイントになると考えられる。このデザインでの調査例としては，質問紙調査によって得られた量的データの分析の結果，ある特徴をもった協力者群が得られ（第 1 段階），その群ごとの特徴をより深く理解するために面接調査を用いて質的データ収集，分析を行う（第 2 段階）という場合が挙げられる。

図 8 - 2　説明的順次デザイン（クレスウェル，2015/2017，p.44）

③　探索的順次デザイン（exploratory sequential design）

　このデザインでは，最初に第1段階として質的データ収集および分析により問題を探索し，第2段階では質的結果をもとに測定指標や新たな測定尺度または新たな介入を開発する。その後の第3段階には，様々なバリエーションがあり，前段階で開発された測定指標が適用されたり，新たな測定尺度の検証がなされたり，新たな介入とその活動が実験に使用されたりする。

　図8-3に示すように，このデザインは3つの段階から成っており，質的研究，量的研究，量的研究の順序で実施される。3つの段階があるため，説明的順次デザインよりもさらに多くの時間を必要とする。このデザインの特徴は，最初の質的研究によって，新たな尺度や新たな介入方法を開発するところにある。その長所として，第1段階が探索的であるため，新たなフィールドのことをよく知ることにより，既存のものよりもそのフィールドに適した測定方法を開発することができる点が挙げられる。このデザインの調査例としては，ある特性を測定する尺度を自作するために探索的に質的データを収集・分析し（第1段階），量的分析によって尺度の信頼性や妥当性を検討し（第2段階），その確定した尺度を用いて新たな集団に対して質問紙調査を実施する（第3段階）という場合が挙げられる。

（3）　混合研究法の応用型デザイン

　クレスウェル（Creswell, 2015/2017）は，自分の研究プロジェクトの

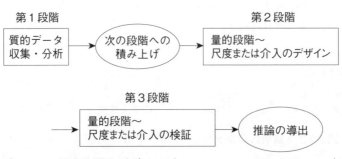

図8-3　探索的順次デザイン（クレスウェル，2015/2017，p.47）

基本型デザインが何であるかを最初に考える必要があると述べ，その基本型デザインをもとに，応用型デザインへと作り上げていくことを提案している。応用型デザインは「介入デザイン」「社会的公正デザイン」「多段階評価デザイン」がある。これらの応用型デザインのそれぞれの中に，基本型デザインが含まれていることになる。

① 介入デザイン（intervention design）

このデザインは，実験もしくは介入試験を実施し，そこに質的データを加えることによって課題を探究するものである。実験もしくは介入試験の実施が前提となっているので，実験前・実験中・実験後の段階が設定されるのが特徴である。質的データを使用するタイミングにより，基本型デザインのいずれかが含まれることになる。すなわち，実験前なら探索的順次，実験中なら収斂，実験後なら説明的順次デザインとなる。あるいは，実験前・実験中・実験後のすべての段階に質的データの収集を行うことも可能である。図 8 - 4 は，介入デザインのシンプルな一例として挙げられている。

クレスウェルによると，このデザインは健康科学において使用されることが多いため，サンプルの無作為抽出や，調査を行うこと自体が調査

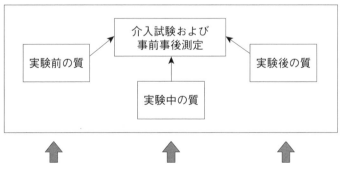

図 8 - 4 介入デザイン（クレスウェル，2015/2017，p.50)

結果を左右する可能性があることなど，配慮すべき点が多いため，難易度が高いとされる。量的研究に準じる厳密さが求められるデザインであるといえよう。例えば，ある特定の心理的介入を実施する前後においてどのような変化が見られたか，量的データ・質的データによって検証するという場合が挙げられる。

② 社会的公正デザイン（social justice design）

　このデザインは，混合研究の始めから終わりまで一貫して，社会正義の枠組みから課題を探究することを目的としている。ここでは，混合研究の基本型デザインを核として，調査者が研究全体に社会正義のレンズを組み入れるとされる。例えば，図8-5のように，説明的順次デザインにジェンダーのレンズを組み入れる場合を考えてみると，研究の多くの段階にジェンダーに基づく理論的観点が組み入れられていることがわかるだろう。このデザインの大きい特徴は，周縁に追いやられた集団や社会的弱者を支援することを目的としているところにあり，アクションリサーチとしての意義をもつところにある。アクションリサーチとは，「研究協力者との協働的実践を通して，研究の外部に変化をもたらそうとする活動」（八ツ塚，2019）を意味する。この研究において，どのように社会的公正のレンズが役に立ったかについても論じることが求めら

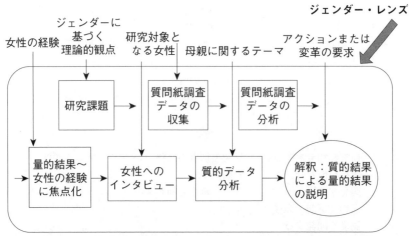

図8-5　社会的公正デザイン（クレスウェル，2015/2017，p.51）

れる。

③　多段階評価デザイン（multistage evaluation design）

　このデザインでは，特定の状況で実施されるプログラムや活動の成功を長期間にわたり評価するために調査を行う。研究プロジェクト全体の目的としては，プログラムや活動がもつメリット，重要性，または価値を評価するものであるが，その目的を達成するための個々の段階の研究が質的研究，量的研究，混合研究になるというデザインである。図8-6で示した例は，プログラムを評価するために，測定指標の開発とその検証，プログラムの実行，フォローアップの実施を含む多くの段階の研究が体系的に配置されている。例えば，地域援助を長期的に行う際に，各援助の段階ごとに量的データ・質的データを用いてその効果を検証するという場合が挙げられる。

　クレスウェル（Creswell, 2015/2017）は，このデザインを使用する上での課題として，多くの時間と資金が必要となるため，単独の研究者には適しておらず，チームで実施されることが求められると述べている。ひとつの段階が次の段階にどのように貢献するかについて，チームで検討することも重要である。

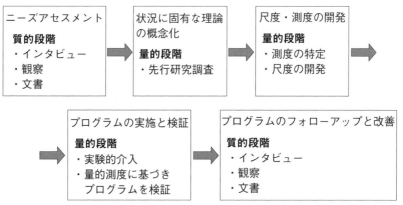

図8-6　多段階評価デザイン（クレスウェル，2015/2017, p.53）

3. 混合研究実施時の留意点

（1） 手続きダイアグラムの利用

混合研究法における手続きダイアグラムとは，混合研究法デザインにおいて用いられる手続きを伝達するための図のことである。混合研究法では研究デザインが複雑になる場合があるため，論文中で研究方法を示す際に研究の全体図が視覚的にわかるようにすると良い。

例えば図8-7は，収斂デザインの手続きダイアグラムである。左側に量的研究の手続きと予定される成果を描き，同様にして右側に質的研究について描く。そして，最終的には両者の分析結果を統合し，混合研究の結論が得られるという流れになっており，研究の位置づけと順序が一目でわかる図になっている。

（2） 混合研究法におけるサンプリング

混合研究法におけるサンプリングについては，量的研究の段階では量的研究法の，質的研究の段階では質的研究法のサンプリングの手続きに従う必要がある。本章の冒頭に記したように，この両者の姿勢は背景が

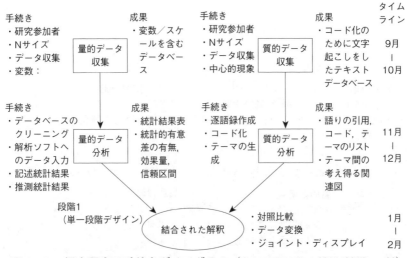

図8-7　混合研究の手続きダイアグラム（クレスウェル，2015/2017，p.66）

異なるため，サンプリングは一方では無作為抽出による大標本が求められ，一方では合目的的サンプリングによる小標本が求められるという，少々ややこしい事態が生じる（それぞれのサンプリング方針については，第 5 章の量的研究法，第 6 章，第 7 章の質的研究法を参照のこと）。また，同一の人が量的研究と質的研究の両方に参加するのか否かというのも考えなくてはならない。

　修士論文で実施する可能性が高い混合研究は，収斂デザインと説明的順次デザインであると考えられるため，この 2 つの場合について説明する。

　収斂デザインの場合は，同一の調査対象者に対し，量的データと質的データの両方を同時期に収集することになる。ただし，両者のサンプルサイズは異なっていても良い。例えば，質問紙調査を100名に実施し，うち20名に同時期に面接調査を実施するというような場合がありうる。

　説明的順次デザインの場合は，まず量的データの収集を行い，量的分析結果から，どのような特徴をもつサンプルに対して質的研究を行うかを考える。そして，その特徴をもつサンプルを抽出し，質的データを収集する。例えば，質問紙調査を100名に実施し，その結果を分析し，研究目的を達成するために必要な特徴をもつ参加者20名に後日あらためて調査を依頼し，面接調査を実施するというような場合がありうる。（このような調査計画の場合は，後日調査依頼することを見越して，質問紙調査の段階で，面接調査に参加する意思の有無を尋ねておくと良い。）

（3）　混合研究の結果提示方法

　混合研究法の研究結果を提示する際には，量的研究と質的研究の統合結果を視覚的に示すジョイントディスプレイと呼ばれる手法がある。ジョイントディスプレイは，混合研究の結果を効率よく提示するのに有用であり，いくつかの方法が提案されているが，ここではその一例として，ブラッドら（Bradt, et al., 2015）の論文から，介入デザインによる研究結果のジョイントディスプレイを示す。（なお，この論文は抱井（2019）が，混合研究の実施法や論文としてのまとめ方を学ぶために参

照すると良いと推奨しているものである。）

　この研究のタイトルは，「がん患者における心理的成果と痛みに対する音楽療法と音楽投与の影響：混合研究（The impact of music therapy versus music medicine on psychological outcomes and pain in cancer patients: a mixed methods study）」というもので，がん患者31名を対象に，2回の音楽療法（Music Therapy: MT）と2回の音楽投与（Music Medicine: MM）を両方経験してもらい，退院時にそれぞれの効果について半構造化面接を行った混合研究である。なお，音楽療法（MT）とは音楽療法士と共に実演する音楽療法であり，音楽投与（MM）とは治療者がいないところで録音された音楽を聴くものである。なお，本稿では記載を省略したが，量的データは，両方とも同等の心理的成果があったという分析結果が統計的に示されているとともに，77.4%の参加者は音楽療法（MT）の方が良いと回答したとのことである。質的データは，理論的主題分析という質的分析を用いて8つの主題のもと，具体的な例が示されている（ここで登場する「主題」は，KJ法における大グループ，GTAにおける大カテゴリーに相当すると考えて良い）。それらの研究結果を最終的に示したジョイントディスプレイが表8-3である。MTとMMそれぞれの治療成果がどうであったかによって対象者を4群に分け，それぞれの量的研究の結果と質的研究の結果を一覧表にまとめて示している。

　このように，量的研究と質的研究をともに成立させる研究デザインのもとに，混合研究法が行われる。自分の研究目的（リサーチクエスチョン）が，量的研究と質的研究の両方の調査を必要としている場合には，混合研究法による研究デザインを導入してみるのもひとつの手であると考えられる。

表 8 - 3　混合研究のジョイントディスプレイの例

治療成果	音楽療法(MM)における変化	音楽投与(MT)における変化	患者の経験
↑MT, ↓MM	0.65 to 1.88	−0.11 to 0.38	・治療関係と治療者による支えの重要性を強調 ・音楽制作の創造的な側面を楽しむ ・将来に向けて希望をもつ
↑MM, ↓MT	−0.46 to 0.59	0.33 to 1.63	・活動的な音楽制作への懸念 ・録音された音楽のほうを好む ・がんに関連する感覚探索への躊躇
↑MT, ↑MM	0.61 to 1.07	0.73 to 1.37	・音楽がもつ希望を与える力への強い確信 ・心理的逃避のために音楽を使う ・治療者と共に感情的探索と感情への価値づけを行うために音楽を使う
↓MT, ↓MM	−0.67 to −1.03	−0.52 to −1.06	・将来への望みをほとんどもたない ・音楽が悲しい記憶やトラウマ的記憶を引き起こす ・音楽制作や歌うことに関して不適切な感じを抱く ・原盤の美意識を好む

（Bradt, et al., 2015をもとに筆者が作成）

引用文献

Bradt, J., Potvin, N., Kesslick, A., Shim, M., Radl, D., Schriver, E., Gracely, E. J., Komarnicky-Kocher, L. T. (2015). The impact of music therapy versus music medicine on psychological outcomes and pain in cancer patients: a mixed methods study. *Supportive Care in Cancer, 23*(5), 1261-1271.

Creswell, J. W. (2015). *A concise introduction to mixed methods research*. Thousand Oaks, CA: Sage Publications.

（クレスウェル，J.W. 抱井尚子（訳）(2017). 早わかり混合研究法 ナカニシヤ出版）

Creswell, J. W., Plano Clark, V. L. (2018). *Designing and Conducting Mixed Methods Research* (3rd ed). Thousand Oaks, CA: SAGE.

Denzin, N. K. (1989). *The research act: a theoretical introduction to sociological methods* (3rd ed). Englewood Cliffs, N. J. : Prentice Hall.

Flick, U. (2007). *Qualitative Sozialforschung* (3rd ed). Hamburg: Rowohlt.

（フリック，U. 小田博志・山本則子・春日常・宮地尚子（訳）(2011). 新版 質的研究入門――〈人間の科学〉のための方法論 春秋社）

抱井尚子 (2015). 混合研究法入門――質と量による統合のアート―― 医学書院

抱井尚子 (2019). 混合研究法 サトウタツヤ・春日秀朗・神崎真実（編） 質的研究法マッピング――特徴をつかみ，活用するために―― (pp.232-240) 新曜社

Mertens, D. M. (1998). *Research Methods in Education and Psychology*. Thousand Oaks, CA: Sage.

Teddlie, C. and Tashakkori, A. (2009). *Foundations of mixed methods research: integrating quantitative and qualitative approaches in the social and behavioral sciences*. Thousand Oaks, CA: Sage Publications.

（テッドリー，C., タシャコリ，A. 土屋敦・八田太一・藤田みさお（監訳）(2017). 混合研究法の基礎――社会・行動科学の量的・質的アプローチの統合―― 西村書店）

八ツ塚一郎 (2019). アクションリサーチ サトウタツヤ・春日秀朗・神崎真実（編） 質的研究法マッピング――特徴をつかみ，活用するために―― (pp.241-246) 新曜社

参考文献

・混合研究法の概要を知るためには，上記にも挙げた「クレスウェル，J.W. 抱井尚子（訳）（2015/2017）．早わかり混合研究法 ナカニシヤ出版」「抱井尚子（2015）．混合研究法入門——質と量による統合のアート—— 医学書院」が簡潔にまとめられており，わかりやすい。
・混合研究法の研究例としては，「成田慶一（2016）．自己愛のトランスレーショナル・リサーチ——理論研究・混合研究法・臨床実践研究による包括的検討——創元社」が優れている。この本では混合研究に加えて，文献研究と事例研究をも行っており，臨床心理学研究法の良いテキストでもある。一読をお勧めしたい。

🔋 研究課題

・量的研究と質的研究のパラダイム論争について，両者が対立していた点をひとつ挙げて具体的に説明してみよう。
・トライアンギュレーションを行うことの長所について説明してみよう。
・混合研究法の基本型デザインの3つ（収斂デザイン・説明的順次デザイン・探索的順次デザイン）の特徴を把握するために，特定の研究テーマについてそれぞれのデザインに基づく調査計画を立ててみよう。

9 | 事例研究法(1)　単一事例の事例研究

石原　宏

　第9章から第11章までは事例研究法（case study method）について学習する。事例研究法は一般的には質的研究法に分類される1つの方法と位置づけることができる。しかし，臨床心理実践について研究しようとする臨床心理学においては極めて重要な研究法となるため，本書では，事例研究法を質的研究法とは独立して扱い3つの章にわたって説明する。まず第9章では，臨床心理学における事例研究法の位置づけを確認し，1つの事例について事例研究法によって論文を執筆する場合の一般的な進め方と留意点について学ぶ。

【キーワード】　個性記述的事例研究　法則定立的事例研究　単一事例の事例研究　省察的な事例研究法

1. 臨床心理学における事例研究法

（1）　事例研究法とは

　まずは臨床心理学に限定せずに質的研究に分類される一方法として考えると，事例研究法（case study method）は個別性をもつ具体的な事例（case）を探究することによって何らかの知見を得ようとする方法である。事例に基づく研究は学問分野によって，重視される度合いや評価は異なるが，医学における症例研究，法学における判例研究を含め，看護学，経済学，経営学，社会福祉学，教育学など，社会的な実践に関わる多くの分野で実施されている。各学問分野には，一般化された法則やさまざまな理論が存在するが，現実に生起する事象は，法則そのものや理論そのものではなく，必ず個別具体的な事柄であり，ひとつひとつの生きた現実を取り上げて研究しようとする場合には，事例研究法が有力

な選択肢となる。

　一口に事例研究法と言っても，その研究目的は，個性記述的（idiographic）なものから法則定立的（nomothetic）なものまで幅広く設定が可能である。個性記述的な事例研究は，ある 1 事例について，多様な要因が絡まり合った固有の文脈を含めてまさにその 1 事例の理解を深めることを目的として行われる事例研究である。たとえばオリンピックの金メダリストのように世界屈指のある特定のアスリートについてその生い立ちから金メダル獲得までの軌跡を深く掘り下げて，そのアスリート個人について理解することを目的として事例研究を行うような場合は，個性記述的な事例研究となるだろう。

　一方，法則定立的な事例研究は，1 事例について分析しながらも，その事例が置かれた固有の文脈を捨象しても通用する知見を見出すことを目的として行われる事例研究である。たとえば，ある 1 人の金メダリストについて検討する場合でも，そのアスリートの事例を分析することを通して他のアスリートにも通用する知見を見出すことを目的とするような研究がこれにあたる。また，類似した複数の事例を比較して検討し，共通して生じている事象や展開のパターンを見出す場合も，法則定立的な事例研究と言える。

　このように，事例研究法を選択する場合も，個性記述的に行うのか，法則定立的に行うのか，単一事例を検討するのか，複数事例を検討するのか，いくつかの組み合わせを考えることができる。どのような組み合わせを選択すればよいかは，ここでも，自身が事例研究によって何を明らかにしようとするのかというリサーチクエスチョン（研究目的）に照らして決定することになる。

（2）　臨床心理学における事例研究法

　臨床心理学における事例研究法は，見方によっては，質的研究法としての事例研究法と違いはないとも言える。しかし，臨床心理学ならではの探究が行われてきたのも事実である。本章のここから以降と第10章，第11章では，主に臨床心理学における事例研究法へのこだわりを学んで

いく。

　臨床心理実践において出会うクライエントは，例外なく唯一無二の固有の存在である。先ほど，（1）では，「オリンピックの金メダリスト」という世界的に見ても顕著な成績を残した稀有な個人であるからこそ，事例研究法で研究する意義があるかのような書き方をした。しかし本来は，何ら顕著な成果など残しておらずとも誰もが固有の人生を生きる特別な存在である。固有の事例を研究の対象とするのが事例研究であるから，どのようなクライエントとのどのような臨床心理実践であっても，事例研究として成立する可能性を有していることになる。臨床心理学における事例研究では，このような意味で，個々の臨床心理実践から丁寧に学び，知見を紡いでいくことが重視されてきた。

　古典的には，『ヒステリー研究』（1895）から始まるフロイト（Freud, S.）による一連の事例研究を通して精神分析学が発展してきた歴史がある。日本においても，臨床心理学の研究と臨床心理専門職の教育訓練の中心に事例研究が据えられてきた。たとえば，京都大学教育学部心理教育相談室の『臨床心理事例研究』（1974年創刊）を嚆矢として，各大学／大学院附属の相談室で事例研究論文をメインコンテンツとする紀要が編まれ，守秘義務を有する専門家に読者を限って知見を共有する取り組みが続けられてきたことや，日本心理臨床学会（1982年設立）で，事例研究発表に多くの時間をあてる年次大会が開かれ，機関誌である『心理臨床学研究』にも膨大な数の事例研究論文が掲載されてきたことなどは，臨床心理学における事例研究重視の姿勢を象徴するものであると言える。

　もちろん，本書で既に学んできたように，事例研究法だけが臨床心理学の研究法ではない。また，あるクライエントとの関わりにおいて起きた一回的な出来事をできる限り全体性を損ねることなく記述していくような方法をとる事例研究には，「科学的でない」という批判が常に寄せられてきたのも事実である。それでも，山本（2018）が，「グローバルな視野で眺めると，事例研究に対して批判的な流れと再発見的な流れがぶつかり合い，せめぎ合いながらも，そのメイン・ストリームが再発見的，建設的な方向に徐々に変化しているように思う」と述べるように，

批判を受けることでより妥当な在り方が発展的に模索されていくことはあっても，臨床心理実践が個別のクライエントとのかかわりを大切にする限り，臨床心理学において事例研究法はなくてはならない研究法として意義をもち続けるであろう。

（3）　臨床心理学における事例研究で目指されること

上述のように，臨床心理学において事例研究法が重視されたのは，1つはどんなクライエントも唯一無二の存在であり，個々の実践から十分に学ぶにはまずは個性記述的な事例研究が適しているということがあった。では，1事例を丹念に研究することで，その1事例についての理解が深まったとしたら，次はどのようなことが期待されるだろうか。それは，その1事例で発見された知見が，他の事例とどのような関係をもつのか，あるいは他の事例にどのように役に立つのかを明らかにすることであろう。このとき容易に思いつきそうな進め方は，最初の1事例と類似した別の事例を「集める」という方法である。河合（1976）は，これを，たとえば，「夜尿の事例について，一例ずつの報告が集積されてゆき，そこから普遍的な理論が生まれるのを待つという意味」で，「事実の集積」と呼んだ。このように類似の事例から「事実の集積」を行うことで，（1）で示した法則定立的な事例研究につなげていく，というのは分かりやすい考え方である。

ところが，臨床心理学における事例研究法は，「事実の集積」を主要な目的とはしていない。先に記した『臨床心理事例研究』では創刊時から個別の事例をつぶさに検討する事例研究論文を掲載することが試みられたわけだが，河合（1976）は，そうした試みに対して多く寄せられた反応が，「今までよくあったような，ひとつの症状について何例かをまとめ，それについて普遍的な法則を見出すような論文よりも，ひとつの事例の赤裸々な報告の方が，はるかに実際に『役立つ』ということであった」と述べている。ここに，臨床心理学において個性記述的な事例研究が重視されたもう1つの理由がある。つまり，臨床心理実践を大切にする臨床心理学においては，拙速に普遍的な法則を見つけ出そうとす

るよりも，個々の事例に留まって，「赤裸々な」経過も含めて深く探究した方が実際の実践に「役立つ」ということがあったのである。ここには，たった1人のクライエントについての探究が，なぜ他のクライエントとの実践に「役立つ」のかという事例研究における知見の伝達の論理に関わる問題が存在するのだが，その問題については第11章で取り上げる。ここではひとまず，河合（1976）の「事実に即してものをいうならば，個人の世界において，その『個』を明らかにすればするほど，それは普遍性をもつものであるといった逆説的表現をとるより仕方がないのである」という言葉を紹介しておこう。単に「事実の集積」を行うのみならず，「個」すなわち1つの事例にこだわることで，究極的には，人間の心の普遍性に迫ろうとするのが臨床心理学における事例研究法と言える。とは言え，個々の実践から十分に学ぶという意味でも，また実際に「役立つ」研究を行うという意味でも，個々の実践家＝研究者がまず行うべきは，1つの事例を丹念に検討する個性記述的な単一事例研究である。このようなわけで，次節からは単一事例研究を進める上での具体的な留意点について述べる。

2. 単一事例の事例研究のための準備

　ここでは，実践家＝研究者であるあなた自身が担当する1つの実践事例について事例研究論文を執筆することを念頭に置いて，事例研究に取り組むための準備として大切なことを3点述べる。1点目は何よりも実践自体を丁寧に行うこと，2点目は実践の記録をつけること，3点目はクライエントを筆頭に関係者から必要な同意を得ることである。

（1）　実践自体を丁寧に行うこと

　まず，実践自体を丁寧に行うことである。山本（2018）は，「大方において事例研究は臨床実践の『副産物』である」と述べ，臨床心理実践の事例研究を「省察的な事例研究法（reflective case study research）」であると位置づけている。臨床心理実践の第一の目的は，（広い意味で）クライエントの役に立つことであり，決して事例研究論文を書くために

実践を行うのではない。事例研究論文は，初めに実践ありきの「副産物」で，実践を後から振り返る形で「省察的」にしか成り立たない。藤原（2004）は，「事例研究における事例には，一定の脈絡をもった事例になること自体に相当の困難がともなうものである」と述べている。これは，研究すべき「事例」が予め存在するのではなく，クライエントとの間で丁寧な臨床心理実践を積み重ねることによって初めて研究すべき「事例になる」ことを指している。質の高い事例研究を行いたいと思うのであれば，むしろ質の高い事例研究を行いたいなどという欲をもたずに直向きに実践の渦中を生きることが最良の準備となる。このことは，臨床心理専門職に要請される倫理の観点からも重要である。事例研究を行う研究者としての関心を優先することで，クライエントへの最善の援助を怠るようなことは決してあってはならない。

（2） 実践の記録をつけること

次に実践の記録をつけることである。つい先ほど，実践に直向きに取り組むことが最良の準備だと書いたところであるが，実践に打ち込んでいるだけでは事例研究は生まれてこない。実践の記録を残しておくことが必要となる。ここで言う記録は，所属する機関で残す公的な記録とは別に，自身の実践を振り返ることを目的として残す個人的な記録である。現在日本で行われている臨床心理実践は，クライエントから特別に許可を得る場合を除き，録音・録画による客観的な記録は残さないことがほとんどであろう。事例研究を行う際には，クライエントとともに実践の場に身を置いたあなた自身が残した記録が不可欠となる。むしろ，記録を取るところから，「省察的な」事例研究が始まると考えるのが適切かもしれない。

いつ記録を取るかという点については，セッション中に逐語的な記録を書きながら話を聴く人，セッション中には簡単なメモだけを取って終了後に肉付けをする人，まったくメモは取らずにセッション後に回顧的に記録を作る人などさまざまあり，個々のクライエントとの関係のなかで最も適した方法を探すことが大切である。各セッションが終わった直

後に記録のための時間を十分に取れれば理想的であるが，現実はそのよ
うな時間的余裕がないことも多いだろう。最低限，セッションの当日中
に記録をつける習慣は身につけたいところである。

　記録についてのよくある困りごととして，セッション後に振り返って
記録をつけるときに「出来事の時系列が正しいのか分からない」とか，
「クライエントが語った主旨は覚えているが，正確にどんな言葉を使っ
たかが思い出せない」などがある。特に実践に携わって日が浅い大学院
生からこのようなことが語られることが多い。多くの大学院生は，正確
に記憶・記録できないことを，自身の能力不足として語るのであるが，
実際のところセッションのすべてを正確に記憶・記録することは不可能
である。なすべきことは，確信をもって思い出せる出来事ややりとりを
しっかりと記録すること，時系列や正確な言い回しが思い出せないとき
は，記憶が曖昧であることを付記しつつそのとき書ける言葉で記録して
おくことであろう。慎むべきことは，記録をつける時点で実は確信がも
てないにもかかわらず，辻褄が合うように記録の時系列を整えたり，正
確な言い回しを覚えていないのにあたかもクライエントが間違いなくそ
のように語ったかのように記したりすることである。また正確に記録を
取ることに気を取られて，実践自体が疎かになっては本末転倒である。

　何を記録するかという点では，記録を書くために確保できる時間の許
す範囲で，記録できるものを記録しておくということになる。先に引用
した山本（2018）が述べるように，「省察的な事例研究」は，実践の
「副産物」である。つまり，実践を後から振り返って研究することにな
るため，実践の渦中にあるあなたは，どの出来事が，後に事例研究の
テーマとなる出来事であるのかが明確にはつかめないこともあるだろう。
したがって，記録を書く時点で重要だと感じる出来事だけでなく，その
時点では深い意味は分からないが何となく気になった出来事などについ
ても記録しておきたいところである。また，臨床心理実践の事例研究で
は，クライエントとあなたとの相互関係も重要な研究対象となるため，
客観的に記録しうる事柄（行動や言葉など）とあなたがその場にいて主
観的に感じたこと・考えたことをできるだけ区別しながらも，客観・主

観の両面から記録しておくのがよいだろう。

　事例研究論文では，結局のところ記録できた事柄しか，検討すること
ができない。つまり，何を記録するかという問題だけでなく，何が記録
できるかということも大きな問題になる。それは，クライエントとの関
係のなかにいながらあなたがその場で何を聴くことができるか，何を見
ることができるか，何を体験することができるかに依存している。聴け
ていないもの，見えていないもの，体験できていないものは，当然，記
録することができない。これは，1つのセッションにクライエントとと
もに身を置いて，そこで聴けるもの，見えるもの，体験できるものが豊
かになれば，そのセッションについて記録できるものも豊かになること
を意味する。つまり，事例研究を行うための記録の質の向上は，実践に
おける技能の向上と不可分の関係にあるのである。このような実践技能
かつ研究技能の向上を支える役割の1つを担うのが，スーパーヴィジョ
ンである。毎回のセッションについて試行錯誤しながら記録を書き，そ
の記録をもとにスーパーヴィジョンを受けることは，実践技能の向上の
ためのみならず，質の高い事例研究のための準備としても大きな意味を
もつことになる。

　以上ここまで，公的な記録とは別に個人的につける記録について述べ
てきた。公的な記録と同じく，こうした個人的な記録についても秘密保
持の観点から厳重な管理が必要である。記録作成時に，個人が特定され
ないよう固有名詞を記号化することはもとより，電子データとして残す
場合には，ファイルに読み取りパスワードを設定すること，インター
ネットに接続された機器には保存しないこと，保存したメディアは鍵の
かかる引き出しやロッカーに保管するなどセキュリティ管理に高い意識
をもたなければならない。

（3）　クライエントやその関係者から必要な同意を得ること

　3つ目に必要な準備は，クライエントやその関係者から必要な同意を
得ることである。第14章で研究倫理について学ぶ際に，人を対象とする
研究においてはインフォームド・コンセントを得る必要があることを学

ぶが，臨床心理実践の事例研究でも同意を得るのが原則である。一般社団法人日本心理臨床学会の倫理基準の第6条第3項で「対象者の個人的秘密を保持するために，研修，研究，教育，訓練等のために対象者の個人的資料を公開する場合には，会員は，原則として，事前に当該対象者又はその保護者に同意を得なければならない」と定められている。また，同じく第7条第1項で「会員は，臨床的研究の成果を公表する場合には，どんな研究目的であっても，原則として，その研究に協力参加した対象者の同意を得ておかなければならない。研修のために自分の担当した対象者の事例を公表する場合も，同様とする」とある。事例研究を公表する場合には，それが研修のための公表であっても，対象者から，また対象者が未成年の場合など本人から同意を得ることが難しい場合にはその保護者から同意を得る必要がある。

　同意を得る時期や方法については，所属する機関の方針によってさまざまに異なるため，所属機関のルールを各自でよく把握しておく必要がある。相談申し込み時や受理面接・初回面接時に書面を用いて一律に説明し同意を取る場合もあるだろうし，各自が公表を考えるタイミングで随時クライエントに説明して同意を取る場合もあろう。申し込み時など相談開始時に同意を得るのは，手続き上の漏れをなくす利点があるが，相談開始当初は当然クライエントにとって混乱した時期であることが予想され，事例研究としての公表に同意したという自覚が薄い場合もあるかもしれない。また，臨床心理実践は生きた人間関係であるため，経過の初期と実際に事例研究として公表しようとする時期とでクライエントの思いや考えに変化があるかもしれない。そのようなことを考えると，相談開始時に同意を得ていた場合でも，実際に事例研究としてまとめ公表しようとする段階で改めて説明し同意を得ることが望ましいと言えよう。

　大切なことは，同意を得れば何でも公表してよいということではなく，同意を得た場合であってもクライエントと重ねてきたやりとりを事例研究として公表することが（あるいは，クライエントから公表の同意を得るということ自体が），クライエント本人に与える影響について十分に

考慮しながら事例研究に取り組むことである。河合（1976）は，「主観的体験を客観化して述べることは，われわれに心の痛みを与える。それはいわば生木を裂く痛みにも通じるものがある。そして，われわれはこのような対象化をこころみることによって，クライエントに対して『相すまない』といった感情さえ抱くのである」と述べている。研究成果を発表することが研究者の責務ではあるが，事例研究に伴うこうした痛みを感じ取ることのできる心を失ってはならないだろう。

　なお，事例研究の公表を考えている事例に親面接者などの共同担当者がいる場合は，共同担当者の了解も得ておくことが望ましい。特に，子どもの事例を扱う場合には，保護者の同意が必要となるが，子ども担当者が保護者に直接説明をして同意を得るのか，親担当者から話してもらって同意を得るのか，状況に応じて最適な方法は異なる場合があるため，予め親担当者との相談が必要となろう。

3. 単一事例の事例研究論文を書く

　さて，日々の実践に丁寧に取り組み，毎セッションの記録も十分に取れていて，クライエント本人（あるいは保護者）から事例研究を公表する同意が得られたという前提で，いよいよ単一事例の事例研究論文を書いていくことになる。ここでは，事例研究論文の構成を，（1）問題と目的，（2）事例の提示，（3）考察の3項に分けて，それぞれを書く際の留意点を挙げる。

（1）【問題と目的】を書く際の留意点

　問題と目的は，これから取り上げる事例によって何を論じるかを書く部分である。第2章で見たように，研究論文にとって最も大切なものがリサーチクエスチョンであるのは，事例研究論文でも変わらない。山本（2018）は，「事例報告論文」と「事例研究論文」を区別し，事例研究論文の要件を挙げているが，その最初に「まず，明確な〈目的〉ないしは〈リサーチ・クエスチョン〉があり，その研究の問いに関する〈先行研究〉のレビューがなされていること」を挙げている。事例の記述を単

なる事例報告で終わらせず，事例研究と呼べる水準のものにするために，問題と目的を適切に書くことが決定的に重要になる。

　ただし，実験研究や調査研究が，予め定めた研究目的を達成するために必要となるデータを計画的に収集するのに対して，臨床心理実践の事例研究では，実践において生起した事実が先にあり，後から振り返ってこの実践の事実から何を論じるのかという【問題・目的】を考える点で，思考の順序が逆になることに留意が必要である。端的に言えば，事例研究論文の【問題・目的】は，実践に対しては常に後づけとなるわけである。うまく書かれた事例研究論文は，あたかも【問題・目的】が実践を行う前から定まっていたかのように，論文冒頭に違和感なく鎮座しているが（うまく書かれていない事例研究論文は，【問題・目的】がいかにも取ってつけたものになってしまう），どのような事例研究論文でも，実践が先行するわけであるから，【問題・目的】は原理的に後からつけ足して書くよりほかない。仮説検証型の研究に馴染みが深い場合には特に，実践のさなかには明確でなかった【問題・目的】を，論文を書く段になって後からつけ加える行為が，研究者としての誠実さにもとるように感じてしまうこともあるかもしれない。ここで大切なことは，臨床心理実践の目的と，事例研究論文の目的とを，しっかりと切り分けて考えることである。臨床心理実践の事例研究論文を書く際には，「実践で何を目指したか」を書くのではなく，あくまで「この論文で何を論じようとするのか」を書かなければならない。この切り分けができれば，実践に対しては後づけに見えた【問題・目的】も，事例研究論文にとってはあくまで当の論文で扱う問題の射程を予め示す【問題・目的】として示すことができる。

　なお，単一事例の事例研究では，仮説検証や効果検証を行うことは，原理的に不可能であるため，決して【目的】に掲げてはならない。たとえその1事例が，ある仮説を支持する結果やある介入の効果を示す結果になっていたとしても，その1事例のみで仮説を検証したり，効果を検証したりすることは論理的に不可能である。斎藤（2013）が指摘するように，こうした不適切な【目的】を掲げた事例研究がかつて横行したこ

とが，「事例研究の科学的価値を引き下げる大きな理由となったと思われる」ため，特に注意が必要である。【問題】部分で行う先行研究のレビューについては，第3章で学習した内容が，単一事例の事例研究にも適用できるため，ここでは省略する。

（2）【事例の提示】を書く際の留意点

　次は，事例について具体的に提示していく部分である。事例提示の細かな決まり事は，所属する学派や依拠するアプローチ，あるいは在籍する大学院ごとに作法がある場合もあるので，そのような部分については各自で学んでいただきたい。ここでは，事例の提示を「**事例の概要**」と「**事例の経過**」に分け，「事例の概要」では論文で取り上げる事例についての基本的な情報を示し，「事例の経過」でセッションにおける具体的なやりとりを示していくというスタイルで書く場合の留意点を挙げる。

　事例の概要では，クライエントの年齢・性別，家族構成，主訴，臨床像，来談経緯，生育歴・現症歴・問題歴など，クライエントに関わる情報と，その事例がどのような枠組みで進められていったかを示す面接構造（来談の頻度，1回あたりの時間，有料か無料か，親子並行か単独か，その他の契約内容など）について書くのが一般的である。留意すべき点は，事例研究論文としての公表に堪える個人情報の保護である。個人の特定につながる地名などの固有名詞はA，B，C…といった順番でアルファベットに置き換える（たとえば「千葉県」を「C県」のようにイニシャルにするだけでは地名を推測できてしまうため不十分），来談した年をX年としてX−1年，X＋1年と表記して具体的な年代を伏せるなどは必須である。家族構成や生育歴・現症歴・問題歴などで具体的な情報をどこまで書くのかについては，論文の【目的】，すなわち「この論文で何を論じるのか」に照らして必要かどうかを考えることになる。判断の基準は【目的】である。大学院の相談室スタッフで行うケース・カンファレンス（事例検討会）のようにいわば「身内」で事例を発表する場では，クライエントにまつわる情報をできるだけ豊富に記述することが目的に適している場合が多いが，事例研究論文として公表する際には，

より慎重に，論文の目的に照らしてひとつひとつの情報についてそれを書く必然性があるのかどうか検討しなければならない。

　事例の経過では，いよいよ実際のセッションでのクライエントとのやりとりを書くことになる。前節の（2）で述べた実践の記録と向き合いながらの作業である。＃1，＃2…（＃は「ナンバー」と読んでセッション番号を表す）のように順を追って各セッションでのやりとりを記述していくのがオーソドックスな記述方法である。各セッションの記述量は，必ずしも等分でなくともよく，この論文で特に重点的に検討したいセッションについて記述量を増やし，その他のセッションは記述量を少なくするなどしてもよい。論文で取り上げる経過が長い場合には，複数のセッションの記述をまとめて書いたり，一部を省略したりするなども必要になる。また，「第一期（＃1～＃12）：関係の探り合いが続いた時期」「第二期（＃13～＃30）：抑圧されてきた怒りが表出された時期」「第三期…」のように，経過をいくつかの時期に分ける提示方法もよく用いられている。

　事例研究論文における事例の経過は，実験研究で言うところの【結果】に相当する部分である。しかし，実験研究の【結果】が測定値や記述統計，統計的検定の結果など書くべきことが客観的に定まっているのに比べ，事例の経過は，記録のなかから何を書くべきかを著者自身が判断する必要があるという大きな違いがある。しかも，論文の投稿規定に定められた字数制限の範囲におさめる必要があるため，実際の経過が長くなればなるほど論文に「事例の経過」として書けるのは，記録のごく一部にすぎなくなる。では，この選択は，どのように行えばいいのか。ここでも，論文の【目的】に照らすことがまずは基本となる。この論文で何を論じようとしているのか，その目的に照らして，どの事実を記述する必要があるかを判断していく。ただし，ここで書こうとする「事例の経過」には，著者であるあなた自身が一方の当事者として含みこまれているため，実際にこの作業をやってみると，やりとりのひとつひとつに当事者であるからこそその思い入れもあり，経過を振り返ってさまざまな感情が動くこともありで，合目的的，合理的にスラスラと書ける類の

ものではないことを経験するだろう。当事者であるあなた自身の主観的関与を通しつつも,「経過」において何が起きたのかが分かる客観性を保つという難しい両立が求められる。このようにして事例の経過を書く作業を進めていくなかで, この事例研究論文で論じたいこと, すなわち論文の【目的】が, さらに明確に定まってくるということも多い。その結果,【目的】の文章を修正することもあり得るが, その場合, 新たな【目的】に照らして, 改めて「事例の概要」,「事例の経過」をチェックし, 必然性のある事例の提示となっているかを確認することが重要である。なお, 目的に照らして事実を選択するのであるが, それはあなたの主張に都合の良い事実のみを取り上げるということではない。第7章の質的研究法(2)において分析が恣意的になることを防ぐために「対極例」をチェックするという手続きを学んだように, 事例研究においても, あなたが主張しようとする内容を否定するような事実が経過のなかで起きていないか, 確かめながら記述するような姿勢が必要である。

（3）【考察】を書く際の留意点

　事例研究における【考察】は, 提示した事例の記述に基づきながら,【目的】に応える形で, また【問題】に取り上げたものを含め先行研究との関係づけを意識して, 著者の仮説的な見解を主張する部分である。

　考察もまた, 論文の【目的】に応える形で進めていくのであるが,【目的】を果たすために著者の考えを好き勝手に述べればよいというものではない。事例研究法に限らずあらゆる研究論文に通じることであるが, 何かを主張するには, そのように考えた根拠を示すことが必要になる。事例研究における根拠の示し方の1つは, 提示した事例の記述のうちのどの記述に基づいた考察であるのかが分かるように記すことである。したがって,【事例の提示】において記述しなかった事柄を考察において新たに登場させるのは避けるべきである。主張の根拠の示し方の2つ目は, 先行研究で明らかになっていることと自身の考察を関連づけて論じることである。ただし, 自身の考察のすべてが, 先行研究で明らかになっている内容の範囲でおさまってしまうなら, その論文にはオリジナ

リティがないということになる。先行研究で明らかになっていることと
関連づけつつも，そこにあなた独自の創造的で発見的な考察が1つでも
入っていることが重要になる。

　なお，単一事例の事例研究で，どんなに新しい発見があっても，1事
例のみに基づく研究であるから，確定的なことは何も言えないという事
実は謙虚に認識しておく必要がある。単一事例研究の考察で述べる主張
は，すべてが今後研究を重ねるなかでその妥当性が検討されていくべき
「仮説」である。個々の実践家＝研究者にできることは，臨床心理実践
の事実に即した信頼に足る根拠をもった「仮説」を提示していくことで
あると言える。事例研究における考察については，知見の一般化につい
て検討する第11章で改めて詳しく取り上げる。

引用文献

ブロイアー，J. & フロイト，S.　懸田克躬（訳）（1895/1974）．ヒステリー研究
　　小此木啓吾・懸田克躬（訳）　フロイト著作集7　ヒステリー研究他　人文書院
　　3-229.
一般社団法人 日本心理臨床学会（2009）．倫理基準（最近改正2016年3月27日）
　　https://www.ajcp.info/pdf/rules/0502_rules.pdf（2022年2月22日確認）
藤原勝紀（2004）．事例研究法　丹野義彦（編）　臨床心理学全書5　臨床心理学研
　　究法　（pp.19-64）　誠信書房
河合隼雄（1976）．事例研究の意義と問題点——臨床心理学の立場から——　京都
　　大学教育学部心理教育相談室紀要　臨床心理事例研究, 3, 3-10.
斎藤清二（2013）．事例研究というパラダイム——臨床心理学と医学をむすぶ——
　　岩崎学術出版社
山本力（2018）．事例研究の考え方と戦略——心理臨床実践の省察的アプローチ
　　——　創元社

参考文献

　オーソドックスなスタイルの単一事例の事例研究論文が複数掲載された本を2冊紹介する。
・河合隼雄（編著）（1977）．心理療法の実際　誠信書房
・河合隼雄・山王教育研究所（編著）（2005）．遊戯療法の実際　誠信書房

研究課題

・まずは実際の事例研究論文がどのように書かれているのかを知るため，参考文献に挙げた文献も参考にして，あなたが入手可能な範囲で単一事例の事例研究論文を2本選び，本章で学んだ【問題と目的】【事例の提示】【考察】を書く際の留意点を意識しながら読んでみよう。

・事例研究論文に書かれた情報と読者が知りたい情報の一致やズレを確かめるため，上記2本の事例研究論文の【問題と目的】【事例の提示】【考察】のそれぞれであなたがもっと説明が欲しいと思った事柄・情報を思いつく限り挙げてメモしてみよう。

10 | 事例研究法⑵　事例研究における 「１」の捉え方

石原　宏

　第９章では，単一事例の個性記述的な事例研究法によって論文を執筆する
際の基本的な方法と留意点について学んだ。第10章では，基本スタイルの修
得を越えて，事例研究に必要なセッション数や，なぜ個別の事例を研究する
のかなどを考えてみることで，臨床心理学における事例研究についてより深
く理解することを目的に学習する。

【キーワード】　事例の分析単位　量的な「１」の捉え方　質的な「１」の捉
え方

1. 臨床心理学の事例研究における「事例」とは

（1）　事例研究論文に必要なセッション数

　第９章で，臨床心理学における事例研究では，「事例の経過」に記述
した内容に基づいて考察していくと説明した。では，事例研究が成立す
るためには，「事例の経過」の欄に，最少で何セッション分のやりとり
を記述する必要があるだろうか。目安として選択肢を挙げるので，あな
たの考えをメモしてから先を読み進んでほしい。

> 事例研究論文が成立する最少のセッション数として，
> 　A．40セッション程度（毎週来談で約１年間）は必要ではないか
> 　B．20セッション程度（毎週来談で約半年間）は必要ではないか
> 　C．10セッション程度（毎週来談で約３か月）は必要ではないか
> 　D．３セッションは必要ではないか
> 　E．１セッションあればよいのではないか
> 　F．１セッションで起きた１つの出来事のみでもよいのではないか

　あなたは，どのように考えただろうか。選択肢のＡ（40セッション程度）とＢ（20セッション程度）で事例研究論文が成立するというのは，異論の出ないところだろう。限られた文字数で書かなければならない事例研究論文で20セッション程度の事例は，セッションにおける具体的な内容も記述しつつ，臨床心理学的に見たクライエントの変化・変容について論じることもできる手ごろなセッション数である。40セッション程度，あるいはそれ以上となると，情報量は非常に多くなり，セッションの記述には大胆な圧縮や省略が必要となるが，情報が少なすぎるということは起こらない。

　ここでの問いが，事例研究論文が成立する「最少の」セッション数であったため，Ｃ（10セッション程度）を選択した読者は多いのではないかと想像する。事例の「経過」と呼ぶには10セッション程度が必要なのではないか，臨床心理実践が与えた「影響」を評価しようと思えば10セッション程度の記述が要るだろう，実践の「展開」を論じるためには10セッション程度はないと不十分だろう，などがＣ（10セッション程度）を選択した理由として考えられそうである。

　Ｄ（３セッション）を選択した読者もいるのではないかと思う。クライエントの変化を捉えるためには，①変化が起きる前の点，②まさに変化が起きた点，そして③変化が起きた後の点の３点を見る必要があるという発想で，事例研究に必要な「最少の」セッション数は３であると考えるのも合理的なように思える。

　Ｅ（１セッション）を選んだ読者はいるだろうか。１セッションで事例研究が成り立つかどうか，これは意見が分かれるところであろう。事例研究の要件が，「継続的な」臨床心理実践について検討するものであると考えるのであれば，１セッションでは事例研究は成り立たないことになる。一方，現実的に１回のセッションで主訴が解消して終結する事例もあって，その１セッションを検討することに実践的にも学術的にも意義があることを思えば，１セッションでも十分に事例研究は成立すると言えそうである。

　Ｆ（１セッションで起きた１つの出来事のみ）を選んだ読者はいただ

ろうか。細かく考察しようと思えば1回のセッションの1つの出来事であっても，考察できることはいくらでもあるかもしれないと考えるなら，Fも「事例」と呼べる可能性があるだろう。

（2）　事例研究における「事例」とは

　（1）の問いに，敢えて正解のようなものを述べるなら，「AからFまでいずれの場合においても事例研究は成り立つ」となる。なぜAからFのすべてで事例研究が成り立つのかを考えるためには，臨床心理学における事例研究で扱う「事例」が何を指すのかを改めて考えておく必要があるだろう。

　例えば，「登校渋りが見られた小学1年生の事例」と言うとき，ここで使う「事例」という言葉を，あなたはどのような意味で理解するだろうか。まずは最も狭い意味で考えると，「事例＝クライエント」と取ることが可能である。この場合，「登校渋りが見られた小学1年生の事例」と，「登校渋りが見られた小学1年生のクライエント」は，同じことを表していると考える。これは，臨床心理実践の専門家や大学院生が，日常会話のなかで用いる「事例（ケース）」という語の使用法に近い理解の仕方であると言えよう。たとえば「事例（ケース）を担当する」と言えば，あるクライエントを担当することであるし，「今日の夕方はケースが入っている」と言えば，夕方にあるクライエントとのカウンセリングやプレイセラピーの予定が入っていることを意味している。「事例（ケース）＝クライエント」と理解する場合，「事例研究＝クライエント研究」という理解になる。もちろん，事例研究にはクライエントの研究という側面も大いにあるため，この捉え方は，まったくの間違いとは言えない。しかし，実際に行われている臨床心理学の事例研究では「事例」をもう少し広い意味で取ることが多い。

　ではどのように広く取るかと言うと，「事例＝クライエントと実践家のかかわりのなかで起きてきた事柄」と取るのである。つまり，「事例」はクライエントのみを指す言葉ではなく，固有のクライエントと固有の実践家がかかわったことから起きてくる事態のすべてを指すと考えるの

である。このように考えた場合，「登校渋りが見られた小学１年生の事例」は，まわりくどく言えば，「登校渋りが見られた小学１年生のクライエントに実践家（＝著者＝研究者）がかかわって起きた事柄」となる。臨床心理実践の事例研究は，クライエントのみを切り離して研究するのではなく，クライエントと実践家（＝研究者）のかかわりを含めて，そのかかわりの当事者である実践家（＝研究者）が研究しようとするところに特徴がある。「事例研究」の「事例」に，実践家（＝研究者）も含まれているのである。

　このような意味で「事例」を捉えると，事例研究は，「クライエントと実践家のかかわりのなかで何が起きていたのか」を研究することであると言える。このように考えると，セッション数に依存することなく，40セッションであれば40セッションなりに，10セッションであれば10セッションなりに，１セッションであれば１セッションなりに，「クライエントと実践家のかかわりのなかで何が起きていたのか」を研究することは可能であり，事例研究が成立することが理解されるだろう。

（3）　事例研究における「分析単位」

　社会学者のイン（Yin, R.K.）は，事例研究の研究計画を練るうえで，事例の「分析単位」を定める重要性について述べている（イン，1994/1996）。（1）と（2）で見てきた「事例」が何を指すのかという議論は，インの言う「分析単位」に関わる議論として理解することができる。（2）で，「事例」とは「クライエントと実践家のかかわりのなかで何が起きていたのか」に置き換えられると説明したが，これは，「事例」の分析単位を「クライエントと実践家」という二者のかかわりに定めたと言い換えることができる。実践における二者のかかわりを研究することに重点を置いている臨床心理学においては，これがミニマムな分析単位の設定であると言えるだろう。分析単位を拡げていけば，例えばクライエントの親子関係やきょうだい関係，学校での教師との関係や友人との関係などを「事例」に含めることが可能であろう。さらに分析単位を拡げて，社会情勢や国内情勢，果ては国際情勢なども視野に入れて

「事例」を論じるということも，不可能ではない。

　同じように，（1）で考えた，事例研究に必要なセッション数についても，セッション数という観点から事例の分析単位をどこに定めるのかという問題として考えることができる。つまり，分析単位の設定の仕方によって「事例」を，選択肢Ａの「40セッション程度」のやりとりが含まれるものと考えることもできるし，選択肢Ｅの「1セッション」と考えることもできる。セッション数の多い方へ分析単位を拡げるなら，100セッションでも，200セッションでも1つの「事例」と位置づけることができるし，少ない方へと分析単位を絞っていった極限には，選択肢Ｆの「1セッションで起きた1つの出来事」を「事例」と位置づける見方がある。

　このように，臨床心理学における事例研究の分析単位を考えるときに，クライエントにかかわる関係者やクライエントをとりまく状況の範囲を定める観点と，セッション数という時間的な範囲を定める観点の2種の変数を考えることが可能である。それぞれ範囲は拡げる方向では限りなく広く設定することができ，それぞれを狭い方向に絞っていけば，「1セッションで起きた1つの出来事におけるクライエントと実践家のかかわり」が「事例」のミニマムな分析単位となる。

2. 臨床心理学の事例研究と「1」の捉え方

（1）　週1回1時間の面接をどのように考えるか

　第9章で，臨床心理学の事例研究では，「個」すなわち1事例にこだわって研究することを見た。また前節では「1セッションで起きた1つの出来事」の検討であっても事例研究が成立すると考えた。1人のクライエントと1人の実践家がかかわった1セッションのなかで起きた1つの出来事を研究することに，本当に学術的な意義があるのだろうかと，疑問をもたれる読者もいるだろう。本節では，この点について考えてみたいのだが，事例研究の意義を検討していくには，実践と研究の切り離せなさが際立ってくる。実践にどのような態度で臨むのかということと，事例研究にどのような態度で臨むのかが表裏一体，密接に関連してくる

のである。研究法のテキストではあるが，ここでは下記のような臨床心理の実践的な課題を1つ取り上げて考えてみたい。

　　臨床心理の専門職として週1回の勤務をしているある職場で，あなたは，常勤勤務の他職種の専門家から次のように問われました。
　　　「先生は，週1回，この子と面接をしてくださってますが，週1回1時間の面接で意味があるんですか？　私は，毎日，この子と会っているんですが。」
　　このとき，あなたならどのように答えるでしょうか？

　現場の常勤職員として毎日子どもとかかわっている立場から見ると，週に1回1時間のみのかかわり（ここでは便宜的に1時間としたが，限られた短い時間であることが要点であるので50分や30分あるいは1時間30分などでも論点は変わらない）では非常に少なく不十分なものに思えるところから，上記のような問いが出てきている。あなたなら，どのように答えるだろうか。

　「週1回1時間で意味があるんですか？」という問いは，「週1回1時間では意味がないでしょう」という意味を暗に含むだろうから，臨床心理の専門職として揺るぎのない自信をもっているのでなければ，このようなことを尋ねられれば動揺することもあるだろう。

　「週1回1時間で意味があるの？」という問いに，正面から答えるなら，答え方には次の3つのパターンが考えられる。①「週1回1時間では意味がありません」，②「週1回1時間でも意味があります」，③「週1回1時間であることに意味があります」。このうち①は，自らの営みを否定することになるため，これを機に仕事を辞めたいと考えている（あるいは逆説的に人件費の拡大を狙っている）のでもない限り，答えづらい内容である。②は，言葉を補うなら，「週1回1時間というのは確かに不十分で，叶うことなら回数を増やしたり時間数を増やしたりできればいいですが，それでも週1回1時間でもカウンセリングという特別な時間がもてることがこの子にとって意味があります」ということになろう。週1回1時間という設定の時間的短さを認めつつ，その時間だ

けでも意味があるという捉え方である。③も同じように言葉を補うなら，「カウンセリングは，ただ癒されるというだけではなく，自分の問題や苦しさ，しんどさにも向き合っていきますので，本人にとっても，非常にエネルギーを使う時間だと思います。ですので，週1回1時間であることに意味があります」などが考えられる。これは，短い時間であるからこそ，意味があるのだという捉え方である。

　週1回1時間の面接の意義を考えることと，1セッションで起きた1つの出来事を取り上げる事例研究の意義を考えることは，個と全体の関係を考えるという点で共通している。ここでのテーマは，「個」＝「1」をどう捉えるかである。引き続きこの点について考えていこう。

（2）「1」の捉え方：量的な「1」

　第1節（1）で示した，事例研究が成立するには最少で何セッション分のやりとりが必要かを考えたときのことを思い出してほしい。あなたは，「1回では少なすぎるだろうか？」，「3回あれば十分か？」，「いややはり10回は必要だろうか？」と考えなかっただろうか。この考えの前提には，「1セッション＜3セッション＜10セッション」という不等式がある。当然ながら，1セッションより3セッションの方が「多い」し，3セッションより10セッションの方が「多い」。このような考え方で「1」を考えるときは，「1」を「量的な1」として捉えていることになる。「1」を量的に捉える限り，1は2より少ない。1は10よりもっと少ない。1は100より極めて少ない，となる。

　事例研究法が質的な研究法であり，臨床心理学における事例研究においても，クライエントと実践家の間で生起した語りや出来事の意味を質的に考えることを目的としていることに異論はないであろう。しかし，事例研究が質的研究だと考えることに異論がない場合でも，そこで取り上げるセッション数が1よりは3，3よりは10の方がよいと考えているのであれば，そこには量的な発想がしっかりと紛れ込んでいることになる。1事例や，1セッションや，1つの出来事というときの「1」を量的に捉えていると，「1」は非常にちっぽけな数字にすぎない。前項の

問いのように「週1回1時間で意味があるのか？」と尋ねられたとき，「週1回1時間」と「毎日」を比べて，「週1回1時間」は「少ない」と考えたとすれば，それは立派に量的な発想をしているということである。（1）で例示した②「週1回1時間でも意味があります」や，③「週1回1時間であることに意味があります」という考え方も，「週1回1時間」を「毎日」と比較して短い時間であると捉えている点で，やはり量的な考えが潜んでいると言える。

　もちろん量的な発想が悪いわけではないのだが，量的な発想でいる限り，常に1は3に敵わず，10には到底及ばないことになり，かけがえのない意味をもつはずの1事例，1セッション，1時間，1つの出来事の価値を自ら引き下げてしまうことにもなりかねない。

（3）　「1」の捉え方：質的な「1」

　では，「1」を質的に捉えるとどういうことになるだろうか。結論から述べると，「1」を質的に捉えるとは，「1は1であってそれで全部」と捉えることであると言える。

　「週1回1時間で意味がありますか？」という問いで考えてみよう。週1回1時間Aという子どもに会っているときに，敢えて量的に考えてみると，「1週間（7日×24時間）＝168時間」のうちの「1時間」がAとの面接時間になる。ここから，素朴に量的に考えれば，週1回1時間の面接は，Aという全体の168分の1に相当する。時間という量で考えると，これは正しい計算に見える。

　しかし，当然ながら，面接で会っているAの168倍のAがこの世界に実際に存在しているわけではない。当たり前のことではあるが，あなたがAと面接で出会っているその1時間に，あなたが会うことのできていない167人のAがいるわけでもない。特定のAは，この世界にたった1人である。この世界にたった1人しかいないAが，今，あなたの目の前に現れて，共に時間を過ごしているとすれば，それは決して168分の1のAではなく，Aの100％（＝全部）であると言えるだろう。時間という基準で量的に考えれば168分の1であっても，その1時間に

Ａの全存在に会っているという意味で100％である。先に述べた「１は１であってそれで全部」というのは，このような意味である。

　「週１回１時間で意味がありますか？（意味がないでしょう）」と問われた場合でも，週１回１時間Ａに会っているそのときに，Ａの人生の唯一無二の時間を共に過ごしているのであって，Ａのこれまでの歴史とこれからの未来が凝縮されたＡの全存在に会っていると自覚することができていれば，「週１回１時間」を「毎日」と比較して「少ない」と感じる必要はまったくないことが，理解されるのではないかと思う。

3．質的な「１」から考える事例研究

（１）　量的な「１」と質的な「１」を図解する

　改めて，量的に捉える「１」と質的に捉える「１」について，図を用いて説明してみると以下のようになる。図10-1に描いたのは，２つの正方形である。左側の正方形の１辺の長さと，右側の正方形の１辺の長さの比は，１：10である。左側の正方形の面積を１とすれば，右側の正方形の面積は100となる。量的な１と質的な１の捉え方の違いは，左側の１と右側の100の関係をどう捉えるかの違いであると言える。

　図10-2は，２つの正方形を重ねたところである。面積１の正方形にはグレーで色付けをした。この図の面積100の正方形がクライエント１週間の生活の全体を表し，面積１の正方形が週に１回クライエントとあなたが過ごす面接時間を表すと考えてみよう。このように描いてみると，週１回の面接は，全体100に比べるとほんの僅かな部分を占めるにすぎ

図10-1　面積１（左）と面積100（右）の２つの正方形(筆者作成)

図10-2　面積１と面積100を重ねてみる（筆者作成）

ないように見える。「週１回１時間の面接で意味があるんですか？」という問いに思わず動揺してしまうのは，図10-２で言えば，広大な空白，すなわちクライエントと直接出会っていない時間の大きさを感じてしまうからであろう。この図10-２の場合，全体を埋めようとすると，面接をさらに99回積み上げなければならないように見える。このように捉えるのが，「１」を量的に捉えた場合である。

　これに対して，質的な「１」の捉え方，週１回１時間の面接であっても，今・ここにいるクライエントは，クライエントの100％であって，クライエントの全部が凝縮されていると捉える見方を図で示すと，図10-３のようになるだろう。

　右側の面積100の正方形を左側の面積１の正方形に向けて凝縮するイメージである。図10-２では面積１の正方形を面積100の正方形の一部と捉えたのであるが，図10-３では面積100の正方形が面積１に圧縮されていると捉えているという違いがある。つまり，図10-３では，面積100の正方形に含まれる内容が何も失われることなく面積１の正方形に凝縮されている。

（２）　質的な「１」から考える全体と部分の関係

　図の正方形のなかに文字を入れてみることで，さらに面積100（全体）と面積１（部分）の関係について考えてみよう。

　図10-４は，例えば「Ｃ」という文字を正方形のなかに入れてみたところである。右側，クライエントの生活の全体を表す正方形に描かれた

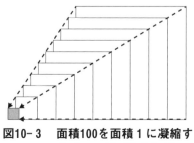

図10-３　面積100を面積１に凝縮するイメージ（筆者作成）

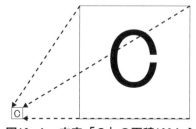

図10-４　文字「Ｃ」の面積100から面積１への凝縮（筆者作成）

「C」が，左側の「週１回１時間」の面接に凝縮されると，確かに文字の大きさは小さくなるが，「C」という文字は失われることなく保持されている。

この図を手がかりにして言えば，臨床心理の専門職の仕事は，100の面積のなかでクライエントの100にかかわるのではなく，１の面積のなかでクライエントの100にかかわっているのだと見ることができる。これはもちろん，省エネであったり，手抜きであったりするわけではなく，１の面積のなかで，100の面積で用いるのと同じくらいの力を集中してかけているということである。

この図を逆方向に考えてみることも可能である。

図10-5は，左側のみに字を入れている。「週１回１時間」の面接を，面積100が面積１にギュッと凝縮されたものだと捉えてみたが，図10-5は，この面積１のなかで，些細な変化が起きたところを表現したものである。その変化は本当に些細なものなので，図10-4と比べても一見変化したのかどうかもよく分からないかもしれない。ところが，面接（面積１）における些細な変化が，全体（面積100）に波及すると図10-6のようになる。

面積１での変化は，些細なものであったがこれが面積100へと拡大されると，はっきりとした変化が起きていることが分かる（ここでは，文字「C」が文字「O」に変化していた）。つまり，「週１回１時間」の面接において起きる変化が些細なものであっても，その変化はクライエントの生活全般のなかでは大きな変化として全体に波及するのである。

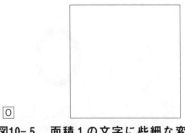

図10-5　面積１の文字に些細な変化が起きる（筆者作成）

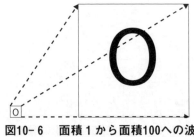

図10-6　面積１から面積100への波及（筆者作成）

　上記の一連の図から，「週１回１時間」の面接がもつ意義を理解することができただろうか。「週１回１時間」のなかに全体が何も失われずに凝縮しているのだと捉えることができれば，第２節の初めに掲げた「１人のクライエントと１人の実践家がかかわった１セッションのなかで起きた１つの出来事を研究することに，本当に学術的な意義があるのだろうか」という疑問にも答えられるのではないかと思う。本章の最後にその点について，改めてみておこう。

（３）　質的な「１」から考える「事例」のミニマムな分析単位

　臨床心理学の事例研究における事例のミニマムな分析単位である「１セッションのなかで起きた１つの出来事」は，量的な発想で見れば，「事例」のなかのごく一部にすぎない。それはちょうど，図10-２で見た，面積100の全体と面積１の部分の関係である。このような発想で見ている限り，「１セッションのなかで起きた１つの出来事」の研究には意義を見出し難いかもしれない。ところがこれを，質的な「１」として図10-３の発想で見ると，「１セッションのなかで起きた１つの出来事」（面積１）には，検討しようとする「事例」の全体（面積100）が凝縮されている可能性に気づくことになる。そもそも，臨床心理の実践のさなかに身を置いているときには，１セッションや，３セッションなどとカウントすることができるような「事例」が予め存在しているのではなく，クライエントと共にいる今・ここの「瞬間」が存在するのみである。今・ここの「瞬間」を図10-３の面積１の正方形だと考えると，実践におけるひとつひとつの「瞬間」にはクライエントのすべて（面積100）が凝縮していると考えることができる。「１セッションのなかで起きた１つの出来事」というのは，時間的に見るならばこの「瞬間」への着目であり，この「瞬間」にすべてが凝縮していると考えるからこそ，この「瞬間」を研究することが，事例研究として意義をもつという論理になる。

　臨床心理学が，１事例にこだわって研究するのも，「個」を探究することによって「普遍」に到ると考えるのも，図10-３のような個と全体

184

の捉え方を基盤にもつと考えられる。この点については，第11章で取り
上げて学ぶことにしよう。

引用文献

イン，R. K.　近藤公彦（訳）（1994/1996）．ケース・スタディの方法　千倉書房

参考文献

　本章で学んだ「事例」の捉え方は，臨床心理の専門職として臨床心理実践をどの
ように捉えるかを反映している。藤原（2004）では，このような観点から事例研究
法について詳細に論じられている。
・藤原勝紀（2004）．事例研究法　丹野義彦（編）　臨床心理学全書5　臨床心理学
　研究法（pp.19-64）　誠信書房

🔋 研究課題

・質的な「1」の捉え方について理解できたかどうかを確かめるため，
　本章第2節（1）で考えた，「先生は，週1回，この子と面接をして
　くださってますが，週1回1時間の面接で意味があるんですか？　私
　は，毎日，この子と会っているんですが。」という他職種専門家から
　の問いに，本章で学んだ質的に「1」を捉える立場からの答えを考え，
　実際に文章に書き起こしてみよう。

11 | 事例研究法⑶　事例研究の可能性と 知見の伝達方法

石原　宏

　事例研究法を学ぶ3章の最後にあたる第11章では，第9章，第10章での内容を踏まえて，臨床心理学における事例研究法の可能性と事例研究における知見の伝達方法について学ぶ。

【キーワード】　事例研究の可能性　質的改善研究　レベルⅠの一般化　レベルⅡの一般化　個と普遍の関係　間主観的普遍性

1.　臨床心理学における事例研究の可能性

（1）　1つの出来事に着目した事例研究

　第10章では，事例研究に必要なセッション数について検討し，ミニマムな分析単位が，「1セッションのなかで起きた1つの出来事」であることを学んだ。このような事例研究は，「単一回の『ワンセッション』を丁寧かつ緻密に研究することで，長期にわたる多様で複雑な面接過程と面接関係を通じたクライエント像を研究するという逆説的な研究手法」（藤原，2008）として，実際に提案されており，事例研究法の可能性を広げるものである。では，「1セッションのなかで起きた1つの出来事」を取り上げて事例研究を行う場合，具体的にはどのように進めていけばよいだろうか。

　第9章で単一事例の事例研究論文を書くオーソドックスな方法について学んだ際，【事例の提示】のなかの「事例の経過」は，「＃1，＃2…のように順を追って各セッションでのやりとりを記述していく」と説明した。これは，オーソドックスな事例研究論文の多くが，初回から終結（あるいは中断・休止）に至るまでに生じた事例のプロセスを理解することを目的としているためである。「1セッションのなかで起きた1つ

の出来事」について事例研究を行う場合は，まずそれに相応しい目的を明確に定めることが必要である。第9章で，「事例の経過は，記録のなかから何を書くべきかを著者自身が判断する必要がある」こと，またその選択は，「論文の【目的】に照らすことがまずは基本となる。この論文で何を論じようとしているのか，その目的に照らして，どの事実を記述する必要があるかを判断していく」ことを学んだが，「1セッションのなかで起きた1つの出来事」を取り上げるという判断も，この基本姿勢と何ら矛盾するものではない。論文の【目的】に照らして，著者自身が「1セッションのなかで起きた1つの出来事」を選択するのであるから，その出来事を取り上げるのが確かに妥当な判断であると読者を納得させる明確な【目的】を立てることがとりわけ重要となる。具体的には，その1つの出来事におけるクライエントとあなた（実践家＝研究者）のやりとりのミクロなプロセスを検討することが主要な目的となるだろう。

　「事例の概要」についても，第9章で学んだように，「論文の目的に照らしてひとつひとつの情報についてそれを書く必然性があるのかどうか検討」する。あるセッションでの1つの出来事を検討するのに本当に必要となる情報は，おそらくオーソドックスな事例研究論文で必要となる情報に比べると，より限定されたものとなるはずである。

　【考察】についてもその作法は，オーソドックスな事例研究論文と違いはないが，オーソドックスな事例研究論文で検討することの難しい瞬間瞬間に繰り広げられているクライエントと実践家とのミクロな相互作用を丁寧に検討できるのが，「1セッションのなかで起きた1つの出来事」を取り上げる事例研究の強みとなるだろう。第10章の図10-6（p.182）で示したイメージのように，1つの出来事（面積1）についての考察が，クライエントの全体像，またクライエントとあなたのやりとりの全体像（面積100）を浮かび上がらせるような考察ができると素晴らしいだろう。

（2）　1つの出来事に着目した事例研究の実践上の意義

　本書が想定する主要な読者が，大学院において臨床心理学を専攻して

いる大学院生であることを念頭において，１つの出来事に着目した事例
研究の臨床心理実践上の意義について，①今・ここでの実践的な対応力
を磨く意義，②臨床心理専門職としての基本に立ち返る意義の２つの観
点から考えてみたい。

　まず①今・ここでの実践的な対応力を磨く意義に関して，臨床心理実
践に携わる者として，クライエントにとってより意味のある実践を行え
るようになることは，職業倫理の観点からも重要であるし，多くの実践
家にとって目指す目標となっているだろう。生涯学習的に理論を学んだ
り，技法を学んだり，事例研究論文を読んだりすることで，知識・技術
の更新を図るのも，突き詰めて考えれば，実践の場で生きたクライエン
トを前にした今・ここでの「瞬間」に，臨床心理の実践家として最良の
仕事ができることを目指して研鑽しているのだと言える。「臨床心理の
実践家として何ができるか」を考える場合，究極的には今・ここの瞬間，
この一瞬に何ができるのかに問題は凝縮される。このように考えると，
臨床心理の専門職の仕事とは，クライエントの生きてきた歴史の最先端
を共にしながら，今・ここの一瞬，一瞬をどう生きるかに取り組んでい
くことであると見ることができる。オーソドックスな臨床心理事例研究
が，３か月とか半年とか１年，あるいは５年，10年という長い時間のス
パンで「事例」がどのような展開をするのかを学ぶことに適している一
方で，１つの出来事が起きた「瞬間」に着目して，そこでどんなことが
生起し，臨床心理の専門職として何ができたのかを丁寧に検討するとい
う事例研究は，今・ここでの実践的な対応力を磨くことに適していると
考えられる。

　次に②臨床心理専門職としての基本に立ち返る意義である。臨床心理
の実践に携わる生活に馴れるうちに，今・ここの一瞬の次に，また次の
一瞬が来ることを当たり前と思うようになってしまうことは，残念なが
らよくあることである。その結果，今・ここのセッションが終わっても，
また次のセッションが来ることを当たり前と思うようになり，だんだん
今・ここのセッションの密度が低下していくことがある。そのようなこ
とが続けば，10回，20回とセッションが続いていたとしても，ただ漫然

と回数だけが増えていくことにもなりかねない。量的には回数を重ねながらも，質的には大切なものが抜けてしまうのである。このような実践では，セッション回数は十分にありながらも，事例研究論文を書くには論点が定まらないということが起きる。第9章で，「事例研究における事例には，一定の脈絡をもった事例になること自体に相当の困難がともなうものである」（藤原，2004）ことを学んだが，このことは，せっかく回数を重ねながらも「事例にならない」実践があることを示している。このようなときには，今・ここの一瞬，一瞬に注力するという臨床心理の専門職の基本姿勢に立ち返ることが極めて重要になる。1セッションのなかで起きた1つの出来事であっても「事例」として検討しうるほどの内容をもつと理解しておくことは，この基本姿勢に立ち返ることを促す指針として働く。1セッションのなかで起きた1つの出来事に着目する態度が，結果的に，オーソドックスな事例研究論文として検討しうる「事例になる」ことも支えると考えられるのである。

（3）　1つの出来事に着目した事例研究の研究上の意義

　今度は，同じく本書が想定する主要な読者が大学院生であることを念頭において，1つの出来事に着目した事例研究の研究上の意義について考える。①事例研究への取り組みやすさが増す点，②クライエント固有の情報提示を必要最低限に抑えられる点の2つの観点が挙げられるだろう。

　①事例研究への取り組みやすさが増す点については，第9章で学んだようなオーソドックスな事例研究論文が何本でも書けるほどの豊富な臨床心理実践の経験があるのであれば，わざわざ「事例とは何を指すのか」や，「事例研究が成立するミニマムな分析単位はいかに」などという第10章の議論は必要がなかったかもしれない。しかし，修士課程／博士前期課程の大学院生が，オーソドックスな事例研究論文を書くのは現実的には非常に困難である。よほど臨床心理実践の実習環境に恵まれた大学院でない限り，「困難」であることを超えて，「不可能」と言わざるを得ない場合もあるかもしれない。端的に言って，修士課程／博士前期

課程の２年間（臨床心理実践に携わるのは実質１年強であることが多いだろう）に，オーソドックスな事例研究論文を書けるほどのまとまった「事例」を経験できないことも多いのである。このような状況でオーソドックスな事例研究論文の形にこだわるならば，そうした論文が書けるのは，ほんの一握りの幸運な大学院生のみということになりかねない。臨床心理学を専攻する大学院生のなかには，実習で担当したクライエントとの実践を研究してみたいという思いをもちながらも，オーソドックスな事例研究論文に仕上げることは不可能であると考えて，修士論文における研究法として事例研究法を採用することを早々に諦めている場合も多いのではないかと推測される。せっかく実践を大切にする臨床心理学を学んでいるのであるから，自身の実践を研究したいという意欲は大切にしたいところである。本書で学んできたように，「１セッションのなかで起きた１つの出来事」を検討することも，事例研究として成立するのであれば，大学院生であっても事例研究に取り組み，事例研究論文を執筆できる可能性は格段に増すのではないかと思われる。

　続いて，②クライエント固有の情報提示を必要最低限に抑えられる点は，秘密保持に関する意義である。（１）で述べたように，１つの出来事を検討するのに必要な情報は，オーソドックスな事例研究論文で必要な情報に比べると，より限定されたものとなるはずである。オーソドックスな事例研究では，クライエントの年齢・性別，家族構成，主訴，臨床像，来談経緯，生育歴・現症歴・問題歴がほとんど慣例的に記述されているが，「１セッションのなかで起きた１つの出来事」の事例研究では，論文で取り上げる１つの出来事を検討するために，目的に照らして何をどこまで書く必要があるのかを，あなた（実践家＝研究者）が主体的に考え，選択することで，クライエント個人に関わる情報を不用意に公表するリスクを下げることができるだろう。

　以上のように，オーソドックスなスタイルを踏襲するという選択肢以外にも，事例研究法による臨床心理学の研究の道は存在する。あなた自身が担当した実践事例について，どのように研究すれば意義ある研究として成り立つのか，創造的に工夫しながら既存の事例研究法の幅を広げ

ることにも挑戦してみていただけるとよいだろう。

2. 臨床心理学の事例研究における知見の伝え方

　事例研究法で研究を行ったとき，１つの事例の事例研究で得た知見を，どのように他者に伝え，どのように他の事例に活かすことができるのかということが課題になる。本節では，斎藤（2013）と山本（2018）から，事例研究における知見の伝え方について見ておこう。

（1）　「質的改善研究」による知見の伝達

　斎藤（2013）は，単一事例の事例研究の多くが「効果研究 outcome research ではない」ことをまず強調している。ここで言う「効果研究」とは，「『その治療法は一般的に効果をもつか？』を検証する研究」であり，「ある治療法（介入法）がある特定の病態にどれくらい効果があるか（あるいはないか）という一般的検証を目的とした研究」である。端的に言って，単一事例の質的な事例研究法では，効果研究を行うことはできない。効果を検証するための統制が行えないためである（効果研究については，第12章で取り上げる）。

　では，単一事例の事例研究を，どのように位置づければよいのか。斎藤（2013）は，これを「質的改善研究 quality improvement research」と位置づける。斎藤によると質的改善研究とは，「その時点では最善と思われる心理療法のプロセスを丁寧に行ない，同時にデータを収集し，そのデータの分析を通じて，新しい実践に役立つ知を創生し，明示化し，伝達し，他者と共有することによって，その領域での実践知を豊かにするための研究」である。質的改善研究の目的は，「そのフィールドにおける実践をよりよいものに改善するために役立つ『知識 knowledge』を産出すること」である。つまり，事例研究を通じて，次の実践，あるいは他者によって行われる実践に役立つ知識を生み出すことを目指すのである。こうした「知識」は，「形式知と暗黙知（実践知）の二つの側面をもち，基本的には『仮説』『モデル』」として示される。これは，常に次の実践によって更新される可能性をもった「仮説」「モデル」では

あるが，「類似したコンテクストにおける別の実践における『参照枠』『視点』として機能する」ことによって役立つ種類の知識である。そして，そうした知識を「創生し，明示化し，伝達し，他者と共有すること」が，質的改善研究としての事例研究の役割と言える。また，「結果を報告して終わりというものではなく，更なる実践に再投入されることによって，実践や組織の改善のために役立てられ，さらに新しい現場における実践からの新たな知の創造に資するという，漸進的な過程に組み込まれる」というように，質的改善研究としての事例研究では，1つの事例研究で知見が示されるだけで完了するものではないと考える点も重要である。このようにして個別の事例から得られた知見が，他の事例に役立てられていくのであるが，こうした知見の伝達を斎藤は「類似した状況において個別の人間（実践者，研究者，読者）によって応用される，**転移可能性** transferability」によるものであるとし，それは「量的研究で求められているような一般化可能性 generalizability」とは区別されるものであることを指摘している。事例研究は，「単に何らかの研究業績を生み出すための限定された活動ではなく，患者／クライアントのために役立ち（個別実践の改善），治療者自身の能力を向上させ（実践者の訓練），さらには治療者を含むより広範な共同体に質的改善をもたらす（組織・社会の改革），複合的なムーブメント」（斎藤，2013）である。自ら臨床心理実践を行い，事例研究を行っていくことは，こうしたムーブメント（動き）に参入するという意味をもち，個別の事例に関する知見は，こうした動きのなかでその妥当性が検証されていくと考えることができる。

　なお，斎藤（2013）は上記のような考えを具体的に体現する事例研究法として「単一事例修正版グラウンデッド・セオリー・アプローチ法 Single Case Modified Grounded Theory Approach: SCM-GTA」と「構造仮説継承型事例研究法 Structural Hypothesis Successive Research Method」を提案している。それぞれ，本書の第6章，第7章で学習した質的研究法の原理を取り込んだ事例研究法の興味深い試みである。

（2）　「概念的な定式化」による知見の伝達：レベルⅠの一般化

　山本（2018）は，事例からの一般化を「レベルⅠ」と「レベルⅡ」の独立した2つのレベルに分けて整理することを試みている。ここで言うレベルⅠの一般化は「研究者が抽象度の高い概念やモデルへまとめ上げること」，レベルⅡの一般化は「事例の読み手の心の内で共感やアイディアが生まれ広がること」である。レベルⅠの一般化が「研究者」によって行われるのに対し，レベルⅡの一般化は「事例の読み手」によって行われるとする点がこの分類のポイントである。これは，事例研究による知見を研究者が他者にどのように伝えるかという次元（レベルⅠ）と，事例研究による知見が事例の読み手にどのように伝わるかという次元（レベルⅡ）と言い換えることができるだろう。あなたが研究者として事例研究を行う際に取り組むべき一般化は，レベルⅠの一般化と言える。本項（2）と次項（3）で，まずはレベルⅠの一般化について学び，レベルⅡの一般化については次節で取り上げる。

　山本（2018）は，レベルⅠの一般化について，「研究の問いに対する答えを『概念的に定式化』する手法」であると言う。つまり，「一つの事例の分析を通して，新しいアイディアなり概念モデルに定式化する」のであり，それは「事例から示唆された仮説といってもよいかもしれない」としている。ここで言う「一般化」とは，1つの事例Aの研究から得られた知見をそのまま事例Bや事例Cといった他の事例に当てはめることではない。個別的で具体的な文脈をもった事例Aで起きた出来事から，個別性・具体性を薄めること，すなわち抽象度を上げることを「一般化」と呼ぶのである。

（3）　架空事例で考えるレベルⅠの一般化

　架空事例で具体的に考えてみると，たとえばあなたが不登校で自室に籠りがちな中学生Aとの面接を担当し，セッションのなかで将棋の対局を繰り返すうちに，将棋の勝負の展開と並行するかのように，進路選択に向けた動きなどAの現実での行動が見られるようになった，ということを経験したとしよう。さらに，Aが将棋で得意とした戦術は「穴熊囲

い」という強固な守りの戦術で，あなたがＡの「穴熊」をいかに攻略するかという白熱した戦いがセッションを跨いで繰り返されていたとしよう。

　これを事例Ａとしたときに，たとえば「不登校中学生の心理支援には将棋が有効である」とか，「自室に籠りがちな中学生は将棋の戦術では『穴熊囲い』を好む」とか主張するならば，事例Ａで起きた個別的・具体的な出来事をそのまま不登校中学生や自室に籠りがちな中学生全般に当てはめようとしている点で行き過ぎた一般化であると言える。このような乱暴な一般化は，事例研究の質を下げることに繋がるため，避けなければならない。

　事例研究におけるレベルⅠの一般化では，事例で起きた出来事の抽象度を上げて「新しいアイディアなり概念モデルに定式化する」（山本，2018）ことを目指す。事例Ａの場合であれば，たとえば【将棋】は具体的なゲームであるので，具体性を薄めてみることができる。これを【二者が盤面を挟んで向き合い複数のコマをルールに従って交互に操作しながら勝敗を競うゲーム】としてみると，これは将棋だけでなく，チェスなども含む程度に抽象度を上げたことになる。また【二者がコマをルールに従って交互に操作しながら勝敗を競うゲーム】とすると，ダイヤモンドゲームや双六なども含むことができる抽象度になる。さらに，【二者がルールに従って勝敗を競うゲーム】とすれば，ボードゲームだけでなく，トランプやUNOなどのカードゲーム，卓球や野球のようなスポーツなども含むことができる抽象度となる。要点は，抽象度を上げることで，事例Ａでは将棋という具体的ゲームを挟んだ二者関係で起きた出来事であったものを，将棋以外の二者関係にも通じる可能性のある知見として示すことができる点にある。事例Ａが得意とした【穴熊囲い】は，自陣の盤の隅に玉将を置いて他の駒で囲う堅牢な守り方を言うが，これも具体的な作戦であるので，どのように抽象度を上げることができるかを考えてみるとよいだろう。

　事例研究の考察において研究者がなすべきことは，事例Ａの場合で言えば，将棋を通して起きた出来事を，どの程度の抽象度で捉えることが

妥当なのかを考えたうえでそこから導き出せる知見を仮説として示すことである。たとえば、「対人関係から一時撤退している思春期のクライエントにとって、カウンセラーとルールに従って攻防を繰り返すゲームにおいて守りを徹底的に固めながら、守りと攻めのバランスを模索していくことが、自我の輪郭を強固にしつつ現実的課題に立ち向かっていくための試行錯誤としての心理的な意味をもつ可能性があるのではないか」というような抽象度で1つの仮説を示す、などが考えられるだろう。

　抽象度を上げすぎてしまう例も提示しておくと、事例Aから「臨床心理実践では二者がルールに従って勝敗を競うゲームが心理的作業としての意味をもつのではないか」という仮説を提示するなどはどうだろうか。これは、先に示したものよりも抽象的でより反論しにくい仮説になっているかもしれないが、これでは具体性が失われすぎて、Aとの面接という固有の事例の考察としては物足りないものになるだろう。事例Aの事例研究であるからには、事例Aならではの個別性と具体性を残して考察する必要があり、それでも同時に一般化を志向してある程度抽象度を上げた仮説を提示することが求められるわけである。個別性をどの程度残すのか、抽象度をどの程度上げるのか、事例研究の考察においては、そのバランスの見極めが重要になると言えるだろう。

3. 臨床心理学の事例研究における知見の伝わり方

（1）　受け手の関与による知見の伝達：レベルⅡの一般化

　山本（2018）はレベルⅡの一般化を、「知見の一般化を試みるのは研究者ではなく、事例研究の受け手の役割だとする考え方」であると説明している。

　研究者と知見の受け手（事例研究発表の場合は聴き手、事例研究論文の場合は読者である）の関係を考えると、レベルⅠの一般化は、事例研究において研究者が提示した仮説や概念モデルを、研究者の主張として、肯定的であれ否定的であれ、受け手がそのまま受け取るという関係である。このとき知見の受け手は、事例に対してまったくの第三者としての位置にあり、事例研究から提示される知見を客観的に眺め判断する立場

にいる。これに対しレベルⅡの一般化は，研究者から提示された事例に，知見の受け手自身が主観的に関与することを前提としている。受け手は，提示される事例に対して本来まったくの第三者であるのだが，あたかも自分事として，提示される事例を受け取っていくのである。受け手が関与しようとするのは，研究者が提示した仮説や概念モデルの妥当性云々と言うよりは，むしろ事例の展開そのものである。研究者は研究者なりの経験と知識に照らして事例を考察するわけであるが，事例研究の受け手もまた受け手なりの経験と知識に照らして事例を考察している。受け手のこのような内的作業を，山本（2018）は，「やや簡略化して表現するなら，聴き手の心の中でそれぞれの『追試』が行われ，心の中で事例の比較照合が行われる。その個々の照合作業によって，聴き手の概念的な枠組みが刺激され，さらには修正されたり，強化されたりする」と述べている。

　事例研究の受け手が複数いる場合に，受け手の経験と知識は，当然個別的であるので，同一の事例を同時に聴く（読む）場合でも，それぞれの受け手がそれぞれの受け手なりに事例と取り組むことになる。同じ事例を聴き（読み）ながら，2人の受け手がまったく正反対のことを考えているということも起こりうるわけである。したがって，受け手のそれぞれが生み出す事例の考察は，決して単一の知見にはならない。1つの事例から単一の知見が得られないにもかかわらず，これを「一般化」と呼ぶのは絶望的に不可能なことのように思える。しかし，レベルⅡの「一般化」は，受け手のひとりひとりが到達した考察の内容の一般性を指すのではなく，事例の受け手ひとりひとりがそれぞれ自らの経験と知識に照らすことで，それぞれにとって個別的に意味をもつ実践知を獲得するという形式の一般性を指すと考えることで，やはりある種の「一般化」が行われていると見ることができる。個別的な事例において生じた展開がその事例の理解を豊かにするのみならず，事例研究の受け手が行う実践に個別の事例を越えて影響を与えていくという意味での「一般化」である。

　臨床心理学の事例研究におけるレベルⅡの一般化と呼ばれるような知

見の伝達方法は，数学における定理や自然科学における法則を学ぶのとは根本的に異なっているのである。

（2）　間主観的普遍性という観点

　山本（2018）は，レベルⅡの一般化の範疇に入る代表的な論考として河合（1976，1992，2003）による一連の考察を挙げている。本項でも，河合の事例研究論を参考に，レベルⅡの一般化についてさらに掘り下げることにしよう。

　第9章でも引用したように，河合（1976）は，「事実に即してものをいうならば，個人の世界において，その『個』を明らかにすればするほど，それは普遍性をもつものであるといった逆説的表現をとるより仕方がないのである」と述べている。第1章で学んだ個性記述的研究と法則定立的研究の区別から常識的に考えれば，個別性を探究することと普遍性を探究することは同時には成立しない。ところが河合（1976）は，事例研究においては，これが両立すると述べているのである。それも机上の空論としてではなく，「事実に即して」そうなのだと言う。ここで言う「事実」は事例研究が「役立つ」というシンプルな経験的事実のことである。その役立ち方について河合（1992）は，「対人恐怖の事例を聞くと対人恐怖の治療にのみ役に立つのではなく，他の症例にも役立つのである。それは男女とか年齢とか，治療者の学派の相違とかをこえて，それを聴いた人がすべて何らかの意味で『参考になる』と感じるのである」とし，「そういう意味で，それは『普遍的』と言えるのだ」と述べている。

　こうした普遍性は，自然科学で要請される普遍性とは異なる。河合（2003）は，自然科学（近代科学）の普遍性が「研究者の主観と無関係に現象を研究するという方法」によって得られるものであるとし，これを「没主観的普遍性」と呼んでいる。それに対し，事例研究において浮かび上がる普遍性を「間主観的普遍性」と呼ぶ。少々長くなるが，河合（2003）が間主観的普遍性について説明している箇所を引用する。「事例研究においては，発表者およびクライエント，そして参加者すべての

主体性は生かされねばならない。そこにおいて，発表者が，条件ａ，ｂ，ｃ，……のもとで，ＡならばＢという発表をしたとき，それを聴くものは，むしろ，条件ａ，ｂ，ｃ，……の方は捨象してしまい，その発表全体から喚起される，<u>間主観的な普遍性をもつＸを媒介として</u>，自分の心のなかで，Ａ → Ｂと類比し得るＡ' → Ｂ' を思い浮かべ，得るところがあったと思う。これは参加者の主体によって変化し，Ａ" → Ｂ" となることもあろう。しかし，<u>そこに共通的に，間主観的普遍性をもったＸを媒介としている</u>ことを忘れてはならない」（下線は引用者）。引用者が下線を引いた部分に河合（2003）の論考のキーポイントがある。つまり，事例の受け手は自らの主観と現象を切り離すのではなく，各々が事例に主体的に関与し，それぞれなりに事例を理解していくのであるが，それは各自が見境なく自分勝手に主観的な解釈を繰り広げればよいということではない。各自の心に起きた動きが内容面ではＡ → Ｂ，Ａ' → Ｂ'，Ａ" → Ｂ" のようにそれぞれに異なっていたとしても，その動きを引き起こした根底に何らかの共通のＸが存在すること（あるいは存在すると仮定すること）が重要なのである。このＸを河合は「間主観的普遍性」と呼んでいるのである。このような観点から考えると，事例研究法という研究法は，個別のクライエントと研究者＝実践家の間で起きた一回的な事柄について，当事者であるクライエントと研究者＝実践家，および事例研究の受け手のそれぞれに喚起された心の動きを持ち寄って検討することで浮かび上がってくる間主観的普遍性Ｘに迫ろうとする研究法であると言える。こうした間主観的普遍性Ｘに迫ろうとする姿勢をもつことで，各自が事例に個別的・主観的に関与していながらも，孤立的・独善的な知見が乱立することを抑制していると言える。また，間主観的普遍性Ｘが個々バラバラに行っているように見える実践の根底に存在していると仮定することによって，個別的・主観的・一回的な事柄をどこまでも大切にする実践と，普遍的な知を志向する研究とが同時に成立することを可能にするのである。

（3）　「個」と「普遍」の関係

　（2）で説明した河合（2003）の「個」と「普遍」の関係は逆説的であり，理解するのが難しく感じられるかもしれない。本項ではこれまでの議論のまとめを兼ねて，法則定立的研究と個性記述的研究における「個」と「普遍」の関係について復習しながら，整理しておこう。

　法則定立的研究では，特定の時間や場所を超えて通用する普遍的な法則を探究することを目的とする。普遍的な法則を探究するにあたっては，具体的な個的存在には関心が抱かれず，個別性は法則に対する誤差 error としてすら扱われる。個物がおかれているさまざまな文脈は，普遍的法則にとっては言わば邪魔者である。法則定立的研究の理想は経験的な事実とは直接関連をもたない数学の論理で記述できる普遍的法則を見出すことである。

　個性記述的研究では，特定の時間と場所において具体的に存在する個人・個物など唯一無二の一者，一回的なものについて探究することを目的とする。個性記述的研究の極には，普遍的な法則を見出すことにはまったく関心を寄せず，ただ個別の一者を，そのおかれた文脈を１つも捨象することなく徹底的に理解しようとする研究を想定することができる。ただし，研究において言語を用いる限り，有意味の言語が必ず社会的なルールというある種の法則によって成立しているという点で，完全に純粋な個別性を記述することは不可能である。その意味で，現実の個性記述的研究は，程度の差はあれ必ず法則定立的な要素を含むものである。事例研究におけるレベルⅠの一般化として説明した知見の伝達方法は，事例の提示においては個性記述的である。一方，考察においては事例の個別性・具体性を薄め抽象度を上げるという点でどちらかと言えば法則定立的となる。つまり，１本の論文のなかで個性記述的記述から法則定立的記述へと重心が移行するのである。文脈という観点から見ると，個別の事例がおかれていた文脈から個別性・具体性を薄めることで，他の事例を受け入れることが可能な程度に文脈をぼかす方法であると言えるだろう。

　これとの対比で言えば，レベルⅡの一般化の代表例として挙げた河合

(2003) では，個別的・具体的な文脈をそのまま残して事例が提示され，それぞれ異なる文脈におかれた受け手が，それぞれの内的な作業を通して，提示された事例とはまったく異なる文脈にある別の事例に役立つ知見を得る。このとき，間主観的普遍性がそのプロセスを根底で支えるものとして存在するという関係にある。このような「個」と「普遍」の関係は，極めて特殊なもののように思えるかもしれない。しかし，たとえば文学作品が読み手に影響を及ぼすときに起きている現象はこれと近縁の関係にあるだろう。詩であれ，小説であれ文学作品は，作家の個別的で具体的な体験を通して生み出されるものであるが，普遍性をもつ作品は，作家個人のプライベートな体験の吐露に留まらず，読み手の感情を動かし，励ましたり，深い考えに誘ったり，読み手に影響を与えずにはおかない。作家の体験は作家に固有の文脈において生じ，作品もまた固有の文脈において生み出されるのであるが，その作品が，まったく異なる文脈を生きるはずの読み手に影響を与えるのは，作家と作品と読み手の根底に何らかの共通性が存在するためである。これが，間主観的普遍性 X である。河合（2003）は，「心理療法の過程において，クライエントの経験することは芸術活動に似ている。クライエントは一回限りの自分の人生をいかに生きるかについて苦闘しているのであり，彼の人生はまさに一つの『作品』とも言えるだろう」と述べ，「心理療法における事例研究の意義を考える際に，科学や宗教について考えるよりは，芸術における作品との類比を考える方が実際的であると思う」と述べている。臨床心理学はあくまで広い意味での科学的探究であり，当然，芸術そのものではないが，少なくともレベルⅡの一般化を理解するには，人間と芸術の関係について考えてみることは有用であろう。事例研究における事例の記述は，膨大なやりとりのなかから実践家＝研究者が選択することで再構成される。その際，「事実の『関係づけ』に，主体的なかかわりが関連」（河合，1992）する。そのような意味で事例の記述は実践者＝研究者による「物語」（河合，1992）と呼べる性質をもっている。ただし，文学作品の物語とは異なり，「その物語の素材は変更を許されない。そこには動かし難い事実がある」（河合，1992）ことは極めて重要

である。このように臨床心理学の事例研究は，文学のように主観性を活かすことと科学としての客観性を保つことという難しい両立が求められる。「自分の行っている事例の報告が事実を記述しているものでありながら，それが先に述べた間主観的普遍性を通じて，どれだけ他の事例ともつながるものになり得ているかについて考慮すべきである」という河合（2003）の言葉を，事例研究法で行う研究の目標を示すものとして最後に引用して本章を終えよう。

引用文献

藤原勝紀（2004）．事例研究法　丹野義彦（編）　臨床心理学全書5　臨床心理学研究法（pp.19-64）　誠信書房
藤原勝紀（2008）．パラドックスの心理臨床学　創造の臨床事例研究, 5, 5 -25.
河合隼雄（1976）．事例研究の意義と問題点──臨床心理学の立場から──　京都大学教育学部心理教育相談室紀要　臨床心理事例研究, 3, 3 -10.
河合隼雄（1992）．心理療法序説　岩波書店
河合隼雄（2003）．臨床心理学ノート　金剛出版
斎藤清二（2013）．事例研究というパラダイム──臨床心理学と医学をむすぶ──　岩崎学術出版社
山本力（2018）．事例研究の考え方と戦略──心理臨床実践の省察的アプローチ──　創元社

参考文献

引用文献に挙げた河合（1976, 1992, 2003），斎藤（2013），山本（2018）は，日本の臨床心理学における事例研究法の歴史や展開を把握するうえで必読である。なお河合（1976）は，下記の文献に再録されている。
・河合隼雄（著）　河合俊雄（編）（2013）．新版　心理療法論考　創元社

🔓 **研究課題**

・本章第2節（3）で示した架空事例AにおいてAが得意とした将棋の
　戦術【穴熊囲い】は，本文でも紹介したように，自陣の盤の隅に玉将
　を置いて他の駒で囲う堅牢な守り方を言う。レベルⅠの一般化につい
　ての理解を確かめるため，本文で【将棋】を抽象化した例にならって，
　【穴熊囲い】という具体的な作戦の抽象度を挙げて記述してみよう。

12 効果研究とプロセス研究

田附紘平

　心理療法に関する研究の主要なものの一つに実証研究があり，それは効果研究とプロセス研究に大別できる。本章では，心理療法の実証研究の特徴を理解するとともに，効果研究とプロセス研究の概要および方法を把握することを目指す。それらを通して，心理療法に関する研究デザインを立案できる力を身につけることに加え，自身の研究が，臨床心理学の研究においてどのように位置づけられるかを明確に捉えられるようにすることも本章のねらいとする。

【キーワード】　心理療法に関する実証研究　効果研究　プロセス研究

1. 心理療法[1]に関する実証研究

（1）　事例研究と実証研究

　臨床心理学の中核には心理療法の実践があるため，心理療法について正面から研究したいと思い至ることも十分考えられる。それでは，心理療法に関する研究には，どのようなものがあるだろうか。

　我が国において，心理療法に関する研究のなかで代表的なものが，事例研究である。第9章から第11章にて詳しく論じられたように，事例研究は，心理療法の事例の経過を丁寧に辿ることによって，個別的な事例から，他の事例にも資する知見を得る試みである。事例研究では，研究よりも心理療法実践が先行して行われる。事例研究において，研究者は

---

[1] 本書では，臨床心理学に基づいた心理支援の実際を臨床心理実践と呼んでいるが，本章においては，臨床心理実践のうち，とりわけクライエントとセラピストの一対一のやり取りによるものを中心に扱うため，そうした支援を心理療法と表記することとする。

セラピストであり，初めから研究を実施しようという意図をもっている
わけではなく，クライエントとともに心理療法実践に真摯に取り組む。
そして，心理療法実践を事例研究としてまとめる場合は，一般的には，
心理療法の終結後に，心理療法の経過を要約し，それに適切な考察を加
えて，研究の形にする。このような事例研究は，我が国の臨床心理学で
は非常によくみられるものである。

　しかし，事例研究は，心理学研究の枠組みから考えると，特異的であ
る。通常の心理学研究においては，第2章で指摘されたように，まず研
究者は研究の萌芽もしくはリサーチクエスチョンを見つけ，それを研究
目的へと発展させてから，研究方法を定める。そして，何らかのデータ
を収集する場合には，調査などを実施して，得られたデータを正当に評
価し，適切に考察する。心理療法という営みに一般的な心理学研究の枠
組みを適用した研究は，事例研究と対置する形で，**心理療法に関する実
証研究**と呼ぶことができる。心理療法に関する実証研究における成果は，
心理療法実践から副次的に生まれたものではなく，元々の目的にした
がって得られた主産物である。

　事例研究では，心理療法の担い手であるセラピストが，自身の目で見
たクライエントの在り様を，先行研究を交えながら自分自身の言葉で緻
密に理解しようとする。事例研究による知見には，事例の当事者である
クライエントとセラピストの息づかいが宿っており，その迫真性が事例
研究の読み手にもたしかに届く。そのため，事例研究を読むと，お会い
している，あるいはお会いしていたクライエントが思い出されたり，心
理療法のときの自身の感覚について連想が広がったりする。その意味で，
事例研究の妥当性は，セラピストである読み手の実感によって担保され
るものであるといえる。しかし，心理療法の専門家ではない視点から事
例研究を眺めると，得られた知見に研究者の主観が色濃く反映されてい
ることが問題として指摘される可能性が十分考えられる。したがって，
事例研究の妥当性は，心理療法，あるいはその専門家の外側からは認識
されがたいといえるだろう。

　他方，心理療法に関する実証研究は，一般的な心理学研究と同じ形式

を有しているため，客観性という点で事例研究よりも分があり，研究者の恣意性を排除した知見を提供することができる。そのため，心理療法に関する実証研究から得られた知見は，専門家ではない人に心理療法の意義を説明する上で有力なものになるといえる。こうした実証研究について，岩壁（2008）は，「ひとりの臨床家の視点から死角となる部分に光を当て，事例研究によって得られた臨床的知見に確固たる裏づけを与えるとともに，それを深め，心理療法プロセスの理解を促進する」と述べている。ここから，心理療法に関する研究における事例研究と実証研究は相補的な関係にあるといえるだろう。本章では，心理療法の実証研究に焦点を当てることにしたい。

（2） 実証研究の心理療法実践への意義

　心理療法に関する実証研究から得られた知見は，心理療法の意義を専門家以外の人に説明するときに特に意味をもつと述べた。それでは，実証研究は，心理療法実践自体にはどのような意義があるのだろうか。ここでも事例研究と対比させながら，実証研究の実践的な価値について考えてみたい。

　事例研究では，単一もしくは少数の複数事例の経過が報告されるため，あくまでもその知見は「例」として読み手に捉えられる。したがって，セラピストである読み手は，事例研究で取り上げられた「例」と対照させながら，自身の個々の心理療法実践を振り返ることになり，自身の実践について理解を深めることができる。つまり，事例研究を心理療法実践に生かすときには，思考の軸は常に読み手自身の実践にあるといえる。

　一方，実証研究では，その範囲に程度の差はあれ，一般化可能な知見が示される。そのため，読み手は，その知見は自身の実践にも適用できると考えることが多い。実際に，実証研究によって示された事柄が自身の事例によく合致することも少なくないであろう。ただし，一般的な傾向を示す知見がいつも目の前の事例に適合するとは限らない。さらに，ある程度一致するように感じても，細部を見ると，異なっているところをいくつも発見できる場合も多いと考えられる。本来であれば，実証研

究から実践への示唆を得るためには，事例研究と同様，知見と実践の照合作業が重要である。しかし，知見を実践に当てはめようとしてしまうと，思考の軸は実践ではなく知見の方にあるため，心理療法実践の際に感覚的に抱いていた重要な考えや感情を気づかないうちに変質させてしまう可能性があるといえるだろう。もちろん，知見の実践への当てはめによる懸念は，事例研究を実践に活用するときにも生じうるが，実証研究による知見は，「例」というよりも，正しいものであるという印象を与えやすいため，特に実証研究を実践に生かそうとする際には，こうした懸念に十分留意することが大切である。

　事例研究にしても，実証研究にしても，心理療法についての知見は心理療法実践に関わる研究者が，懸命な努力によって生み出したものであることに変わりはない。思考の中心を自身の心理療法実践に置くことができれば，どちらの知見からでも，自身の心理療法実践をより深く理解したり，実践において直面する困難を解決したりするための糸口を掴むことができるだろう。とりわけ実証研究からは，自身の心理療法を反省的に眺めるための明確かつ客観的な枠組みを得ることができる。

（3）　実証研究の分類

　心理療法に関する実証研究は，効果研究（outcome research）とプロセス研究（process research）の2種類に分類することができる。効果研究とプロセス研究の特徴を表12-1に示した。

　効果研究は，心理療法の結果を客観的に評価するものであり，「実施された心理療法はどの程度効果的であったのか」，「どの心理療法が効果的であるのか」，「ある主訴をもつクライエントにはどの心理療法が効果的であるのか」などの問いに答える知見を提供する。心理療法の効果には量的研究法と質的研究法のどちらからでもアプローチできるが，効果研究を実施する際には，一般化可能な知見が求められている場合が多いため，量的研究法が選択されることがほとんどである。効果研究の対象は，共通の主訴など一定の特徴をもつクライエントであることが多い。また，効果研究では量的研究法が用いられることが主であるため，比較

表12-1　心理療法に関する実証研究の分類と各特徴

研究の種類	効果研究	プロセス研究	
目　的	心理療法の結果の評価	心理療法のセッション中に生じることの解明	
方　法	主に量的研究法	量的研究法	質的研究法
対　象	一定の特徴をもつ多数のクライエント	一定の特徴をもつ多数の当事者	目的に合致した少数の当事者
研究デザイン	厳密な実験計画と統計分析	客観的な尺度評定と統計分析	目的に合致した質的研究法の採用

（筆者作成）

的多くの協力者を必要とする。以下に詳しく取り上げるように，効果研究においては，統制群の設定や，各群への協力者のランダムな割り当てといった厳密な実験計画が採用される。そうして得られた結果に統計分析を施すことによって，知見が生み出される。

　心理療法のプロセス研究は，クライエントの変化を促進したり，阻害したりする心理療法の構成要素に関する研究であり（Lutz, et al., 2021a），クライエントの変容はどのようにして生じたかという心理療法のメカニズムを解明することを目指したものである。心理療法の構成要素には，クライエントとセラピストの間の言語的あるいは非言語的なやり取り，クライエントやセラピストの主観的体験，クライエントによる自己理解の深化，クライエントの変化における重要な瞬間など，多種多様なものが含まれる。そのため，プロセス研究には，数多くの研究テーマとアプローチが存在している。研究目的によって，客観的な尺度評定と統計分析を用いた量的研究が実施されることもあれば，心理療法における出来事や体験を丁寧に明らかにする質的研究が実施されることもある。プロセス研究では，心理療法の当事者であるクライエントとセラピストの両方が対象となりえるが，用いられる研究法によって，協力者のサンプリングの仕方や必要とされる人数が異なる。本書では，量的研究法や質的研究法に関してはそれぞれ第5章と第6章に詳しく説明されている。量的研究法を採用する場合には，一定の特徴をもつ心理療法のク

ライエントが対象となるが，そのなかでできるだけ多様な人々を数多く
集めることが大切になる。質的研究法を採用する場合には，研究目的に
合致した少数の当事者が対象となりやすい。

　効果研究は心理療法の結果のみを扱うため，心理療法において，どの
ような対話がなされたかや何が生じていたかについては問題にしない。
反対にプロセス研究は，前者に注目せず，後者に焦点を当てる。このよ
うに両者は対照的であるが，心理療法を理解する上で，クライエントの
変化とそのメカニズムはともに不可欠であるといえるだろう。そのため，
効果研究とプロセス研究は心理療法に関する実証研究の両輪であり，事
例研究と実証研究の関係と同様，効果研究とプロセス研究の関係も相補
的であると考えられる。以下では，効果研究とプロセス研究それぞれを
より詳しく取り上げて説明していきたい。

2. 効果研究

（1）　効果研究の歴史[2]

　効果研究は，アイゼンク（Eysenck, 1952）による心理療法への批判
を乗り越えることを大きな動機として発展してきた。アイゼンク
（Eysenck, 1952）は，精神科治療のみを受けていた神経症の患者と，
心理療法を受けていた神経症の患者の治癒率を比較して前者が後者より
も高かったこととともに，治療期間が長いほど治癒率が低かったことを
示し，心理療法の効果に疑問を呈した。この指摘を契機に，「心理療法
は効果があるのか」という問いがもち上がった。その後，精緻な研究
デザインや分析方法が採用された研究が多くなされ，研究のサンプリン
グなどに関するアイゼンク（Eysenck, 1952）の研究の問題点が指摘さ
れた。1970年代以降には，後にも少し触れるメタ分析が効果研究の手法
として発展したことが大きな契機となり，大規模データをもとに心理
療法の効果を検討することが可能となった。メタ分析により心理療法の
効果を示した代表的な研究がスミスら（Smith, et al., 1980）によるもの

2）効果研究の歴史についてはルッツら（Lutz, et al., 2021a）や岩壁（2008）が分
　かりやすくまとめている。

である。スミスら（Smith, et al., 1980）は，475の先行研究を分析した上で心理療法は高い効果をもたらすことを示した。こうした研究が蓄積され，心理療法は効果的であるということが一般的に確立されるに至った。

　1970年代〜80年代にかけて，「どの心理療法が効果的か」という問いが効果研究の中心に位置づけられることになった。そうした研究のなかで現代でも価値があるとされているのがエルキンら（Elkin, et al., 1989）によるものである。エルキンら（Elkin, et al., 1989）は，うつ病の250人の患者を，認知行動療法，対人関係療法，抗うつ薬および精神科の診察，プラセボ効果および精神科の診察のいずれかに割り当てて，それぞれの治療を16セッション実施した効果を検証した。その結果，どの治療を受けた患者においてもうつ症状は改善した一方，認知行動療法と対人関係療法のどちらかが効果的かという問いへの答えは得られなかった。エルキンら（Elkin, et al., 1989）の研究を含め，うつ，不安，対人関係の問題といった幅広い主訴をもつクライエントへの様々な心理療法の効果について様々に研究されたが，他の方法と比べて特に優れているアプローチは特定されなかった。

　1980年代後半〜90年代あたりの効果研究の大きな潮流は，「コストパフォーマンスのよい心理療法はどのようにすれば可能となるか」という問いへの回答を試みるものである。例えば，ハワードら（Howard, et al., 1986）は，15の研究を数量的に分析し，8回のセッションによって約50％の患者が，26回のセッションによって約75％の患者が効果を得たこと，そして，それ以上セッションの回数が増えても，状況が改善する患者は少しずつしか増えないことを示した。

　1990年代〜2000年代以降では，「どのようにして研究知見を心理療法実践に活用するか」，あるいは「研究者と実践家のギャップをどのように埋めるか」という問題が取り上げられるようになってきた。こうした問題意識から，厳密な研究デザインによって得られる科学的なエビデンスを重視する従来の立場ではなく，心理療法実践に根差したエビデンスの意義を主張する立場が台頭してきた。後者の立場では，実験の手続き

にならった効果研究のデザインではなく，実際に行われている心理療法実践の方法を損なうことのないような研究デザインが立案されている。

（2）　効果の測定[3]

　効果研究の知見の多くは，統計分析によって導かれるものであるため，心理療法の効果は何らかの変数として表されることがほとんどである。それでは，心理療法の効果を表す変数にはどのようなものがあるだろうか。

　まず，自己報告式の尺度が挙げられる。これは，クライエントが自ら回答する尺度を意味し，抑うつ症状，不安などクライエントの主訴に関わるものと，社会的適応，ウェルビーイングなどクライエントの全般的な状況に関わるものに大別できる。こうした自己報告式の尺度の活用方法としては，心理療法の開始前と終結後にクライエントが尺度に回答する方法が一般的であるが，いくつかのセッションごとにクライエントに回答を求める方法もある。効果研究に自己報告式の尺度を用いる利点は，クライエントの一定の心理状態をたしかに把握できること，実施が簡便であること，信頼性と妥当性が十分検討された尺度の採用が可能なことである。一方，自己報告式の尺度の短所としては，クライエントの限られた意識的な側面だけしか測定できないこと，意識的に回答を変えることができるため，クライエントが研究目的を察して心理療法の終結時などに，実際よりもよい状態であると回答する可能性があること，クライエントが何度も同じ尺度を回答する場合には，その影響が効果に含まれることなどがある。

　心理療法の効果の別の指標として，他者評定によるものが挙げられる。これは，何らかの尺度またはチェックリストに基づいて，クライエントの状態を他者が評定する手法を指す。親や配偶者といったクライエントをよく知る第三者や，長年の経験をもつ心理療法の専門家が評定者となることが主である。他者評定による効果測定には，自己報告式の尺度に

3）効果研究の効果測定に関しては，ボールドウィンとゴールドバーグ（Baldwin & Goldberg, 2021）やルッツら（Lutz, et al., 2021b）に詳しく論じられている。

よる効果測定の問題点の一つであったクライエント本人の意識の影響を排除することができるという利点がある一方，評定者によるバイアスの影響を回避することが難しいという課題がある。

さらに，効果測定において神経生理学的な手法を用いることもある。脳機能，心電図波形，心拍などの当人の心理状態と関連があると考えられている指標を測定することが例として挙げられる。この方法に関しては，クライエント本人による意識的な歪曲が不可能であることが長所である一方，簡単に測定ができないこと，さらにあくまでも心理状態の間接的な把握にとどまることが短所であると考えられる。

これまで効果測定に関する主要な3つの方法を述べてきたが，いずれの方法にも長所と短所が存在している。そのため，効果研究の知見を目にしたときには，心理療法の効果がどれくらいあるかのみに注目するのではなく，どのように効果が測られているかを確認することが重要である。それによって初めて効果研究の知見を正当に評価できるといえるだろう。ボールドウィンとゴールドバーグ（Baldwin & Goldberg, 2021）は，これまでの効果研究における効果測定は，自己報告式の尺度に相当に依存していたことを指摘している。繰り返しになるが，効果研究の知見が独り歩きしないためにも，自己報告式の尺度によって把握できる効果は，心理療法の効果の一側面に過ぎないことに十分留意する必要があるだろう。

（3） 効果研究のデザイン[4]

それでは，効果研究はどのように実施されるのだろうか。効果研究の実際を知る上で，効果研究のデザインを把握することは不可欠である。

まず，素朴に思いつく研究デザインは，クライエントに何らかの心理

4）典型的な効果研究について理解を深めるために，ここでは，効果研究のデザインとして，心理療法実践に根差したエビデンスの意義を主張する立場によるものではなく，従来型を取り上げている。なお，従来型の効果研究のデザインについては，ボールドウィンとゴールドバーグ（Baldwin & Goldberg, 2021）により詳しく論じられている。

療法を実施する前後に心理療法の効果を示す変数を測定し，その変数を比較するというものである。たしかに，統計分析の結果，心理療法の実施前後に測定した変数間に有意な差が認められた場合，心理療法に効果があった可能性を指摘することができる。そのため，試行的に心理療法の効果を検証しようという場合には，このようなデザインを採用することもありえる。しかし，このデザインによって「心理療法の後にクライエントに変化がみられた」という結果が得られたとしても，その結果は心理療法以外に起因する可能性も十分考えられる。例えば，単純に時間が経過したこと，クライエントが定期的に問題解決のために来談したこと，セラピストが何らかの関与をしたことなどが，得られた結果の要因である可能性も否定できない。こうした心理療法以外の要因を排除するため，研究デザインにおいて統制群が設けられる。統制群とは，当該の研究において明らかにしたい影響以外の要因を，心理療法を実施した群と同じ条件にした協力者の群を指す。ただし，各効果研究において，統制群は機械的に定められるわけではなく，明らかにしたい影響を何と考えるかによって，統制群の性質が異なる。心理療法自体の効果を検証する場合には，外来での精神科の診察のみを受けている人たちが統制群になるかもしれない。ある特定の心理療法の効果を示したい場合には，何らかの理論に依らない支持的な心理療法を受ける方，あるいは他のオリエンテーションによる心理療法を受けている方が統制群として考えられる。

　効果研究においては，心理療法のクライエントやセラピストの個別性やマッチングは考慮されない。むしろ，心理療法は，各技法のマニュアルにしたがって実施されることが望まれ，提供される心理療法はどれも等質であると想定されている。ただし，心理療法の実際に目を向けると，どのような主訴をもつクライエントに何のオリエンテーションの心理療法が行われたか，ということだけではなく，誰がセラピストを担い，誰がクライエントであったかが心理療法の効果を左右することが考えられる。

　効果研究のデザインに統制群を導入することによって，心理療法の効

果をより明確に検討できるようになるが，それだけでは十分ではなく，効果研究では協力者を各群にランダムに割り当てる方法がとられる。その理由は，調査協力者がどちらの群になるかについて研究者が恣意的に決定した，あるいは自然に決定された研究デザインでは，群によって調査協力者の性質に偏りがみられる可能性があるからである。例えば，精神分析的心理療法の効果を検証するために，精神分析的心理療法を受ける方を心理療法実施群，外来での精神科の診察のみを受ける方を統制群として，介入の効果を表す変数について群間で比較するデザインを考えたとする。研究者が，精神分析的心理療法に適しているかどうかを考慮して協力者を心理療法実施群と統制群に分けたとき，あるいは，協力者が自らどちらかの群の一員になるかを選択したとき，群間において協力者の性質は同じとみなすことはできないであろう。おそらく，心理療法への動機づけの高さ，自身の心理状態や性格を理解する意欲などにおいて違いがみられると考えられる。こうした場合には，調査協力者の特性に関する群間の違いが，直接的にあるいは介入の違いと相まって結果に影響を及ぼすことが考えられ，ここでも得られた結果を心理療法の実施によるものと解釈することが困難になる。一方，協力者を各群にランダムに割り当てる方法をとると，協力者のどのような性質に関しても，群によって偏りが出る確率は各群で等しくなるため，各群において調査協力者の性質は等しいとみなすことができる。

　以上から，効果研究において，得られた結果は実施した心理療法によるものであると正当に解釈できるようにするためには，統制群を設け，協力者を各群にランダムに割り当てることが大切である。このデザインは，ランダム化比較試験（Randomized Controlled Trials；通例，RCTを略記される）と呼ばれる。ランダム化比較試験は，優れた研究デザインであるといえるが，そこでは，協力者は自らの意思とは関係なく，何らかの群に割り当てられ，一定の介入を受ける，あるいは受けないことになる。そのため，ランダム化比較試験を実施するときには特に調査協力者への倫理的配慮について慎重に検討する必要がある。

　また，効果研究のデザインの一つに，メタ分析が挙げられる。第3章

において詳しく取り上げたが，メタ分析とは，これまで別々に発表されていたある研究テーマに関する知見を，統計分析を用いることによって総合し，統一的な見解を示す研究を指す。メタ分析は，これまで数多く検証されてきた心理療法の効果に関する結果を集約することができるため，効果研究において一つの有力な選択肢になりうる。

3.　プロセス研究

（1）　プロセス研究の歴史[5]

　心理療法のプロセスに関する研究の発端は，ロジャーズ（Rogers, C. R.）が心理療法のセッションを録音し，セッションの様子と心理療法の効果の関連について論じたことである（例えば，Rogers & Dymond, 1954）。その後，録音されたクライエントとセラピストの対話を評定する研究が発展していった。そこでは，対話の流れは重視されず，内容や長さなどの観点から対話が客観的に把握可能な単位に分類された。さらに，そうした分類が評定されることによって変数化され，統計分析が実施された。このような作業を心理療法の全てのセッションにおいて行うのは不可能であったため，セッションの開始，中間，終了前の5分間が分析の対象とされた。1970年代になると，心理療法の各オリエンテーションに共通する要素を探ろうとする研究が目立ち始め，クライエントとセラピストの関係性や対話の特徴を捉える尺度が開発されるようになった。このように，この時期のプロセス研究は，心理療法のプロセスを科学の土壌に載せようとしたものが多かったといえるだろう。

　1980年代のプロセス研究においては，心理療法実践への意義を重視する考えが発展し，プロセス研究は一つの転換点を迎えた。クライエントとセラピストの対話を機械的に分類する方法ではなく，「心理療法実践上で意義がある」あるいは「重要である」とクライエントやセラピストが感じたやり取りを詳しく分析する手法がとられるようになった。

　1990年代には，質的研究法が様々な領域で実施されるようになったこ

5）プロセスの歴史についてはルッツら（Lutz, et al., 2021a）や岩壁（2008）が分かりやすくまとめている。

とと連動して，現象学的アプローチやグラウンデッド・セオリー・アプローチなど，クライエントとセラピストの主観的体験に焦点が当てられることになった。

　現代において，プロセス研究は量的研究と質的研究の両面で多様化している。量的研究では，評定式の尺度および統計分析の洗練により，心理療法のより複雑化したプロセスを客観的かつ的確に捉えようとする研究が進められている。一方，質的研究法では，多くの研究法から目的に合致したものが選択され，心理療法のプロセスが多角的かつ丁寧に検討されている。

（2）　プロセスの把握[6]

　プロセス研究のプロセスは，「心理療法のセッションの間に起こること」（Crits-Christoph & Gibbons, 2021）と幅広く定義されているため，プロセスの把握の仕方も多岐にわたる。ここでは，紙幅の都合上，それを網羅することはできないが，その一部を紹介したい。

　まずは，クライエントあるいはセラピストによる自己報告式の尺度が挙げられる。それには，クライエントとセラピストの関係性に関する尺度など様々なものが含まれるが，その代表例に，作業同盟の尺度がある。作業同盟とは，クライエントとセラピストの間の協働的で合意のとれた関係性のことを指す（Horvath, et al., 2011）。作業同盟は，情緒的な絆，治療目標の合意，治療課題の合意の要素から構成されており（Bordin, 1975），心理療法の効果との関連が多くの研究によって指摘されている。自己報告式の尺度の長所と短所は，効果研究の項目で述べた通りである。

　二つ目の方法は，専門家が面接のセッションの記録を何らかの尺度をもとに評定するものである。この方法では，尺度によって一定の評価指標が定められており，その指標にしたがって，専門家はクライエントとセラピストのやり取りを分類したり，数値化したりする。例えば，体験過程スケールがこれに含まれる。体験過程スケールは，クライエントの

6）プロセスの把握については，岩壁（2008）やクリッツ―クリストフとギボンズ（Crits-Christoph & Gibbons, 2021）に詳しく論じられている。

体験理解の深まりについて7段階で評定するものである（池見，1995）。体験過程の考えは，フォーカシングの領域から生まれたが，他の心理療法においても幅広く重視されているものであるといえるだろう。専門家がセッションの記録を評定する利点は心理療法の当事者ではない客観的な視点からそのプロセスを評価できることにあるが，反対にそれは，第三者によるバイアスが評定に含まれることも意味している。

　他には，心理療法のセッションにおけるクライエントとセラピストの間の対話を細かく把握しようとする手法がある。このプロセスの把握は，セッション中のクライエントとセラピスト間のやり取りについて質的研究法からアプローチするときに用いられることがある。この方法の長所は，心理療法のプロセスを，可能な限り実態に即した形で捉えることができる点にある一方，短所としては，得られた結果の妥当性をどのように担保するかに困難があることが挙げられる。

　最後に，クライエントもしくはセラピストへのインタビューを取り上げる。彼らの主観的体験を尋ねることによって，心理療法のセッションにおいて彼らが抱いていた感情や考えを詳しく知ることができる。インタビューの方法としては，事前にどの程度質問項目を準備しておくかの観点から，構造化面接，半構造化面接，非構造化面接が挙げられるが，これについて詳しく知りたい場合には第4章や第6章を参照されたい。心理療法の当事者へのインタビューの長所は，彼らの主観的体験を詳細に，そしてプロセスとして把握できることにあるといえる。インタビューの短所としては，得られるデータが心理療法の最中のものではなく，回顧的なデータとなることや，幅広く一般化可能な知見を提供することの困難が挙げられる。

（3）　プロセス研究のデザイン

　実際のプロセス研究においては，プロセスの把握方法と研究デザインは，独立にではなく，不可分に結びついた上で定められるが，ここでは，上述の方法によって把握した心理療法のプロセスがどのようにして研究にまとめられていくかについて説明する。本項にて取り上げるプロセス

表12-2　プロセス研究における各研究デザインのまとめ

種　類	データ	結　果
量的研究	自己評定もしくは他者評定の尺度	他の変数との関連
グラウンデッド・セオリー・アプローチ	インタビューデータ	体験プロセス
現象学的アプローチ	インタビューデータもしくはセッションの記録	実存的視点から見た体験
会話分析	セッションの記録	対話の構造
課題分析	研究者の臨床経験，セッションの記録，他者評定の尺度	感情・認知の問題の所在と解決プロセス

（Levitt, et al., 2021, pp.59-60を改変）

研究のデザインについて表12-2に示した。

　自己報告式の尺度，あるいは専門家による評定によって数値に変換された心理療法のプロセスは，量的研究として分析されることがほとんどである。把握された心理療法のプロセスは一つの変数として扱われ，その変数と，心理療法の効果，クライエントもしくはセラピストの人格特性，他のオリエンテーションの心理療法のプロセスといった別の変数の関連が統計分析によって検討される。採用される統計分析の種類に関しては，第5章に詳しく説明されている。

　心理療法のプロセスについてのインタビューデータを分析する代表的な方法に，グラウンデッド・セオリー・アプローチがある。このアプローチは，対象者の何らかの体験過程を明らかにする質的研究法であるが，これについては第7章において詳しく説明されている。

　現象学的アプローチは，インタビューデータあるいはセッションの記録から，心理療法におけるクライエントの生の体験に迫ろうとする方法である。この方法は「クライエントの立場に立って，クライエントの苦悩，生きがい，挫折などの経験（現象）がクライエント自身にとってもつ意味を，『還元』と呼ばれる原理を用いて解き明かすこと」（佐久川，2009）とされる。還元は，クライエントの現象を客観的立場から見るこ

とを止めて，クライエント自身の視点である実存的視点から見た意味を，研究者が妥当性をもって取り出すことと説明される（佐久川・植田，2009）。このように，現象学的アプローチは，徹底的にクライエントの立場にこだわり，そこから見た心理療法プロセスをありのままに明らかにしようとするものといえる。

　心理療法におけるクライエントとセラピストの対話の構造を明らかにしたいと考えるとき，**会話分析**は有力な手法となる。会話分析は，「会話の参与者がどのような『規則』に従い，『心』を参照しているのかを明らかにする」（松嶋，2007）。第一段階として，会話分析では，録音・録画されたセッションの記録を，沈黙，声の抑揚，うなずき，会話の重なりなどの非言語表現も含めて詳細に記述されたトランスクリプトに変換する。そして，トランスクリプトをもとに，クライエントとセラピストの対話における発言権の奪い合いや譲渡，連続する発言間の関係性などが細かく検討される。

　最後に紹介する**課題分析**は，これまでの方法と異なり，プロセス研究特有の研究法である。課題分析とは，クライエントの感情・認知の問題が，心理療法においてどのように解決されるかの道筋を明らかにしようとするものである（岩壁，2008）。課題分析は，発見段階と検証段階に大別され，それらの段階も各ステップに分かれている。課題分析において，研究者は，自身の臨床経験や他の臨床家による事例などからクライエントの問題の所在や解決の流れを同定する。そして，問題が解決に至るモデルの構成要素を捉える量的な測定方法を開発し，そのモデルの妥当性を検証する。このように，課題分析は，仮説生成と仮説検証の両方の過程を有しており，精緻な研究デザインを必要とするものである。つまり，課題分析による知見は，一つの研究論文にまとめられるというよりも，長期的な研究プログラムの結果として生み出される。

引用文献

Baldwin, S. A., & Goldberg, S. B.(2021). Methodological foundations and innovations in quantitative psychotherapy research. In M. Barkham, W. Lutz, & L. G. Castonguay (Eds). *Bergin and Garfield's handbook of psychotherapy and behavior change* (7th ed.) (pp.19-49). Hoboken, NJ: John Wiley & Sons, Inc.

Bordin, E. S. (1975). The working alliance: Basis for a general theory of psychotherapy. Paper presented at the Society for Psychotherapy Research, Washington, DC.

Crits-Christoph, P. & Gibbons, M. B. C.(2021). Psychotherapy process-outcome research: Advances in understanding casual connections. In M. Barkham, W. Lutz, & L. G. Castonguay(Eds). *Bergin and Garfield's handbook of psychotherapy and behavior change* (7th ed.) (pp.263-295). Hoboken, NJ: John Wiley & Sons, Inc.

Elkin, I., Shea, M. T., Watkins, J. T., Imber, S. D., Sotsky, S. M., Collins, J. F., Glass, D. R., Pilkonis, P. A., Leber, W. R., Docherty, J. P., Fiester, S. J., & Parloff, M. B. (1989). National institute of mental health treatment of depression collaborative research program: General effectiveness of treatments. *Archives of general psychiatry, 46*(11), 971-982.

Eysenck, H. J. (1952). The effects of psychotherapy: an evaluation. *Journal of consulting psychology, 16*(5), 319-324.

Horvath, A. O., Re, A. C. D., Flückiger, C., & Symonds, D. (2011). Alliance in individual psychotherapy. In J. C. Norcross (Ed.), *Psychotherapy relationships that work: Evidence-based responsiveness* (pp.25-69). Oxford: Oxford University Press.

Howard, K. I., Kopta, S. M., Krause, M. S., & Orlinsky, D. E. (1986). The dose-effect relationship in psychotherapy. *American psychologist, 41*(2), 159-164.

池見陽 (1995). 心のメッセージを聴く――実感が語る心理学―― 講談社

岩壁茂 (2008). プロセス研究の方法 臨床心理学研究法 第2巻 新曜社

Levitt, H. M., McLeod, J., & Stiles, W. B.(2021). The conceptualization, design, and evaluation of qualitative methods in research on psychotherapy. In M. Barkham, W. Lutz, & L. G. Castonguay(Eds). *Bergin and Garfield's handbook of psychotherapy and behavior change* (7th ed.) (pp.51-86). Hoboken, NJ: John Wiley & Sons, Inc.

Lutz, W., Castonguay, L. G., Lambert, M. J., & Barkham, M. (2021a). Traditions and new beginnings: Historical and current perspectives on research in psychotherapy and behavior change. In M. Barkham, W. Lutz, & L. G. Castonguay（Eds）. *Bergin and Garfield's handbook of psychotherapy and behavior change* (7th ed.)(pp.3-18). Hoboken, NJ: John Wiley & Sons, Inc.

Lutz, W., Jong, K. D, Rubel, J. A., & Delgadillo, J. (2021b). Measuring, predicting, and tracking change in psychotherapy. In M. Barkham, W. Lutz, & L. G. Castonguay（Eds）. *Bergin and Garfield's handbook of psychotherapy and behavior change* (7th ed.)(pp.89-133). Hoboken, NJ: John Wiley & Sons, Inc.

松嶋秀明（2007）．会話分析　やまだようこ（編）　質的心理学の方法——語りをきく——（pp.86-99）　新曜社

Rogers, C. R., & Dymond, R. F.（1954）. *Psychotherapy and personality change*. Chicago, IL: University of Chicago Press.

佐久川肇（2009）．現象学的研究法をわかりやすく学ぶには　佐久川肇（編著）　植田嘉好子・山本玲菜（著）　質的研究のための現象学入門——対人支援の「意味」をわかりたい人へ——（pp.2-8）　医学書院

佐久川肇・植田嘉好子（2009）．「支援」における現象学的研究の基本　佐久川肇（編著）　植田嘉好子・山本玲菜（著）　質的研究のための現象学入門——対人支援の「意味」をわかりたい人へ——（pp.37-49）　医学書院

Smith, M. L., Glass, G. V. & Miller, T. I. (1980). *The benefits of psychotherapy*. Baltimore, MD: The Johns Hopkins University Press.

参考文献

以下のクーパー（Cooper, 2008）は，様々な研究を紹介しつつ，効果研究における重要なトピックについて分かりやすく解説している。

・Cooper, M.（2008）. *Essential research findings in counselling and psychotherapy: The facts are friendly*. London, Thousand Oaks, New Delhi and Singapore: Sage Publications.

（クーパー, M.　清水幹夫・末武康弘（監訳）（2012）．エビデンスにもとづくカウンセリング効果の研究——クライアントにとって何が最も役に立つのか——岩崎学術出版社）

以下の福島（2016）は，質的研究法を用いたプロセス研究の例を複数紹介している。本書では，ここでは扱っていないプロセス研究の方法も取り上げられている。

・福島哲夫（編）（2016）．臨床現場で役立つ質的研究法——臨床心理学の卒論・修論から投稿論文まで——　新曜社

　以下の岩壁（2008）は，研究例を交えながら，プロセス研究の実際について詳しく解説している。本書の序章では，プロセス研究だけではなく，効果研究も取り上げた上で，心理療法に関する実証研究がレビューされている。
・岩壁茂（2008）．プロセス研究の方法　臨床心理学研究法　第2巻　新曜社

研究課題

・心理療法に関する事例研究と実証研究をそれぞれ一つ読み，それらが心理療法実践にどのように役に立つかを具体的に考えてみよう。
・効果研究のデザインを具体的に立案してみよう。
・プロセス研究のデザインを具体的に立案してみよう。

13 | 論文執筆の作法

片畑真由美

　これまでの章で，研究立案や調査計画の立て方，それぞれの研究法の詳細など，基本的な研究の進め方について説明してきた。しかし研究はそれで終わりではなく，自分の研究を論文の形で発信し，その意義を社会に伝え，研究成果を還元する必要がある。ここでは，論文の基本的構造や形式について，そして質の高い論文にするための重要な点について理解を深める。

【キーワード】 論文の構造　文献の引用　論理の一貫性　客観的視点　独創性

1. 論文構造の理解

　論文はどのように成り立っているのか。つまり論文の基本的構造をまず説明していきたい。これまで述べてきたように，研究にはリサーチクエスチョン（研究の問い）とその答えが要になる。そのため，論文は大きく「序論」「本論」「結論」の構造を持っている。河野（2018）は，論文とは「あるテーマのもとで問題を立て（『序論』），それについて論理的・実証的に論述を展開し（『本論』），最終的に提出した問題に解答（『結論』）」を与えるものと説明し，その構造が必要であると述べている。本章ではこの基本構造を，心理学研究においてよく用いられる「問題」「目的」「方法」「結果」「考察」という表現にして，それぞれについて説明したい。表13-1は，各箇所の主な内容をまとめたものになる。なお事例研究法の場合は，第9章でも触れた通り「問題」「目的」「事例の提示」「考察」という記述をするなど，「方法」や「結果」などの記述は，研究内容によって差異がある。

表13-1　論文の構成（主に調査を用いた研究の場合）

問　題	研究テーマの社会的背景 研究テーマに関する先行研究の流れ 先行研究についての批判的検討と残された課題 今回の研究課題とその意義（リサーチクエスチョンを明確にする）
目　的	リサーチクエスチョンを簡潔に 仮説の提示（仮説検証型研究の場合）
方　法	調査対象者の情報 調査で用いたデータ収集法とその内容 調査の手続き
結　果	データの整理と分析方法の提示 調査結果の分析 仮説が検証されたかどうか（仮説検証型研究の場合）
考　察	結果から考えられた内容 先行研究との比較 今回の研究で残された課題と今後の展望

（筆者作成）

（1）　問　題

　まず，論文の序論部分に該当する「**問題**」を取り上げる。問題は，これまでの研究の流れに自分の研究を位置づけ，リサーチクエスチョンをどのように設定したのかを説明する箇所である。問題の導入には，自分の問題意識や研究テーマについての社会的背景，一般的な話題や関心を記述する。例えば，「不登校児童に対する支援」をテーマにした研究であれば，まず現代社会における不登校の位置づけを述べることになる。文部科学省など公的機関による統計では，現在の不登校児童が何名とされているのか，不登校への対策や支援機関の種類などを取り上げながら，社会的には何が課題とされているのかを記述する。

　さらに，重要なキーワードや専門用語についての定義を明確にする。例えば「不登校」を取り上げるならば，「本論文における不登校とは，文部科学省（2003）の定義を用いて『何らかの心理的，情緒的，身体的あるいは社会的要因・背景により，登校しないあるいはしたくともできない状況にあるため年間30日以上欠席した者のうち，病気や経済的な理

由による者を除いたもの』とする」など記載する。専門用語は，研究者の視点によって定義や内容が異なることもあるため，自分の研究ではその用語で何を示しているのかを書く。そして定義された専門用語は，論文の中で一貫して使用することに留意する。

　次に，臨床心理学領域で当該の研究課題はどのような議論をされているのかについて，先行研究のレビューを行っていく。具体的には，文献で検討した先行研究の流れと，自分のリサーチクエスチョンの発見に至る経緯を記載する。この際，先行研究をただ羅列するだけでは，研究の流れや研究者の視点を明確にすることにはならないため，先行研究同士の位置づけを分析する必要がある。例えば，先行研究 A と先行研究 B で結果が異なる場合は，それが生じた理由を記述する。他に先行研究 C が先行研究 D の論を補強する場合には，どのような相補的関係があるのかを記述することが求められる。つまり，第３章で取り上げた文献のマッピングをここで文章化する。その際，これまで収集した先行研究の文献すべてを取り上げて記載するのではなく，自分の問題意識やリサーチクエスチョンに関する内容を取捨選択し，秩序づけることが必要になる。

　そして，先行研究を検討した結果として，現在何が明らかになっていないのか，さらに検討の必要がある点は何かを示しながら，それを解決する重要性や意義を述べる。この作業を行うことで，先行研究の流れを整理するとともに，研究史の中で自分の研究の位置づけを示すことになる。

　上記の研究例で言うと，まず「不登校児童に対する支援」についての先行研究をまとめる。そして「支援」の中でも「居場所を作ることの重要性」に研究視点を定めるとすると，それはどのように議論されてきたかについて先行研究を基に記述する。先行研究の内容を検討した上で，例えば「不登校の当事者が居場所を作るプロセス」と「支援者が居場所を作るプロセス」には質的な違いがあるのではないかという問題提起をし，それを明らかにすることを自分の研究課題として示す。そして，その課題を解決するために「不登校の当事者」と「支援者」の両者を対象

とし，面接法を用いた調査を行うという方法の妥当性について主張する。この一連の作業で，不登校に関する研究史の中で，自分の研究はどこに位置づけられるのか，自分の研究の意義はどこにあるのかを明確にすることになる。

　松井（2010）は，心理学論文で研究テーマの意義を論じる場合に，次の3種の視点から論じることを勧めている。まず当該研究を行うことで，これまでの知見を精緻化したり，理論をより強固なものにする「理論的貢献」があるという意義，次に現状では不足していたり，欠けている研究視点を取り上げ，それを補完するという意義，そして社会的問題への解決法や一定の答えを与えるという意義である。つまり，自分の研究の意義を主張する際には，先行研究がどこまで行われており，何が明らかにされているのか，そして自分の研究はどこに貢献できるのかを整理しておくことが重要である。

（2）　目　的

　問題に続く「目的」は，問題部分で述べてきた研究課題とその意義を端的に示す重要な箇所になる。ここでは，自分の研究のリサーチクエスチョンを記述するが，その根拠は問題の中で取り上げ，先行研究との関係で十分議論されておく必要がある。また仮説検証型研究の場合は，仮説の内容を明確に記述する。

（3）　方　法

　「方法」は，リサーチクエスチョンを解明するために，具体的にどのような手法で研究が進められたのかを記述していく箇所になる。方法を書く必要があるのは，研究の進め方が妥当なものかを検討するとともに，実験や調査の追試を行うことを可能にするためである。よって，方法を過不足なく記述することは研究の公正性を担保するためにも重要である。

　調査研究の場合は，どのデータ収集法を用いたか（詳細は第4章「データ収集法」を参照），調査対象者はどのような属性を持つ人か，調査で使用した用具や調査手続きを記載する。具体的には，以下の項目

ごとに記載することが多い。

①　調査対象者

　研究に参加した人についての情報を書く。調査を行った場合は，参加した人数や，性別ごとの人数，年齢の平均や標準偏差，年齢の範囲など対象者の基本的な情報を記述する。記述の仕方は「調査参加者」「調査協力者」「調査対象者」「実験協力者」など様々であるが，論文中では一貫した記述にする。また，どのように対象者が抽出（サンプリング）されたかについて説明する。無作為抽出の場合は，どのような手法で行ったか（例えば，「住民名簿を基にランダムに抽出した」など）を書く。無作為抽出ではない場合は，どのような意図で抽出したか，対象者への調査依頼プロセスはどのように行われたかを記述することで，対象者の特徴を検討することが可能になる。

　研究目的によっては，調査対象者のより詳細な属性を挙げる必要がある。例えば，地域差に着目した調査や新年度入学生を対象とした調査であれば，調査が行われた地域，時期などの情報が該当する。研究対象者の属性については，個人が特定されることを防ぐために，固有名詞は避けアルファベットで記述する（A大学，関東地方のB県など）。また「抑うつ傾向が高い大学生」という対象者であれば，抑うつ傾向はどのような方法を用いて測定し，どのような基準によって抑うつ傾向が高い対象者を抽出したのかについての記述が必要になる。

②　調査内容

　ここでは，どのような調査を行ったかについて記述する。データ収集法によって記述する内容が異なる。

　面接法では，面接を行った場所や面接法の種類，インタビュー項目を書く。観察法では，観察を行った場所（場面）や調査時期，観察に用いた用具や機材などを書く。質問紙法であれば，質問項目の内容，心理尺度の種類，回答方法について述べる。自分で作った質問項目であれば，どのように作成したのかを記載する（ただし，質問項目作成自体が研究

目的の場合は，作成プロセスは結果に書く）。検査法では，用いた検査の種類やその解釈法（データ整理法），実験法では，実験場所（状況）や使用した刺激や装置，実験課題を記述する。

③　手続き

　②の調査内容が具体的にどのような手順で行われたかを記載する。質問紙法であれば，どのように配布され，回収されたか，どのように研究内容を説明したかなどを書いていく。また，観察法の場合は，観察形態や記録の整理方法など，実験法の場合は，刺激の呈示の仕方や教示，要因計画などを記載する。それに加えて観察法や検査法，面接法などでは，個別で実施されたか，集団で実施されたかを記述する。また，データ分析に用いたソフトウェアなどがあればそれを書く。

　以上①②③の内容は，調査を行う際の基本的な情報になるが，実際に何の情報を記載する必要があるかは，研究内容によって異なるため取捨選択する必要がある。

　調査を行わない研究では，方法という項目を設けずに，どのように研究を進めたかを記述することも多い。例えば，文献を基に理論の整理や新たな知見の提示を行うことを目的にした研究では，分析対象となる資料の内容，どの範囲で収集した資料か，分析方針などを記述することになる。

　事例研究法の場合は，取り上げる事例の概要や面接構造を記述することが多い。この際も，事例の属性（例えば，クライエントの年齢，性別，職業，家族構成など）すべてを記載するというよりは，リサーチクエスチョンの検討に必要な内容を取捨選択する必要がある。これは，個人情報を保護するために必要なことであるが，それだけではなく事例を検討する視点（研究視点）にも関わる，重要な作業である。鑪・名島（1991）は，資料の的確な選択が事例研究において深い意味をもっているとし，そこに必要になるのが「観点」であると述べている。研究者が，自分の「観点」をもって情報を取捨選択することが，事例を意味ある全

体像として提示することにつながる（詳細は第９章で述べている）。

　最後に，研究に関する倫理指針を記載する。例えば，所属機関の研究倫理委員会に申請し承認を得ているか，あるいはクライエントから公表の承諾をどのように得たかを記述する。

（４）　結　果

　「結果」は，目的に基づいて調査を行い，そこで得られた内容を記述する箇所である。考察の論拠となる部分であり，リサーチクエスチョンの答えに当たる。

　まず，データをどのように整理したかを具体的に記述する。例えば質問紙法の場合は，尺度得点をどう算出したか，集計から除外した回答があれば，それはどのようなものかを書く。

　そして**量的研究法**の場合は，記述統計について結果をまとめる。記述統計とは，データの平均値や標準偏差など，データを代表する値やばらつきの値の分析を指す。さらに統計的分析を用いた場合は，どの手法を使用したか，得点間で統計的に有意な差が見られたかどうかなどを記述していく。統計的分析を行った場合の記述の仕方には一般的な形式があり，それに従って記載する。例えば，t検定を行った場合には，「A群とB群の尺度得点に対して，対応のないt検定を用いて検討した結果，B群の得点が有意に高かった（$t(36) = 13.87$, $p < .01$）」と記載する。

　結果の記載においては，表や図によって結果を視覚的にも理解しやすいように示すことも多い。図と表にはその内容が１文で理解できるタイトルを付し，通し番号を振る（表のタイトルは表の上に，図のタイトルは図の下に記載する）。結果は図や表だけを掲載するのではなく，本文中で内容を説明する。図と表の記載例は次ページの通りである。

　質的研究法における結果の記述については，どのような理論を持つデータ分析法を用いるかによって異なっている。例えば，グラウンデッド・セオリー・アプローチを用いた場合には，１つの明解な分析上のストーリーを記述すること，概念レベルの記述の際には，副次的なレベルの概念の記述を行うこと，概念化された諸レベルを明示しながら諸カテ

表13-2　結果に記載する表の例

表1．条件別による尺度得点の平均値と標準偏差

(単位：点)

	実験条件	
	A群 (n = 20)	B群 (n = 20)
平均	37.05	54.73
標準偏差	3.75	4.09

(筆者作成)

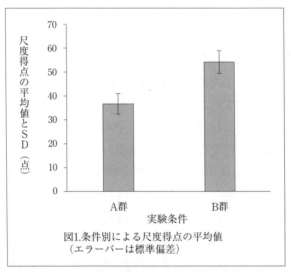

図1.条件別による尺度得点の平均値
(エラーバーは標準偏差)

図13-1　結果に記載する図の例（筆者作成）

ゴリー間の関係を特定化すること，幅広い例を示しながらバリエーションとそのバリエーションに関係する条件並びに帰結などを特定化することが結果に含まれている必要がある（Strauss & Corbin, 1990　南裕子 監訳, 1999）。KJ法（川喜田, 1967）を用いた場合は，その分析プロセスを具体的に述べたあと，生成されたカテゴリーの内容およびその関係性を説明する。他にも質的研究法の記述では，データ収集と分析の

手続きを明確に説明することや，研究が行われた社会的環境や組織的環境も含めた研究の文脈を記述することなどが求められる（McLeod, 2000　谷口・原田　訳，2007）。そして，カテゴリー同士の関係については，結果図を記載し，視覚的にも理解しやすい形にする。

　事例研究法の場合は，結果部分は「事例の提示」や「面接過程」とし，時系列に沿って事例の中で何が起きたのかを記載していくことが多い。この場合，臨床心理面接のプロセスによって，第Ⅰ期，第Ⅱ期などと分けて記述し，時期ごとの面接内容を明確にする場合もある。また，研究目的によっては事例の一場面のみを取り上げて検討するという方法もある（詳細は第9章〜11章「事例研究法」を参照）。山本（2018）は，事例研究法において，研究の問いに沿った事例の提示を行うことで「立体感のある臨床的リアリティ」が再現されやすくなると述べている。事例の記述についても，方法と同様に研究目的に照らし合わせた「観点」により取捨選択されたものでなければならない。そして，その「観点」を考察において詳細に検討・記述する。

（5）　考　察

　「考察」は，研究の目的に照らして，この研究で何が明らかになったのかについて，結果を論拠にして記述する箇所である。つまり，結果と並んでリサーチクエスチョンに対する答えとなる部分である。自分の研究が問題で述べた課題にどれだけ貢献したか，研究の流れの中にどう位置づけられるのかを記述する。

　まず，結果の解釈や分析を多角度から行う。仮説検証型研究であれば，仮説が検証されたかどうかを明確に述べる。もし仮説が検証されなかったときは，仮説それ自体の設定に問題はなかったのか，方法が不適切ではなかったかなどの視点から，なぜそのような結果になったのかを検討する。また仮説が検証された場合には，そこからさらに何が考えられるのかを記述する。

　次に，研究の意義を明確にするために，先行研究の流れの中で自分の研究はどこに位置づけられるのかを記述する。具体的には，今回得られ

た結果を先行研究と比較し，その内容を支持するものか，あるいは異なる内容を示しているのかを考え，そこから何が言えるのかをまとめていく。また結果で見られた現象について，先行研究の内容を参照しながら説明し，自分の主張を述べていく。

　続いて，今回の研究で課題として残った点や今後の研究で検討する必要がある点，今回の結果がどこまで一般化できるかの限界を検討する。例えば，「SNSにおける青年期の対人関係」について調べた研究で，今回は都市圏の大学生を対象に調査を行ったのであれば，中高生や農村地域の大学生にその研究結果が当てはまるのかについては今回の調査だけでは明らかになっておらず，今後の課題として残されたことになる。このように，データ収集法にまつわる限界や検討できなかった点，調査対象者の選定は十分であったかなど，方法上の問題点はなかったのかを考える必要がある。ここでは，研究の限界を明確にし，その課題はどのようにすれば改善できるのかを検討する。

　考察の最後には，今回の研究の結論を簡潔にまとめる。目的との関係で，今回の結果は何をどこまで明らかにすることができたのか，研究の意義はどこにあるのかを明確に述べる。

（6）　文　献

　最後は，論文中に引用した文献の記載方法について述べる。論文とは自分の感想や意見をそのまま書くものではなく，調査や事例などの事実に基づいて論理的に主張するものである。さらには，その事実に対する考察にも根拠が必要であり，その1つが自分以外の研究者の研究成果や論考である。繰り返しになるが，これまでの研究史の中で自分の研究はどこに位置づけられるのかを検討することが，研究の意義や妥当性を考える上で重要である。そのため，自分以外の誰かの研究成果や論考を自分の論文に記載する必要があり，その場合は必ず引用をしていることを示さなければならない。引用は，その文献の出どころを明らかにすることを指す。

　なぜ引用を明確にする必要があるかというと，文章化された（発信者

が特定できていれば，場合によっては文章化されていなくても）研究成果，論考，主張は知的財産であり，他人の文章を自分の意見のように示すことは剽窃と呼ばれる不正行為に当たるためである。引用の明示は自身を含めた研究者と研究のオリジナリティを守る上でも，研究の意義を明確にする上でも重要である。

　続いて，引用の記載方法について述べていきたい。引用を示すために必要な情報はどの研究分野においてもほぼ共通しているが，書き方の決まりはそれぞれの専門分野の研究論文雑誌によって異なる。また，卒業論文や修士論文の書式も大学によって違う。今回示す引用の記載方法は，公益社団法人 日本心理学会（2015）が発行する「執筆・投稿の手びき」に沿っている。

　まず論文中に，先行研究の内容を引用した時点で出典を示す必要がある（文中引用）。この場合，著者名と公刊年を記す。引用部分を一言一句変えずに「　」で示す場合を直接引用，文献の内容を要約して引用する場合を間接引用と言う（表13-3）。

　著者が2人の場合は姓を列記する（例えば，田中・山田（1999）やSmith & Johnson（1998）と記載する）。著者が3—5名の共著の場合は，初出の際に全著者名を書く。2度目以後は，第1著者名を書き，第2著者以降は日本語文献では「他」，英語文献では"et al."と略記する。

　文中引用を行った場合は，引用した文献をまとめて論文の最後にリスト化して記載する必要がある（巻末引用）。文献リストは，著者の姓を

表13-3　文中引用の例

〈著者を主語にして引用する例〉
　田中（1999）は「論文では引用を示す必要がある」と述べている。

〈文末に引用を示す例〉
　「論文では引用を示す必要がある」（田中，1999）。

〈間接引用の例〉
　田中（1999）は，論文で引用を示す必要性を強調している。

（筆者作成）

表13- 4　巻末引用の例

〈和書例〉

河合隼雄（1992）．心理療法序説　岩波書店

河合隼雄（1975）．１章　面接法の意義　続有恒・村上英治（編）　心理学研究
　　法　第11巻　面接　（pp.1-20）　東京大学出版会

〈洋書例〉

Cattanach, A.（2008）. *Play Therapy with Abused Children: Second Edition.*
London and Philadelphia: Jessica Kingsley Publishers.

〈訳本例〉

Caillois, R.（1958）. *Les jeux et les hommes.* Paris: Gallimard.
　（カイヨワ，R.　清水幾太郎・霧生和夫（訳）（1970）．遊びと人間　岩波書店）

〈和雑誌例〉

大前玲子（2007）．箱庭療法における認知―物語アプローチの導入．心理臨床学
　　研究，*25*，336-345.

〈洋雑誌例〉

Guerney, L.（2001）. Child-centered play therapy. *International Journal of Play
Therapy, 10(2)*, 13-31.

〈インターネット上の資料を使用した例〉

文部科学省（2021）．令和２年度児童生徒の問題行動・不登校等生徒指導上の諸
　　課題に関する調査結果.
　　https://www.mext.go.jp/content/20211007-mxt_jidou01-100002753_1.pdf
　　（2021年12月27日）

（筆者作成）

基準にアルファベット順に並べる。同じ著者で２種以上の文献がある場
合は発行年順に並べ，同じ著者で同じ発行年に２種以上の文献がある場
合には1999 a，1999 b のように区別して記載する。

　記載の仕方は，どの媒体で発行されたかによって異なる。まず単行本
の場合は，著者名，刊行年，書名，出版社の順序で記載する。編者と執
筆者が異なる単行本の場合は，該当執筆者を筆頭に挙げ，刊行年，表題，
編者名，書名，ページ，出版社の順で記載する。雑誌の場合は，著者名，
刊行年，表題，誌名，巻数，引用ページの順序にする。インターネット

上の資料からの引用の場合は，著者名，公開年，表題，サイト名，URL，アクセス年月日を明記する（表13-4）。

2. 論文の質を高めるために

（1）　論理の一貫性

　前節では基本的な論文の構造について説明した。ここまでで論文の体裁は概ね整っていることになる。本節では，さらに研究論文の質を高めるために留意する点について述べたい。

　まずは論理の一貫性についてである。論文は研究課題の問いとそれに対する答えが軸になるが，その論旨が一貫しているかどうかが重要である。問題で取り上げた先行研究と研究課題が，目的で示す内容と齟齬はないか，目的とそれを明らかにするために選んだ方法に齟齬はないか，結果の内容と考察の論考に齟齬はないかを検討し，論拠が不十分であれば加筆する。また，論文で使用している専門用語を定義づけているか，その定義に基づいた使用が一貫してなされているかに留意する。

　そして論文の一貫性を端的に表現するのが，タイトルと論文要約である。タイトルは，論文で重要となるキーワードを基に，リサーチクエスチョンを1文で的確に述べるようにする。その際，研究の目的，研究方法や研究対象のどこに焦点を当てるかによってタイトルの内容が異なる。例えば，「攻撃性の表現について」というタイトルでは，漠然としていて研究内容が分からない。そこで，「大学生と高齢者では攻撃性の表現に差があるか」を明らかにする研究目的であれば，タイトルを「攻撃性の表現形態における世代間の比較」とすると，内容が明確になる。さらに「攻撃性の表現を面接法と検査法の1つである描画法を用いて検討する」という研究内容であれば，タイトルを「言語的表現と非言語的表現の形態比較から見る攻撃性」とすると，研究方法に焦点を当てたタイトルとなる。

　さらに論文要約は，論文の内容を短くまとめ，論旨の流れを端的に書くものである。要約ではすべての結果や考察を述べることは困難であるため，研究目的に照らし合わせて特に重要な内容だけを取捨選択する。

要約を作成することで，改めて目的に適合した方法を選んでいるか，結果に即して適切に考察で検討できているか，つまり論文に一本の軸があるかどうかを確認することが可能である。

（2） 客観的視点の重要性

　次に，論文執筆における客観的視点の重要性について述べたい。論文は，自分の意見や感想を伝える場ではなく，これまでの研究の流れを踏まえた上で新たな知見を提示するものでなければならない。そのため，「これをぜひ主張したい」という自分の思いとともに，それが他者から見たときに妥当で説得力のある内容であるかについて，検討を重ねることが必要である。実際に論文を書く際には，木下（1990）が述べるように「読み手の立場になってみる」ことで，書く内容を選び，記述の順序や表現の仕方を検討する。難しい場合は，指導教員や身近な大学院生に読んでもらうことで，自分の論文に対する客観的な見方を知ることができる。

　また，先行研究の内容を十分に検討し，我田引水的な引用になっていないかに注意したり，自分の意見と合致する先行研究だけではなく，意見と反する先行研究はないか，別の視点を提示している研究はないかなど，幅広く検討を行う必要がある。その作業を経て，自分の研究を先行研究の流れの中に位置づけることができたとき，客観的な視点から研究の意義が主張できる。

　臨床心理学領域の研究では，事例研究法や質的研究法などを用いて，研究者の主観を重視するものも多い。では客観的視点に欠ける論文になるかというとそうではない。エピソード記述を用いて研究する鯨岡（2005）は，観察可能な行動的事実も重要であるが，それ以上に「人と人の『あいだ』に生じているものを関わり手や観察者がその『主観』において捉えること（『私』の体験として捉えること）」の重要性を指摘している。そして，そのエピソード記述から研究者の興味関心や背景を踏まえた上で「多次元的な『メタ意味』」を掘り起こすことが質的研究につながると述べている。研究者の主観や実感，体験などを研究の俎上に

乗せつつ，その内容についての考察には客観性や論理性が必要になる。つまり，主観的体験の記述を重視するとともに，そこからより一般化・普遍化される論理や意味を取り出す努力が必要である。

　ただし，どのような研究を行うかによって，一般化・普遍化の位置づけは異なってくる。前述した鯨岡（2005）は，エピソード記述が目指す一般性は，再現可能性と反証可能性に基づく一般化可能性という基準ではなく，「読み手の読後の了解可能性，つまりどれだけ多くの読み手が描き出された場面に自らを置き，『なるほどこれは理解できる』と納得するか，その一般性を問題にする」と述べている。また事例研究法において，藤原（2004）は「客観的普遍性」を目指すのではなく，「他の事例へのアプローチに普遍的な仮説機能をもつ」という意味での「主観的普遍性」が求められるとする。山本（2018）も，事例研究法における一般化について，「研究者が抽象度の高い概念やモデルへまとめ上げること」だけではなく，「事例の読み手の心の内で共感やアイディアが生まれ広がること」というレベルがあると述べる。つまり臨床心理学領域の研究として，事例における現象や関係性の様相をどのように捉えて理解するか，徹底して個別性や主観性を問う中で，読み手の文脈に沿った「了解可能性」が生まれ，その研究は個にとどまらない普遍性を持つことが考えられる（詳しくは第11章「事例研究法(3)」を参照）。

　以上のことから，研究内容によって論文で導かれる普遍性・一般性の位置づけが異なっていることに留意しながら，論文執筆の際には読み手を意識し，客観的視点を保つ必要がある。

（3）　研究の独創性

　最後に研究の独創性について述べたい。研究には，それまでの先行研究にはない視点や結果，つまり独創性（オリジナリティ）が必要になる。研究の独創性について，伊藤（1986）は若手研究者に向けての論述の中で，自分の研究がいかに重要であるのか，そしてどこに独創性があるのかを理解し，それを主張する努力が必要であると述べている。また新堀（2002）は，論文の実質的要件として以下の3点を挙げている。

①同じテーマについての先人の研究の成果（これを先行研究業績と呼ぶ）の精査・分析を行うこと。

②精査・分析の結果，先行研究業績の問題点，疑問点などを発見し，自らの独創的意見を新しい知見として説得力をもって論理的に提示すること。これは，論文が独創性（originality）を持っていなければならないことを意味する。

③先行研究業績に追加される独創的な自説（新しい知見）によって，学問の当該分野の発展に寄与し，後続の研究者のために新しく「先行研究業績」としての役割を果たすこと。

　新堀は，上記の独創的な意見を生む方法として，次の2つを提示している。1つは先行研究の結論を疑い，その内容に反する思考を行う「反対思考法」で，もう1つは，先行研究の内容の方向性には同意できるものの，さらに踏み込んで研究をする「深化思考法」である。つまり，研究の独創性とは先行研究を批判的に検討することで，それまで取り上げられていなかった視点を新たに提示するということと言える。他にも先行研究とは異なるデータ収集法を行う，異なる対象者を設定するなど，方法における独創性を考えることも可能である。どちらにしても，先行研究の内容を十分理解した上で，問題意識を深めるというプロセスを通して，研究の独創性は形作られると考えられる。

　上記に加えて，事例研究法における独創性については，別の角度からも考える必要がある。臨床心理学領域の事例研究法における事例とは，多数ある中の1つではなく，唯一無二の存在という位置づけであり，事例研究法はその個別性を重視する研究方法である。藤原（2004）は，臨床心理学領域における事例研究法の独自性を述べる中で，「繰り返しがない瞬時・一回性という本質」があることに触れている。事例研究を行うこと自体が，その事例の独自性を明らかにする作業であったり，事例で見られた現象に意味を与える創造的なプロセスである。つまり，事例研究法における独創性とは，唯一無二の事例に内包されている独自性を発見し，それを丹念に記述することで生まれるとも考えられる。

　以上，この章では論文の構造と質を高めるための視点について述べてきた。河野（2018）は，学問には「これまでの知識や理論，常識をいったん疑い，それが本当に正しいかどうか確かめる批判的検討能力や，なにが真の問題なのかを発見し，新たな解決法や対処法を見つけだしていく問題発見―解決能力の養成」が必要と述べている。研究論文を書くことは，自分の問題意識を軸に置きながら，研究の歴史を探索し，新たな課題を発見・検討する創造的作業である。そこには苦労と表裏一体の楽しみや喜びがある。

引用文献

藤原勝紀（2004）．第 2 章　事例研究法　丹野義彦（編）　臨床心理学全書　第 5 巻（pp.19-64）　誠信書房

伊藤嘉昭（1986）．大学院生・卒研生のための研究法雑稿　生物科学　*38*（3）pp.154-159

川喜田二郎（1967）．発想法――創造性開発のために――　中央公論社

木下是雄（1990）．レポートの組み立て方　筑摩書房

河野哲也（2018）．レポート・論文の書き方入門　第 4 版　慶應義塾大学出版会

公益社団法人 日本心理学会機関誌等編集委員会（編）（2015）．執筆・投稿の手びき 2015年版　金子書房

鯨岡峻（2005）．エピソード記述入門――実践と質的研究のために――　東京大学出版会

松井豊（2010）．改訂新版　心理学論文の書き方――卒業論文や修士論文を書くために――　河出書房新社

McLeod, J.（2000）. *Qualitative Research in Counselling and Psychotherapy*. CA: Sage Publications.
（マクレオッド，J.　下山晴彦（監修）　谷口明子・原田杏子（訳）（2007）．臨床実践のための質的研究法入門　金剛出版）

文部科学省（2003）．今後の不登校への対応の在り方について（報告）
https://warp.ndl.go.jp/info:ndljp/pid/1621348/www.mext.go.jp/b_menu/public/2003/03041134.htm#02（2022年 5 月24日）

新堀聡（2002）．評価される博士・修士・卒業論文の書き方・考え方　同文舘出版

Strauss, A., & Corbin, J. (1990). *Basics of Qualitative Research: Grounded Theory Procedures and Techniques.* CA: Sage Publications.
（ストラウス，A.・コービン，J. 南裕子（監訳） 操華子・森岡崇・志自岐康子・竹崎久美子（訳）(1999). 質的研究の基礎——グラウンデッド・セオリーの技法と手順—— 医学書院）

鑪幹八郎・名島潤慈 (1991). 第Ⅷ章 事例研究法論 河合隼雄・福島章・村瀬孝雄（編集）臨床心理学大系 第1巻 臨床心理学の科学的基礎 (pp.271-288) 金子書房

山本力 (2018). 事例研究の考え方と戦略——心理臨床実践の省察的アプローチ—— 創元社

参考文献

・上記の松井 (2010) の文献は，心理学分野の論文に必要な構成について詳細にまとめられている基本の一冊である。

・「白井利明・高橋一郎 (2013). よくわかる卒論の書き方 第2版 ミネルヴァ書房」および「都筑学 (2006). 心理学論文の書き方——おいしい論文のレシピ—— 有斐閣」は，研究初心者にも分かりやすく，研究テーマの見つけ方から研究発表の心構えまで具体的な内容がまとめられている。

・「板口典弘・山本健太郎 (2017). ステップアップ心理学シリーズ 心理学レポート・論文の書き方——演習課題から卒論まで—— 講談社」は主に心理学分野の量的研究法（実験法）に特化して書かれているが，他の研究法を用いて論文を書く場合にも役に立つ。論文に使われる実際の文例など具体的な事柄が網羅されている。

・上記の山本 (2018) の文献は，事例研究の位置づけから論文執筆プロセスまで重要な内容がまとめられている。

研究課題

・興味のある研究テーマで書かれた研究論文を 1 本選び，「問題」で引
用されている先行研究の流れをまとめ，その研究の「問い」は何か書
いてみよう。

・選んだ論文の「問い」に対応する「答え」が書かれている部分を探し，
まとめてみよう。さらにその答えはどのように導き出されたものか考
えてみよう。

・選んだ論文で主張されている「独創性」について，考えてみよう。

14 | 研究倫理について

石原　宏

　第14章では，研究者が遵守すべき一般的な研究倫理について学ぶ。研究は社会的な営みであり，研究の対象となる方々の基本的人権に配慮し，他者に不当な害を与えない範囲で行われなければならない。研究倫理は，まずは適切な知識をもつことが大切であるが，知識だけでは不十分で，倫理的選択を迫られる場面で研究者自身が最善の選択を行えるようになることが重要である。本章の内容を自分事として考え，主体的に学んでいただければと思う。

【キーワード】 インフォームド・コンセント　研究不正行為　オーサーシップ　倫理テスト

1. 研究の実施にまつわる倫理

（1）　インフォームド・コンセントについて

　臨床心理学の研究は多くの場合，人を対象として行われる。人を対象とする研究を行う場合，研究者は，研究対象者に事前に十分な説明を行い，その説明を研究対象者が理解したことを確認したうえで，自由意思に基づく研究参加の同意を得なければならない。これを，インフォームド・コンセントを得る手続きと呼ぶ。アメリカの「生物医学および行動学研究の対象者保護のための国家委員会」による『ベルモント・レポート The Belmont Report』によると，インフォームド・コンセントのプロセスは，「情報 information」「理解 comprehension」「自発性 voluntariness」という3つの要素を含んでおり，これら3つの要素がセットとなって初めて適正なインフォームド・コンセントが成立する。

　「情報 information」は，研究者から研究対象者に対して行う研究の説明である。説明する際にポイントとなるのは，研究対象者が研究に参

加するか，参加しないかを自身の自由意思に基づいて判断するために必要な情報を提供することである。一般的には，①研究方法，②目的，③研究に参加することで対象者が被る可能性のあるリスクと期待される利益，④研究のどのような段階であっても対象者が一切の不利益なく参加を中止できること，⑤研究の対象者として選ばれた理由，⑥個人情報の取り扱い，⑦個人が特定されない形で研究成果を公表する可能性があること，⑧研究資金の提供元と利益相反，⑨研究責任者の氏名と連絡先などを含む説明を行う。ここに挙げた事項は，あくまで一般的なものであり，個々の研究において何を説明すべきなのかをその都度検討する必要がある。

　①研究方法と②目的に関して，臨床心理学の研究のなかには，研究方法や目的を予め知ってしまうことで研究対象者の心の動きに影響が生じ，目的とする結果が得られないというものもある。こうした場合，合理的な理由があれば，インフォームド・コンセントを得る段階においては，方法の詳細な説明を避けたり，事実とは異なる説明を行ったりすることが許されることがある。これをディセプション deception（欺瞞手続き）と言う。ディセプションを行った場合は，開示できるようになったタイミングで速やかに本来の目的を説明し，なぜディセプションを必要としたのかについても丁寧に説明を行わなければならない。

　⑧の利益相反とは，研究費を提供する企業等との関係によって，研究に必要とされる公正な判断が行えない，あるいは行えないのではないかと疑いが生じるような事態を指す。大学院生が行う研究ではこのような状況は稀であるかもしれないが，企業との共同研究に参加するような場合，当該企業に都合のよい研究結果を導こうとしているのではないかと疑いをかけられることもあるかもしれない。このような場合は，インフォームド・コンセントを得る手続きで，利益相反があるという事実を対象者に開示し，そのことを知ったうえで研究に参加するか否かの判断が行えるようにする。同時に利益相反があるなかで，実験データや実験結果を歪めることがないよう研究者側で取る対応についても併せて説明が必要である。

「理解 comprehension」については，研究者が上述のような情報を一方的に説明しただけでは不十分で，研究対象者がその説明を確実に理解することが必要であることを指す。たとえば早口での説明や，一度に理解できない量の説明，専門用語を多用した説明などは避けなければならない。また，口頭のみの説明では，研究者の説明漏れや研究対象者の聞き漏れ・聞き違いが生じるおそれがあるため，文書を用意し，研究対象者のペースに合わせてひとつひとつ口頭で説明を行うことが望ましい。また研究対象者が未成年であったり，障がい等によって説明の十分な理解が困難であったりする場合も，可能な限り本人の意思で研究に参加するかどうかを選択できる機会を設けることが重要である。そのうえで，本人の利益を尊重して意思を代弁できる保護者や家族などの十分な理解を得る必要がある。

「自発性 voluntariness」は，研究への参加同意は，自発的に行われたときのみ有効であることを指す。自発的な参加に反する事態には「強制による参加」や「不当な報酬による参加」が考えられる。強制については，研究に参加しないことで明らかな不利益を与えることは言語道断であるが，それだけでなく，教員と学生，先輩と後輩のような上下関係があるなかで立場が上の者から下の者へ依頼する場合，明確な不利益が示されなくても，参加を断りづらい状況となり強制と同等の意味をもつこともあるため注意が必要である。大学院生が行う研究の場合，友人や後輩などに研究参加を依頼することもあるだろうが，研究倫理の観点からはできる限り既存の人間関係外での依頼を行うことが望ましいだろう。報酬については，研究参加に費やされた労力や時間に見合った報酬が支払われるのは問題とはならない。しかし，不合理に高額な報酬や不適切な便宜を図ることは，研究対象者の意思に反した参加への威圧となりうることを理解しておく必要がある。

（2） 個人情報の保護について

インフォームド・コンセントで研究者から説明すべき事項に⑥個人情報の取り扱いがある。「個人情報保護法」の施行（2005年）から既に久

しく，社会における個人情報の保護への関心は高い。個人情報保護法では「大学その他の学術研究を目的とする機関若しくは団体又はそれらに属する者」が「学術研究の用に供する目的」で個人情報を取り扱う場合には，適用外となることが定められている。とはいえ，研究者は個人情報の保護に無頓着であってはならず，倫理的に適切な扱いが要請される。インフォームド・コンセントを得る手続きでも，当該研究において個人情報がどのように取り扱われるのかを対象者に十分説明する必要がある。

　個人情報保護法において，「個人情報」は「生存する個人に関する情報」であって，「氏名，生年月日その他の記述等（中略）により特定の個人を識別することができるもの」とされている。研究は完全に匿名で行われる場合もあるが，多くの研究では研究参加日程の調整などのために氏名を聴取するだろう。研究で得られたデータがどのようなものであれ，そこに氏名が併記されていれば，その研究データは個人情報に該当する。そこでデータの「匿名化」が必要になる。匿名化は，氏名など個人を識別することが可能な情報をデータから取り除き，記号に置き換えることで行う。このとき，置き換えた記号とその記号が表す内容の対応表を作成する方法と，対応表を作成しない方法がある。個人情報の保護の観点からは後者の匿名化がより安全であるが，後日対象者からの問い合わせやデータ破棄の求めに個別的に応じるためには前者の匿名化が必要である。前者の方法で匿名化を行った場合は，対応表を研究データとは別に厳重に管理し，真に照らし合わせが必要となったときだけ使用する等の対応が必要である。

（3）　データの収集と管理について

　具体的なデータの収集法については，第4章で学習した。ここでは，研究倫理の観点から，収集されたデータの扱いについて学ぶ。どのような研究法を採用する場合でも，データがなければ研究が成立しないのは自明のことである。臨床心理学におけるデータは，文献研究における文献，量的研究における数量データ，質的研究における逐語録等，事例研究における面接記録など多岐にわたる。どのようなデータであっても，

データ自体が信頼できるものでなければ，そこから導き出される考察や結論は科学的根拠を失うことになる。

『科学の健全な発展のために』（日本学術振興会，2015）では，科学研究においてデータの信頼性が保証されるのは以下の3点を満たす場合であるとされている。すなわち，①データが適切な手法に基づいて取得されたこと，②データの取得にあたって意図的な不正や過失によるミスが存在しないこと，③取得後の保管が適切に行われてオリジナリティが保たれていること，である。

①については，インフォームド・コンセントを得る手続きを含め，適切な方法で必要十分なデータを取得できるかどうか研究計画段階から綿密に検討しておくことが重要である。②が満たされない場合として，たとえば事前に立てた仮説を支持する結果のみをデータとして採用するなどの意図的な不正や，調査法で用いた質問項目が誤った内容であったなどの非意図的なミスが考えられる。このうち前者の研究不正については次節で改めて取り上げる。③については，たとえば論文査読の段階あるいは出版後にデータの内容や分析結果に疑義が生じた際に，元データに戻って検証する必要が出てくるが，データの整理を怠っていたり，早々に処分してしまっていたりすれば論文の正当性の検証が不可能になる。データの保存期間については，日本学術会議（2015）の答申で「論文等の形で発表された研究成果のもととなった実験データ等の研究資料は，当該論文等の発表から10年間の保存を原則とする」とされている。具体的な保管ルールについては，所属する研究機関で定められたガイドライン等の遵守が求められる。

研究データが適切に収集されていることを示すために，研究過程を記録に残すことが重要になる。実験系の学問分野では，研究者が日々の実験をラボノートに記録し，確認者によるチェックを受けるのが一般的となっている。臨床心理学の研究においてラボノートのような組織的な記録は習慣化していないが，研究論文の信頼性の確保のためにも，また研究者自身を守るためにも，研究の計画立案から実施過程を含む適切な記録を残し，指導者のチェックを受けることが重要であろう。

2.　研究不正行為と好ましくない研究行為

（1）　研究不正行為

　研究者にとって致命的な倫理違反に，研究不正行為がある。文部科学省による『研究活動における不正行為への対応等に関するガイドライン』（2014，以下『ガイドライン』とする）では，「科学研究における不正行為は，真実の探求を積み重ね，新たな知を創造していく営みである科学の本質に反するものであり，人々の科学への信頼を揺るがし，科学の発展を妨げ，冒涜するものであって，許すことのできないものである」と強い表現で述べられている。不正行為は，研究者個人の問題に留まらず，研究者の所属機関や学会，臨床心理学という学問，ひいては科学界全体に対する社会からの信用の失墜という重大な結果を招くことを自覚していなければならない。

　『ガイドライン』（文部科学省，2014）では，「故意又は研究者としてわきまえるべき基本的な注意義務を著しく怠ったことによる，投稿論文など発表された研究成果の中に示されたデータや調査結果等の捏造，改ざん及び盗用」を「特定不正行為」と位置づけている。これらは，**捏造**（fabrication），**改ざん**（falsification），**盗用**（plagiarism）の頭文字からFFPと呼ばれ，特に重大な不正行為とみなされている。FFPが行われたと認定された場合，その研究者は当該論文の取り下げ勧告，競争的資金の執行停止，競争的資金への応募資格制限などの措置を受けることになる。

　『ガイドライン』の定義によると，捏造とは「存在しないデータ，研究結果等を作成すること」，改ざんとは「研究資料・機器・過程を変更する操作を行い，データ，研究活動によって得られた結果等を真正でないものに加工すること」である。実際には行ってもいない実験や調査をあたかも行ったかのように装いデータを創作するのが捏造，得られたデータを研究者の都合のよいように加工したり，改変したりするのが改ざんである。盗用とは，「他の研究者のアイディア，分析・解析方法，データ，研究結果，論文又は用語を当該研究者の了解又は適切な表示な

く流用すること」を言う。つまり，他者によって生み出された知的財産をあたかも自身が生み出したものであるかのように偽ることである。出典を記載せずにインターネット上の記事をコピーアンドペーストして自身の論文に使用する行為などはこれに当たる。また，研究者が，他の研究者への論文指導や論文査読の過程で知り得た未発表のアイディアや研究データを断りなく自身のものであるかのように使用したという事例も存在する。

　研究不正行為は，そこへ投入された研究資金の面でも，また不正行為に翻弄される（虚偽の研究成果を前提にした研究が行われる，不正行為の調査に莫大な時間を浪費するなど）他の研究者の研究資源（資金・時間・労力）の面でも莫大な損失を生む。決して手を染めてはならない。

　なお，誠実に研究を行った結果，誤りが生じることは当然起こりうることである。『ガイドライン』には，「科学的に適切な方法により正当に得られた研究成果が結果的に誤りであったとしても，それは不正行為には当たらない」ことも明記されている。

（2）　好ましくない研究行為

　特定不正行為（FFP：捏造，改ざん，盗用）を真っ黒な研究不正行為だとすると，公正と言えるかどうかが疑わしいグレーな研究行為というものも存在する。これは「好ましくない研究行為 Questionable Research Practice」と呼ばれ，QRP と略される。FFP には含まれないが，研究倫理にもとる行為があることに留意が必要である。アメリカ科学アカデミー（1992）は，QRP の例として，以下の7つを挙げている。

　　①重要な研究データを適切な期間保管しないこと。
　　②研究記録の不適切な管理。特に出版されたり，他の研究者に依拠されたりする結果について。
　　③論文で報告された研究に明確には関係のない助力や貢献をもとにオーサーシップを与えたり，要求したりすること。
　　④発表された論文の裏付けとなる独自の研究資料やデータへの他の研

究者からの合理的なアクセスを拒否すること。

⑤研究結果の有意性を高めるために，不適切な統計的手法やその他の測定方法を使用すること。

⑥学生等に不適切な指導を行う，あるいは学生等から搾取すること。

⑦推測にすぎないものを事実と誤認させること。あるいは結果の妥当性を判断したり実験を再現したりするための十分なデータを提供せずに，予備的な研究結果を，特に公共メディアに，発表すること。

　7つの項目のうち①データの保管と②研究記録の管理については既に述べたものと重なる。③はオーサーシップ（論文の著者として名前を掲載すること）に関わる問題であり，次節で改めて取り扱う。④は，論文査読の過程や出版後に，他の研究者等からの問い合わせに対し，合理的な理由なくデータの提供を拒否するなどが考えられる。たとえ公正な手続きによって導き出された研究成果であっても，再現性の検証のためにデータの提供が求められれば，適切に対応する必要がある。また，「オープンサイエンスの推進」（内閣府，2016）により，「研究者の所属機関，専門分野，国境を越えた新たな協働による知の創出」や「研究プロセスの透明化」，「研究成果の幅広い活用」を目指す世界的な潮流のなかで，個人のプライバシーや国家の安全保障に関わるデータ等を除き，研究データを他者にも利用可能な形でオープン化することを推進する動きがあることも知っておく必要があるだろう。⑤については，研究仮説に合致した有意な統計結果を得るために行うさまざまな操作が考えられる。⑥は，研究組織のマネジメントや研究指導の問題であり，アカデミック・ハラスメントの問題とも関係してくる。不適切な指導として，必要な指導を十分に行わないことはもちろんのこと，QRPのような研究行為を暗に押し付けることなどが考えられよう。また，搾取の例としては，指導学生が主導的に行った実験結果であるにも関わらず，指導教員が筆頭著者となって研究業績とするなどが考えられる。本書で想定する主要な読者である大学院生の立場から言えば，FFPやQRPのような研究行為についてよく知っておくことは，自身が被るかもしれない不利

益から身を守ることにもつながるためしっかりと学習しておいてほしい。⑦はメディア等での研究成果の公表に関わる内容である。研究成果について研究者コミュニティを越えて広く発信することはアウトリーチとして研究者に求められる活動の１つである。研究内容を非専門家に分かりやすく伝えることはサイエンスコミュニケーションの技術として大切になるが，厳密な議論を省くあまり，不正確な情報を発信してしまうことになれば，結果的に研究活動の信頼性を下げてしまうことになる。特に臨床心理学の研究は，目に見えない人間の心を扱うものであり，メディアやSNS等を通した発信が人々の心に与える影響には敏感でなければならない。

（3） 研究不正行為が起こる背景

　上記のような研究不正行為の内容を学んで，あなたはどのように感じたであろうか。FFPやQRPなど自身とは縁のない話と思われたであろうか。あるいは状況によってはやってしまいかねない行為と感じられたであろうか。そもそも研究者が，研究不正を行ってしまう背景にはどのようなことがあるのだろうか。科学技術・学術審議会の特別委員会による『研究活動の不正行為への対応のガイドラインについて』（2006）には，「不正が起こる背景」についての分析がある。その内容を要約すると，研究資金も研究職のポストも競争的に獲得するものとなっており，少しでも早くインパクトのある研究成果を出すことが求められていること，そもそも研究者個人また研究組織として功名心にはやり研究者の使命や研究倫理への自覚が薄いこと，競争的環境のなかであるいは研究論文数や論文の影響度による数値目標が設定されるなかで成果を出すことへの焦りが生じていることなどが，不正の背景にあるのではないかとされている。これは2006年の報告書における「現状」の記述であり，2015年には「10年後の現在もなお該当する状況であり，むしろ以前よりも深刻化しているとも考えられるものである」（奥田，2015）と指摘されているが，その後も競争的環境が緩和される兆しは一向に見えない。このような，常に成果を出すことに追われる環境に研究者が置かれているこ

とが，研究者を FFP や QRP などの行為に走らせる側面があることは
否定できないであろう。

　大学院に在籍している間は，研究費の獲得の有無が明日の生活に関わ
るという事態にはならないかもしれない。しかし，期限までに一定水準
の修士論文を提出しなければ修了できないというルールは，成果を出す
ことに追われる研究者と似た環境を生む場合もあるだろう。たとえば，
データ収集を完了しておきたいと考えていた時期になっても思うように
研究協力者が得られないとか，集まったデータで予備的に検定を行って
みたところあと少しデータが増えれば有意差が出そうなのに新たに調査
を行う時間がないとか，質的研究のインタビューデータの分析が大方終
わったというタイミングで自身の主張に合致しない語りがあることに気
づくとか，論文の締切が翌日に迫るなかで問題部分がまったく白紙であ
るとか，研究不正行為の誘惑にかられる状況を想像してみると，まだま
だいくらでも出て来そうである。研究不正を行わないためには，まず，
こうした追い込まれた状況に陥らないよう計画的に研究を進めていくこ
とが何よりも大切であろう。そのためには日常的に研究の進行状況を報
告したり，予期せぬ事態が生じたときにすぐに相談したりする相手を
もっていることが役に立つ。指導教員や同じ研究室の先輩，同僚など日
頃から研究について意見交換をし，複数の目から見たアドバイスをもら
えるような良好なコミュニケーションが取れる環境を作っていくことが，
研究不正を防止する大きな要因となるだろう。臨床心理学を専攻する大
学院生は，実習に注ぎ込む時間が大きく，修士論文を書くための研究に
だけ専念するわけにはいかないという事情がある。余裕をもって研究を
進めるためには，相当の努力が必要であることを自覚しておきたい。

3. 研究の公表にまつわる倫理と倫理テスト

（1）　オーサーシップ

　研究成果の発表は，なぜ行うのだろうか。それは決して，研究者の功
名心を満たすために行われるわけではない。研究を行うためには，資金
や研究設備の提供を受ける必要があり，また研究への協力者を得なけれ

ばならない。どのような研究であっても，社会的資源が投入されているのであり，そうした社会的な付託に応えるために，研究成果を発表することが研究者の責務なのである。研究成果の発表においても，倫理的な問題となる事項がある。『科学の健全な発展のために』（日本学術振興会，2015）をもとに見ていこう。まずは，研究成果のクレジットについてである。

クレジットとは，研究に対する研究者の貢献を認めることである。クレジットの種類には，論文の著者として明記される「オーサーシップ」，他の研究論文等の著者名を明示する「引用」，オーサーシップは与えられないが専門的な知識の提供など当該研究に協力を仰いだ研究者に謝意を表明する「謝辞」が挙げられる。本項では，「オーサーシップ」について詳しく見ていく。一般的に，著者として名前が掲載された論文の数が，研究者の研究業績の数ということになる。そのため，オーサーシップが与えられるかどうかは，研究者にとって高い関心事となる。またそうであるからこそ，不正も起こりやすいポイントになるとも言える。

『科学の健全な発展のために』（日本学術振興会，2015）では，「論文の基となった研究の中で重要な貢献を果たした者には著者としての資格があり，そうでない者にはその資格はないと考えるべき」とし，国際医学雑誌編集委員会（International Committee of Medical Journal Edition: ICMJE）の投稿統一規程で定められた下記の 4 つの基準を示している。

①研究の構想・デザインや，データの取得・分析・解釈に実質的に寄与していること
②論文の草稿執筆や重要な専門的内容について重要な校閲を行っていること
③出版原稿の最終版を承認していること
④論文の任意の箇所の正確性や誠実さについて疑義が指摘された際，調査が適正に行われ疑義が解決されることを保証するため，研究のあらゆる側面について説明できることに同意していること

ICMJE の基準では，上記の「すべての条件を満たすこと」がオーサーシップの条件であるとされている。特に④にあるように，著者として名前が表示されるということは，その研究の「あらゆる側面」について説明する責任を負うことに注意が必要である。著者として名前を連ねた論文において研究不正行為が発覚した際には，当然，著者全員の責任が問われることになる。

このような条件を満たさないにも関わらず，本来の著者から贈られる偽りのオーサーシップは，「ギフト・オーサーシップ」と呼ばれる。先にも述べたように，著者として名前が入った論文の数が研究業績数としてカウントされるため，オーサーシップが「ギフト」としての役割をもつのである。ギフト・オーサーシップは，「不当であることはいうまでもなく，著者に加える側，加えられる側のいずれもが，研究倫理に反する行為であること」（日本学術振興会，2015）を認識する必要がある。大学院生の立場では，ギフト・オーサーシップを贈られる側になることはないかもしれないが，たとえば指導教員が著者の条件を満たさないことを認識しながらも指導教員への謝意を示すために著者に含めるなどは不適切な行為である。このような場合は，著者としてではなく，「謝辞」に名前を挙げることで対応すべきであろう。

また反対に，著者としての資格があるにも関わらず，著者として明記しないという不正も存在する。これは「ゴースト・オーサーシップ」と呼ばれる。悪質なゴースト・オーサーシップとして，実際には研究に深く関わった利害関係者の名前を伏せて，利益相反を隠蔽するなどの事例が存在する。

（2）　不適切な発表方法

『科学の健全な発展のために』（日本学術振興会，2015）では，不適切な発表方法として「二重投稿・二重出版」，「サラミ出版」，「先行研究の不適切な参照」が挙げられている。

二重投稿・二重出版とは，「著者自身によってすでに公表されていることを開示することなく，同一の情報を投稿し，発表すること」（日本

学術振興会，2015）である。二重投稿・二重出版は，業績数の水増しとなる点で問題があるだけでなく，論文査読にかかる労力も二重に必要となり他の研究者の貴重なリソースを浪費する点でも問題となる。掲載雑誌を変えて意図的に二重投稿を行うのは極めて悪質であるが，たとえば学内の研究紀要に投稿した論文と同一データを使って，論点を変えて学会誌へ投稿するような場合にも，先に公表した論文の存在に言及するとともに，別論文として投稿することの合理的な意義について説明し，当該雑誌編集委員会による判断を仰ぐ必要がある。

　サラミ出版とは，「一つの研究を複数の小研究に分割して細切れに出版すること」（日本学術振興会，2015）である。サラミのように，1本のソーセージを薄く切り分けることの比喩から命名されている。これも業績数の水増しになる点で問題があるだけでなく，研究の全体像が把握しづらくなり読者としての研究者に無用の労力をかける点でも問題があるとされている。臨床心理学の研究においては，たとえば1つの事例に関する事例研究について，論じるべきテーマの豊富さ・複雑さから1本の論文のみで論じ切るのが難しいといった場合もあろう。原則としては1事例につき1本の論文として発表するのが適切な対応になるが，第10章で学習したように，そもそも「1つの事例」をどのような単位で捉えるかによって議論も変化してくると思われる。同一事例から複数の論文を書こうとする場合も，二重投稿・二重出版に関する留意点と同様に，先に公表した論文の存在に言及し，別論文として投稿する合理的な意義を明確にする必要があるだろう。

　研究成果を発表する際には，先行研究を十分に調査して当該研究の学術的な位置づけと意義を明確にする必要がある。論文等に先行研究を引用する場合は，一字一句正確に引用することが何よりも大切である。また引用者に都合のよいように切り貼りをして元の論文の文意を変えてしまうことのないよう誠実な引用をしなければならない。ときに，引用文献リストの文献数を増やすだけの目的で当該論文とは関連が薄いにも関わらず，インターネット検索で手軽に手に入る文献を並べているのではないかと疑われる論文に出会うことがある。また著者の研究のオリジナ

リティを主張するために本来引用されるべき先行研究を引用していないのではないかと疑われる論文も存在する。論文引用のミスや見落としは，意図的か非意図的かを判別することは困難ではあるが，論文の読者は，当然適切な文献引用がなされているという前提で論文を読んでいる。意図的であれ，非意図的であれ正確さを欠く引用や引用すべき文献の見落としは，読者に混乱を生むのみならず，読者を通じて誤った情報が伝播されることで多大な社会的損害を生む可能性もあることを肝に銘じておく必要があるだろう。

（3）　倫理テスト

　以上，本章では研究にまつわる倫理問題について概観してきた。研究倫理については，まずこのようなトピックが倫理的に問題になりうるのだという自覚をもつことが何よりも大切である。しかしながら，単にテキストを読んで倫理問題が起こりうる項目を覚えるだけでは意味がなく，研究を実施するにあたって随所随所で適切な倫理的判断を実践できるようにならなければならない。そのためには，研究倫理上問題のある行為なのか否かを判断できる基準を身につけることが重要となる。

　眞嶋（2015）は，このような基準として「倫理テスト」を用いることを推奨している。倫理テストとは，倫理的に問題となるかもしれない研究行為があったときに，複数の観点から倫理に適うものであるかどうかをテストすることで，その行為の倫理的適切さを判断しようとするものである。具体的には，「専門職テスト」，「普遍化可能性テスト」，「危害防止テスト」，「公開可能性テスト」の４つが紹介されている。それぞれ以下のような事柄を問う（眞嶋，2015）。

①専門職テスト：その行いは，専門職の職務上許容されることか
②普遍化可能性テスト：すべての人がそのような行いをしたらどうなるか
③危害防止テスト：その行いは，行為者自身や他者に不当な危害を与えることか

④公開可能性テスト：その行いは，自分の同僚・上司・部下，所属する学術機関，学会，広く社会一般に対して自信をもって公開できるか，あるいは，その行いは，自分の同僚・上司・部下，所属する学術機関，学会，広く社会一般に知れ渡っても非難されないと考えられるか

　クリーンな研究行為は，上記４つのテストをすべてパスする。すなわち，倫理的に適切な研究行為は，専門職の職務上許容され，すべての人が同じ行いをしても問題が生じず，行為者自身や他者に不当な危害を加えず，かつ自信をもって公開できるという性質をもつ。一方，不適切な研究行為は，４つのテストの１つもパスすることができない。専門職の職務上許容されず，すべての人が同じ行いをすれば問題が生じ，行為者自身や他者に不当な危害を加え，自信をもって公開することのできないもの，となる。FFP（捏造，改ざん，盗用）は，まさにこれに該当する。
　たとえば，臨床心理学の事例研究で，クライエントの箱庭作品を研究者が再現して写真に撮って論文に掲載する行為は，倫理テストをパスするだろうか。①専門職テストでは，クライエントの箱庭作品は，面接中に片づけられてしまうことも多く，現物を記録に残せず，後に研究者が再現することはよくあることである。その行為自体に問題はなさそうである。②普遍化可能性テストはどうだろう。すべての人がクライエントの箱庭作品を再現しても，大きな問題は起きなさそうである。③危害防止テストについても，この行為によって不当な危害が加わることはなさそうである。④公開可能性テストはどうか。クライエントの箱庭作品を後にセラピストが再現して写真に撮っていることを広く公開するとすれば，クライエント本人もその事実を知ることになる。クライエントに断りなく，再現した写真を撮っているのだとすれば，倫理的な問題となりうるかもしれない。この場合，作品の現物を写真に撮って保管する，あるいは再現して写真に撮っていることについてクライエント本人の許可を得ているかどうかということが倫理的な論点となるだろう。このように，ある行為について，４つの倫理テストを課してみることで，その行

為において倫理的な問題となりうるポイントを明確にすることができる。自身の研究行為が倫理的にセーフなのかアウトなのか，迷ったときには，このような分析を行ってみるとよいだろう。

引用文献

科学技術・学術審議会 研究活動の不正行為に関する特別委員会 (2006). 研究活動の不正行為への対応のガイドラインについて―研究活動の不正行為に関する特別委員会報告書―
https://www.mext.go.jp/b_menu/shingi/gijyutu/gijyutu12/houkoku/__icsFiles/afieldfile/2013/05/07/1213547_001.pdf (2022年2月22日確認)
眞嶋俊造 (2015). 今，なぜ研究倫理なのか 眞嶋俊造・奥田太郎・河野哲也 (編著) 人文・社会科学のための研究倫理ガイドブック (pp.1-26) 慶応義塾大学出版会
National Academy of Sciences (1992). *Responsible Science: Ensuring the Integrity of the Research Process: Volume I.* Washington, DC: The National Academies Press.
文部科学省 (2014). 研究活動における不正行為への対応等に関するガイドライン
https://www.mext.go.jp/b_menu/houdou/26/08/__icsFiles/afieldfile/2014/08/26/1351568_02_1.pdf (2022年2月22日確認)
内閣府 (2016). 第5期科学技術基本計画
https://www8.cao.go.jp/cstp/kihonkeikaku/5honbun.pdf (2022年2月22日確認)
日本学術会議 (2015). 回答 科学研究における健全性の向上について
https://www.scj.go.jp/ja/info/kohyo/pdf/kohyo-23-k150306.pdf (2022年2月22日確認)
日本学術振興会「科学の健全な発展のために」編集委員会 (編) (2015). 科学の健全な発展のために―誠実な科学者の心得― 丸善出版
奥田太郎 (2015). 研究における不正行為 眞嶋俊造・奥田太郎・河野哲也 (編著) 人文・社会科学のための研究倫理ガイドブック (pp.113-128) 慶応義塾大学出版会
U.S. Department of Health & Human Services (1979). "The Belmont Report"
https://www.hhs.gov/ohrp/regulations-and-policy/belmont-report/read-the-belmont-report/index.html (2022年2月22日確認)

参考文献

　本章で主に参照した下記の書籍は，人文・社会科学から自然科学まで広く科学的研究に共通する研究倫理のトピックスが取り上げられており，一読の価値がある。日本学術振興会のHPには，書籍とほぼ同内容（カラーイラストと巻末資料は省かれている）の「テキスト版」が公開されている。

・日本学術振興会「科学の健全な発展のために」編集委員会（編）(2015). 科学の健全な発展のために―誠実な科学者の心得―　丸善出版

　【テキスト版】https://www.jsps.go.jp/j-kousei/data/rinri.pdf（2022年2月22日確認）

🔋 研究課題

・本章第3節（3）で紹介した「倫理テスト」を用いて，「箱庭療法の事例研究論文において，研究者が再現したクライエントの箱庭作品の写真を，再現であることを明記せずに掲載する」という行為が，研究倫理上適切な行為と言えるかどうか判断してみよう。

・あなた自身が実施する（実施を計画する）研究において研究倫理が問題となりそうな研究行為を1つ取り上げて，「倫理テスト」を用いて，研究倫理上適切な行為と言えるかどうか判断してみよう。

15 | 研究の遂行と研究成果の発表

川部哲也

　本章では，研究の遂行にあたりしばしば遭遇する困りごとについて紹介しつつ，対応する方法について具体的に例を挙げながら説明する。次に，研究成果を発表する方法として，学会発表および論文投稿の実際について解説を行う。最後に，臨床心理学における研究の意義について触れ，臨床心理実践と研究とが相互に影響を及ぼしあう関係にあることを説明する。

【キーワード】　研究計画　調査の実施　結果の分析　フィードバック　学会発表　臨床と研究の循環

1. 研究を進める上でのよくある困りごと

　いざ研究論文を書くとなった時に，必ずと言って良いほど困りごとに遭遇するものである。研究のプロセスにおける困りごとについては，「研究論文の書き方」と題する書籍が多数出版されているため，それを読むことが大いに参考になると思われる。しかし，筆者が遭遇したり，筆者のゼミ等で学生が遭遇したりする困りごとは，なぜか書籍には載っていない類のものが多い印象がある。ここでは，これまでに書籍等であまり取り扱われてこなかった困りごとについて，よくあるものを取り上げ，解説を行うこととする。

（1）　研究計画について

　研究を進める上で，いつまでに何をすれば良いのか，という質問に出会うことは多い。この点についてまず重要なことは，その研究論文の締め切りがいつであるかを確認することである。締め切り日がはっきりしている場合，そこから逆算して，「研究計画立案」「調査準備」「調査実

施」「結果分析」「論文執筆」のそれぞれについて，どれくらいの期間を確保することができるかを考えておく必要がある。予定通りに進まないことも多いので，余裕をもって日程を組むことが大切である。その上で「調査実施」に割り当てる日数を想定することにより，研究の規模（調査協力者の人数や面接調査の回数など）がおのずと決まってくる。このように締め切り日がある場合は，必然的にその日程に研究活動が縛られるわけであるが，研究として理想的なのは，締め切り日に縛られずに研究目的（リサーチクエスチョン）をもとに純粋に研究の規模を決定することである。早めに研究計画を立てることを心掛けたい。

　また，研究計画を立てる段階で時々「先行研究がない」という意見を耳にすることもあるが，先行研究が全くないということは稀であって，探し方を変えてみると見つかることが多いと思われる。自分の興味関心と全く同じ先行研究を探そうと思うと，見つからないものである（むしろ全く同じ先行研究があるなら，自分が研究する意味がないかもしれない）。ゆえに，類似した研究を探せば良い。臨床心理学の中になければ，隣接する領域，例えば文化人類学，認知科学，精神医学，看護学，社会福祉学などの分野にあたってみると良いだろう。そこでの知見をまとめ，まだ光が当たっていない課題を発見し，そこを自分が研究する，という論の流れを作れれば，リサーチクエスチョンを作りやすい。Webで文献検索するのみならず，図書館に足を運び実際に書棚を眺めながら，気になるタイトルを直感的に手に取ることもお勧めである。文献検索では見つからなかった資料が見つかるはずである。

　次に，研究指導体制についてである。修士論文作成にあたっては，多くの場合は指導教員から指導を受けながら研究を進めることになると思われるが，実際に研究を進める上で，どこまでが指導教員と相談して決定すべきことなのか，どこからが自分で進めて良いことなのかを迷うことがある。理想的には，定期的に論文指導の機会を設けてもらい，進捗状況を報告したり，考察の方向性を示してもらったりできれば良い。しかし，教員も学生も多忙であることが多いため，なかなか定期的な指導が受けられるとは限らない。そのため，定期的に会えない場合にどうす

れば良いのか，研究の進め方をあらかじめ相談しておくことを推奨したい。直接指導を受けられない場合は，メールでの相談が可能か，オンラインで面接指導を受けられるか等々である。そして，先の論点である「どこからは自分で進めて良いのか」を大まかに相談しておくと良いだろう。指導教員と連絡が取れずに研究が滞ることは案外生じやすい。

　研究指導に関連した点として，時として，指導教員の助言が，自分の研究の方向性とは微妙に異なる場合に悩むことがあるかもしれない。（例えば，指導教員は量的研究を勧めるが，自分としては質的研究を実施したい場合など。）その場合は，まず自身のリサーチクエスチョンがまだあまり明確になっていないがゆえに，指導教員に自身の意図が伝わっていない可能性を考えてみるのが良い。あるいは，指導教員が勧めることには何か意図があるのかもしれない（例えば，あなたの研究計画には実現が難しい点が含まれていますよと，暗にやんわりと指摘してくれているのかもしれない）。いずれにせよ，研究主体である自分のリサーチクエスチョンの意図を，明瞭に指導者に伝えることが重要である（臨床心理学の研究は教員のためにするものではない。臨床心理士となる自分が「臨床の知」（中村，1992）を身につけるためのものである）。それでも方向性が見出せない場合は，ぜひ第三者に研究の相談をしてみるのが良い。指導教員とは別の教員に相談できれば理想的である。大学院によっては副指導教員制度が設けられているところもあるが，仮にその制度がなくても，臨床心理学を学べる大学院には多くの場合複数人の臨床心理学の教員がいるので相談相手には困らないと思われる。同じ研究室に所属する先輩や同期，後輩と研究の話をしてみることも，きわめて有益である。研究室内のメンバーはおおむね同じ内容の困りごとを抱えていることが多いからである。

　また，量的分析を計画している場合は，量的分析に詳しい教員や研究仲間に相談すると，一人で調べて考えるよりも飛躍的に早く問題解決する。普段から研究仲間を見つけておくことがお勧めである。

（2） 調査について

　研究計画が定まれば，次は調査の準備に入ることになるが，最もよく
遭遇する困りごとは，「調査協力者が集まらない」である。なるべく早
い段階で，調査協力者の募集方法を考えておくことが望ましい。大学教
員に依頼し，その教員の講義の受講生に調査協力を呼び掛けるのが代表
的な方法であろう。あるいは，知人を通じて調査協力を呼び掛けること
も有効である。しばらく連絡を取っていなかった昔の友人に協力を仰ぐ
ことも考えてみて良い（筆者は修士論文の調査時に高校時代の友人に協
力してもらい，たいへん助かった経験がある）。調査協力者が集まれば，
そこから次の調査協力者を紹介してもらうという雪だるま式サンプリン
グを行うのも良い方法である。

　それでもなかなか集まらない場合がある。例えば①調査参加が心理的
に大きい負担であると受け取られてしまっている場合がある。この場合
は，調査内容を見直すことで改善することがある。例えば，負担感を減
らすために調査時間を短くしたり，対面調査ではなくオンライン調査に
したりするなどの方法がありうる。また，調査協力者を募集する際に，
あらかじめどんな調査であるかを平易な言葉で説明しておくと，調査協
力へのハードルが下がり参加しやすくなる。研究倫理の観点からも，事
前に調査説明することは重要である。次に，②調査協力者に該当する人
がそもそも少ない場合がある（例えば「兄弟が5人以上いる人」「南極
に行ったことがある人」など）。このように該当者が少ないことが想定
される場合は，無作為抽出によるサンプリングを行うべきではないだろ
う。先に述べた雪だるま式サンプリングや，SNS等で幅広く調査を呼
び掛ける，関係者が集まりそうな会合に連絡を取るなどの方法が良いと
思われる。臨床心理学研究では，「XX領域に勤務している人」や「XX
という病の経験のある人」といった協力者の条件を設定する場合がある
が，サンプリングの方針は同様である。

　調査協力者と途中で連絡が取れなくなるという困りごともしばしば生
じる。例えば，面接調査に協力すると申し出てくれた方に，いくらメー
ルをしても返事がないことや，複数回にわたって面接調査を行う予定

だった方が，途中で調査に来なくなり，その後も連絡がつかなくなることがある。この場合の原因の多くは，調査協力すると一度は意思表示したものの，その後事情が変わり協力できなくなったという事態が多い。その事情は多様であり，単純に多忙になっただけではなく，その調査によって受ける心理的刺激を無意識的に回避している場合もある（極端な場合は，協力者が調査の日になると急に体調を崩したり，寝坊したりするということが起こる）。いずれにせよ，調査への協力を強制しないことが大切である。その人が単純にメールチェックをしていなかっただけという場合もあるので判断は難しいが，一度確認の連絡をした後に返事がなければ，返事の催促を何度もメールするのは避けた方が良いと思われる。メールで連絡を取れなかった場合に備え，「この日までに私からの連絡がなければ，ここへご連絡ください」と，研究者の連絡先を書いた用紙をあらかじめ渡しておくと良いだろう。

　調査場所について迷うこともある。面接調査実施時には，プライバシーが守られる空間の確保が必須である。大学の演習室や実習室が使用できるのが望ましい。学外で実施する場合は，貸会議室の使用を検討するのが良い。例えば地域の公民館などの会議室は比較的安価に借りることができる。民間の貸会議室も存在する。公共の場であり，かつ話の内容が他に漏れることのない守秘の空間であるという2つの条件を確保することが重要である。喫茶店などの方がリラックスして話ができるかもしれないが，個人的な秘密の話が周囲に漏れてしまう可能性もあるため，しっかり区切られ個室に近い状況を作る必要があるだろう。一方，観察法における自然観察の場合はなるべく普段と同じ状況であることが重要であるため，特別な設定は必要ではなく，むしろ研究者の立ち位置に工夫が必要となる。研究者がどのような立場の人間として現場に入るかについて，現場の責任者にも利用者にも丁寧に説明を行うことなどを通して，現場に脅威を与えないことが重要である。

　調査実施時の留意点としては，調査開始前に調査に関する説明を行い，自由意思によって参加してもらうことや，調査不参加の場合や調査を途中で辞退する場合であっても，不利益はないことを説明することが必須

である（詳しくは第14章の研究倫理を参照）。その上で，調査の所要時間をあらかじめ示すことがマナーである。質問紙調査の場合はその時間を見て参加するか否かを考えやすくなるし，面接調査の場合は，終わりの時間が決まっていることで，調査協力者側も何の話をどこまで話すかを考えやすくなる。これは臨床心理面接において時間の枠があるのと同じ理由であり，終了時刻は必ず守ることが大切である。

（3）　結果の分析について

　量的分析にせよ質的分析にせよ，自分が当初予想していたような結果が出ないことがある（むしろ，しばしばあると言って良い）。この時に全く解釈が思い浮かばずパニックになる学生は多い。特に量的分析は結果が明瞭に出てくるため，仮説が支持されなかったショックは大きくなりがちである。「仮説は支持されなかった」と書くことが嫌で，なんとか別の仮説をひねり出そうとしたり，結果が出るまであらゆる複雑な統計手法を重ねたりする人があるが，まずは冷静になることが必要である。そのような時は，生のデータに立ち戻って，じっくり観察することから始める方が良い。特にデータの分布を示す散布図を入念に読むことが大切であり，それで有意差が出なかった理由がわかることも多い（データ分布の偏りや外れ値の存在など）。また，有意差の有無にこだわるよりも，分布の偏りや外れ値の存在自体が，心理現象を明らかにする貴重な結果であるという場合も多い。量的分析であっても，質的分析と同様に，データとの対話が必要というわけである。

　似たようなシチュエーションとして，自分の研究結果と先行研究の結果が一致しない場合というのがある。この場合は，すぐに自分の研究が失敗だったと思わない方が良い（先行研究が絶対に正しいと思いこんでいるとその考え方になりやすい）。両者を比較し，結果が一致しない理由を積極的に考えてみることが重要である（調査条件の違い，調査対象者の違い，調査時期の違いなどが注目ポイントである）。もしかすると，先行研究が見落としていたことを自分は発見できたのかもしれないと考えてみることもできるだろう。そうなると，自分の研究は新事実を発見

した興味深い論文となる。

　ただし時として，データをどう見てもそこから言える新たなことがないという統計結果もある。そのような時の研究者の落胆は大きく，論文提出の断念さえも脳裏によぎるほどの落ち込みが経験される。しかし，そういう時こそ発想を180度転換する必要がある。この場合，「確かなことが何も言えない」ということがこの研究の「大切な結論」である。つまり「仮説が支持されなかった」ということが，何よりの強力な「結論」なのである。この場合は，なぜ仮説が支持されなかったのかを念入りに考察することが重要である。仮説の立て方に問題があったのか，調査方法に問題があったのか，データやサンプリングに問題があったのか，考えられる限りの可能性を挙げ，それらを「今後の課題」として論文に記載すれば，未来の研究者への貢献となり，価値のある研究論文となる。

（4）　フィードバックについて

　研究終了後（修士論文の場合は論文提出後）に，調査協力者に対して研究結果のフィードバックを行うことが望ましい。調査に協力してくれたお礼の意味を込めて，調査協力者および調査現場に知を還元することが研究者として大切な責務である。ゆえに，調査実施時にあらかじめ，結果のフィードバックを希望するか，希望する場合はどのような形態を希望するかを尋ねておくと良いだろう。

　フィードバックには，大別して2つの形態がある。全体フィードバックと個別フィードバックである。全体フィードバックとは，調査から示された全体の傾向を，調査協力者全体向けに一斉にフィードバックするものである。論文の要旨とほぼ同じ内容になることが多いが，専門家でない人にもわかりやすいように，図表等を用いて視覚的に理解しやすい形にするとともに，平易な言葉でシンプルに説明することが重要である。一方で，個別フィードバックとは，個別の面接調査等で得られた結果を，個別にフィードバックするものである。例えば個別調査でバウムテスト等の描画を行った場合に，その描画から考察される個別的な内容をフィードバックするなどである。このフィードバック自体も個別で実施

されるため，そこで調査協力者からあらためて大切な話が語られることも多く，研究結果の解釈がより深まることがある。双方に余裕がある場合は，この個別フィードバックが行えると良いだろう。

2. 研究発表のすすめ

(1) 研究発表とは

修士論文が完成し，審査に合格すれば，めでたく修士課程修了となるが，それだけで喜んでいてはもったいない。せっかくの研究活動の成果であるから，その知見を広く社会に還元することが推奨される。フィードバックの項でも述べたが，自分の研究成果を発信することには多くのメリットがある。主な研究発表の場として，学会発表が挙げられる。

学会が年に1回主催する「大会」において，研究発表をすることを「学会発表」と呼んでいる。集まるのは学会に所属する学会員である。心理学関連で最も大きい学会だと会員数が約3万人であるが，1000人規模やそれより小規模の学会も多い。会員全員が大会にやって来るとは限らず，会場の立地にもよるが，大会参加者数は全会員の約3分の1程度と考えられる。会場は大会幹事の所属する大学キャンパス内で行われることが多いが，会員数が多い学会では大規模なホールを有する会場，全国から会員が集まる学会では，交通アクセスの良い会場が選ばれることが多い。懇親会が設定されていることも多く，学会員同士の交流が行われるよう工夫がなされている。

学会発表にはいくつか形式がある。大別すると「口頭発表」と「ポスター発表」がある。

口頭発表は，所定の時間内（5分などごく短い場合もあれば，3時間じっくり時間をかける場合もある）に口頭でプレゼンテーションを行うセッションである。パワーポイント等で作成したスライド映像を使って，発表することが多い（なお事例研究の場合は，守秘の観点から発表は紙資料あるいは口頭のみとし，発表後に紙資料を回収するのが原則である）。会場は大きい場合も小さい場合もあるが，質疑応答の時間が設けられることが多い。

　ポスター発表は，大きいホール等で，一斉に多数のポスターが貼りだされる。ポスターはＡ０判（841×1189mm）の場合が多い。かなり大きい紙なので，専用のプリンターで印刷するか，ポスター印刷業者に依頼することになる。それが難しい場合，口頭資料と同様のスライド資料を作成し，Ａ３判やＡ４判の用紙を複数枚印刷してポスター発表にすることも可能であるが，見やすさおよび記載できる情報量の点で，Ａ０判ポスターを１枚貼る方が優れた方法である。所定の時間（１時間程度），発表者はそのポスターの前に立ち，見に来られた方に研究内容を説明したり，質問に答えたりする。

　研究発表テーマの例として，臨床心理学研究を幅広くカバーしている日本心理臨床学会の大会発表時のカテゴリーを紹介する（**表15-1**）。臨床心理学においては，多種多様な研究が行われていることがわかる。

（２）　学会の種類

　第１章で説明があったように，「臨床心理士」の専門業務として，臨床心理査定・臨床心理面接・臨床心理的地域援助に関する調査・研究が挙げられている。すなわち，臨床心理専門職になってからも継続して研究を続ける重要性が示されている。経験を積んだ臨床心理専門職の人が積極的に学会に出席し研究発表を行っている。学会にはたくさんの種類があるため，いずれに入会するか迷うかもしれないが，関心のある臨床心理面接技法，臨床心理査定技法，臨床心理実践現場の領域などから選ぶと良いだろう。多くの人は複数の学会に所属しているため，複数の学会に参加することも推奨される。また，学会によっては非会員でも大会参加できるものがあるので，入会するかどうかは一度大会に参加してみて決めるのも良いだろう。

　臨床心理学関連の学会の例として，**表15-2**に公益財団法人日本臨床心理士資格認定協会によって臨床心理士の研修機会として認められている学会（2021年度現在）の一覧を挙げるので，自分の関心に合うものを探してみてほしい。ここに挙げた学会以外にも研修機会を提供している学会は多く存在する。

表15-1 臨床心理学の研究テーマの例 （日本心理臨床学会第41回大会）

01：倫理・臨床心理職関連行政

02：心理臨床研究法
　　質的研究法，量的研究法，事例研究法

03：心理アセスメント
　　質問紙法，投映法（含む描画法），発達検査，テストバッテリー，心理面接に
　　おけるアセスメント

04：心理療法
　　認知行動療法／行動分析，力動的心理療法（含む夢分析），人間性心理療法
　　（含むフォーカシング），遊戯療法，表現療法（箱庭療法・描画療法など），ト
　　ラウマ療法（PE，TF-CBT など），トラウマ療法（EMDR など），日本の心理
　　療法（内観療法，森田療法など），動作療法，家族療法・短期療法，集団心理
　　療法（含むデイケア）

05：医療保健領域
　　精神疾患，心身症，身体疾患（含む整形外科・外科），先端医療（遺伝性疾
　　患・不妊治療・臓器移植など），周産期・小児期臨床，高齢期臨床，神経心理
　　学，緩和ケア，チーム医療，その他（救急医療・医療者支援・治験など）

06：教育領域
　　スクールカウンセリング（含む保育カウンセリング），大学学生相談，予防教
　　育（ストレスマネジメント・ソーシャルスキル・ピアサポート・グループエン
　　カウンターなど），特別支援教育，不登校，その他（緊急支援など）

07：福祉領域
　　障害児者臨床（含む視覚障害・聴覚障害），施設臨床（乳児院・養護施設・母
　　子生活支援施設など），虐待臨床，DV・ストーカー被害臨床，子育て支援臨床

08：司法矯正領域
　　被害者支援臨床，加害者更生臨床，非行臨床，犯罪心理学

09：産業領域
　　ストレスチェック，EAP・企業内心理相談，就職支援臨床，復職支援臨床

10：社会的課題
　　いじめ，ハラスメント，マイノリティ・ジェンダー・性的違和，異文化理解，
　　ネット依存・スマホ問題，アディクション（アルコール，薬物，ギャンブルな
　　ど），災害・事件・紛争後の心理支援，ひきこもり，自殺予防

11：臨床心理教育
　　大学院教育（学内実習・学外実習・ケースカンファレンスなど），卒後教育，
　　スーパーヴィジョン

12：資格問題

13：その他

表15-2　臨床心理士教育研修機会として認められている関連学会

産業・組織心理学会	日本集団精神療法学会
日本カウンセリング学会	日本小児心身医学会
日本家族療法学会	日本小児精神神経学会
日本家族心理学会	日本小児保健協会
日本学生相談学会	日本心身医学会
日本芸術療法学会	日本心理劇学会
日本認知・行動療法学会	日本ストレス学会
日本交流分析学会	日本パーソナリティ心理学会
日本催眠医学心理学会	日本特殊教育学会
日本心理学会	日本トラウマティック・ストレス学会
日本心理臨床学会	日本人間性心理学会
日本自律訓練学会	日本発達障害学会
日本精神衛生学会	日本発達心理学会
日本精神分析学会	日本犯罪学会
日本生理心理学会	日本描画テスト・描画療法学会
日本内観学会	日本ブリーフサイコセラピー学会
日本箱庭療法学会	日本マイクロカウンセリング学会
日本犯罪心理学会	日本遊戯療法学会
日本リハビリテイション心理学会	日本ユング心理学会
九州臨床心理学会	日本臨床心理劇協会
日本EMDR学会	日本臨床心理身体運動学会
日本LD学会	日本臨床動作学会
日本行動科学学会	日本ロールシャッハ学会
日本子ども健康科学会	包括システムによる日本ロールシャッハ学会
日本キャリア・カウンセリング学会	日本森田療法学会
日本児童青年精神医学会	

（公益財団法人　日本臨床心理士資格認定協会 HP をもとに筆者が改変）

（3）　研究発表のメリット

　口頭発表とポスター発表にはそれぞれ長所がある。まず口頭発表では，来場者全体に詳細な説明を行うことができるので，多くの人に自分の発表の意図を伝えやすいというメリットがある。その上で質疑応答がなされるため，良質な質問がなされることが多く，実のある議論が展開する。また，その発表の場には指定討論者や司会，座長（学会により名称や役割は異なる）といった先輩研究者がおり，議論を整理・展開してくれる

ので，発表者にとって新たな発見が得られることが多いといえる。

　一方，ポスター発表にもメリットがある。口頭発表と異なり，発表者側から内容を説明する時間は短くなるが，そのぶん参加者が質問する時間，意見交換する時間は長くなる。あらかじめそのポスター発表を目当てに立ち寄る人もいるが，通りすがりにポスター発表の内容に惹かれて，ふらりと立ち寄る参加者も多い。まるで市場のような雰囲気である。口頭発表のようなフォーマルな空気がないため，一対一で普段通りの会話ができる場であるといえる。素朴だが実のある議論ができることが多い。多くの人が聞いている中では発言しにくいような，個人的な意見も聞くことができる。臨床心理実践の領域が近い研究者が聞きに来ることが多く，同じ関心をもつ仲間と出会える良い機会ともなる。名刺交換をして，その後も知的刺激を継続して与えあう関係が作れると良いだろう。

3. 臨床と研究の循環

（1）　学会誌への論文投稿

　学会発表を経験すると，その研究の長所と短所が明確になることが多い。有益な助言や新たな観点が手に入り，研究内容をさらに磨き上げることができるだろう。次に，研究成果をさらに広く知ってもらうために，その内容を学会誌に投稿することを検討してみると良い。学会誌というのは，学会員に配布される研究論文集であり，厳正な査読を経て掲載可となった論文のみが掲載される。いわば，専門家に認められた研究結果として，研究者集団の共有の知的財産となる。なお，論文投稿は学会発表したことがある内容でも，学会発表したことがない内容でも構わない。また，発表した学会と異なる学会の学会誌に投稿しても構わない（ただし，同じ内容を複数の学会誌に投稿するという，いわゆる「二重投稿」は禁止されていることがほとんどである。学会誌に投稿する論文の内容は未発表のものである必要がある）。

　論文投稿の種類は学会によって異なるので，各学会の論文執筆ガイド（執筆・投稿の手引き）を参照する必要がある。一例として，日本心理臨床学会の論文執筆ガイド（2016）では，研究論文・資料論文・文献展

望の３種類が設定されている。

　研究論文（Research and Practice）とは「事例，調査，実験，理論的検討などに基づき，系統的に構成された論文」である。「その標準的な構成は，事例においては，問題（目的），事例の概要，面接経過ならびにその分析，考察およびまとめ，となろう。また，調査や実験においては，問題（目的），方法，結果，考察およびまとめ，となる。さらに研究論文では，独創性や臨床的有用性が求められる。」とある。事例研究や調査研究といった研究スタイルに応じて，書き方が多少異なることが示されている。

　資料論文（Brief Report）とは，「研究論文とは位置づけが少し異なり，資料的な価値や速報性などの要素が強くなる。例えば，心理検査等の興味あるデータ，臨床的な尺度作成，新たな技法の萌芽的な知見，興味ある観察事実，これまでの研究成果の追加的情報などを指す」。研究論文の体裁を取るとは限らず，新たな知見が得られたことを端的に伝える役割を果たす。

　文献展望（Review）とは，「特定のテーマについて内外の研究文献を総合的あるいは批判的にレビューして，まとめた論文を指す」。その役割は，「心理臨床の新たな課題や専門領域について，前提とすべき基本文献や引用度の高い文献を精査した上で，今後注目すべき課題や心理臨床の発展の可能性を秘めたアイデアに関連する内外の文献を，著者独自の視点で取捨選択し，総合的に，かつ批判的に検討した展望論文の役割」と位置づけられている。

　学会によっては，研究論文の中にさらに種類を設けていることもあるが，多くは上記の３種類であろう。それぞれ規定の文字数は，研究論文が約２万字（一例として日本心理臨床学会では40字×40行×11枚が限度であるから単純換算で17600字となる），資料論文は研究論文よりもやや少ない文字数である場合が多い（同学会では研究論文の半分，すなわち8800字となる）。文献展望は研究論文と同等の文字数が限度として設定されていることが多い（同学会では17600字）。

　論文を投稿すると，査読者による審査が行われる。一度の査読で掲載

可となることは稀であり，多くの場合は，論文の修正を求められる。査読者のコメントに応じて修正した論文を再度投稿し，審査を受けるというサイクルを繰り返す。その結果，掲載可となればめでたく学会誌に論文が掲載されることになる。査読のコメントは時に厳しい印象もあるが，コメントには研究論文をより良くするための助言が含まれていることが多く，修正していくうちに，より磨き上げられた論文になっていく。このプロセスを経て，研究者として論文を執筆する力も磨かれていくといえよう。

（2） 臨床と研究の循環

　ここまで，研究発表と論文執筆について述べてきたが，その研究活動がなぜ臨床心理専門職にとって大切なのかということを最後に論じたい。もしかすると，次のように考える人もいるかもしれない。つまり，臨床心理専門職にとって何より大切なのは臨床心理実践である。ゆえに，研究をしている時間と労力があれば，その時間を一人でも多くの人の臨床心理業務に充てるべきである，と。確かにその考え方は一理ある。しかし，論語に「子曰く，学びて思わざれば則ち罔し（くらし），思いて学ばざれば則ち殆し（あやうし）」と言われているように，いくら自分一人だけで考えていても，新たな知見を学ぶことがなければ，独善的になってしまいがちとなる。特に臨床心理学の知見は日進月歩であり，常に新たな知見を取り入れる必要がある。さらに言えば，自身の実践経験に照らして，自らが率先して新たな知見を生み出すのが理想的な臨床心理専門職の役割であろう。

　河合隼雄は，著書『明恵　夢を生きる』（1987/1995）の文庫版まえがきにおいて，明恵の『夢記』を読んだ際に，「このときは，とうとう日本人の師を見出したという強い確信をもった。そして，その師に導かれて筆者は仏教の世界のみならず，平安時代の物語にまで関心を深めてきている」と述べている。これは，臨床心理学研究の理想型のひとつであると筆者は考える。すなわち，臨床心理学研究においては，重要な他者との出会いを通して（その出会いは事例である場合もあれば，調査，実

験，文献のいずれかである場合もあるだろう），自分の臨床心理実践の核となりうる師匠＝他者に出会うことが究極的に重要であると考えられる。こころについてこれほどまでに深く考えたことがあるのか，と自身のこころが震えるような他者との出会い。これが臨床心理学研究の意義であるといえる。その研究は，今後の臨床心理専門職としての仕事の支えとなり，心理職者自身の人生の導き手にもなりうるのである。

　副産物として，研究という客観的な姿勢を取ることにより，自分の臨床心理実践を第三者として俯瞰する視点を獲得できる。臨床心理面接や臨床心理査定においては，どっぷりと主観的にクライエントに関わることが多くなるため，それとは異なる冷静な目で事例を見つめる研究活動が，自分の実践に対するメタの視点を獲得するために非常に重要となる。研究は，量的研究，質的研究，混合研究，事例研究それぞれにおいて，臨床心理実践に役立つ可能性がある。量的研究においては，多くの人（多数派）の視点を得ることができる。質的研究においては，ある集団・ある属性をもつ人々の視点を得ることができる。混合研究においては，その両方を活かすことができ，客観的視点と主観的視点の往復運動を経験することになる。事例研究においては，目の前の一人のこころをどれだけ深く理解できるかという視点を得ることができる。一般法則の範疇を超えたその人の個性を「私」との関係において捉える試みともいえ，治療者である自分を客観化する営みであるともいえる。いずれの研究法によっても，「臨床の知」にアプローチすることは可能であるといえる。本書の主旨としては，自分のリサーチクエスチョンを見出し，それを磨くことにより，自分の研究にふさわしい研究の方法論を選ぶことが重要であると考えている。本書の全部の章を読み通すと，様々な研究法があることがわかるだろう。その上で，自分の研究にはどの方法論が最も適しているだろうかと，じっくりと考えるのが大切である。このプロセスはまさに，臨床心理面接において，目の前にいる他ならぬこの固有のクライエントに，どのように応じるのかと自問する過程と重なりあう。決まった答えがあらかじめあるわけではなく，その場その時に応じた技をオーダーメイドで作り上げていかねばならない。臨床心理学研究

もきっとそのようなものであるのだろう。

　このように，臨床心理学においては，臨床と研究とが相互に作用を及ぼしあっている関係になっていることが望ましい。知性のみを働かせて行う研究も可能であろうが，せっかく臨床心理学研究を志すのであれば，臨床と研究とが循環するようなイメージをもって，臨床心理学研究に取り組むのが良いと考えられる。

引用文献

河合隼雄（1987/1995）．明恵　夢を生きる　講談社
公益財団法人 日本臨床心理士資格認定協会 HP．臨床心理士の手引き
　fjcbcp.or.jp/tebiki/（2022年6月25日現在）
一般社団法人 日本心理臨床学会　学会誌編集委員会（編）（2016）．心理臨床学研究　論文執筆ガイド［2016年改訂版］　日本心理臨床学会
　https://www.ajcp.info/pdf/rules/Publication_Manual_for_Journal_of_AJCP.pdf
　（2022年6月25日現在）
中村雄二郎（1992）．臨床の知とは何か　岩波書店

参考文献

　統計に関する困りごとについては，幅広く統計法をカバーしているこれらの書籍がお勧めである。
・吉田寿夫（1998）．本当にわかりやすい すごく大切なことが書いてある ごく初歩の統計の本　北大路書房
・吉田寿夫（2018）．本当にわかりやすい すごく大切なことが書いてある ごく初歩の統計の本　補足Ⅰ，Ⅱ　北大路書房
・吉田寿夫（2018）．本当にわかりやすい すごく大切なことが書いてある ちょっと進んだ 心に関わる 統計的研究法の本　Ⅰ，Ⅱ，Ⅲ　北大路書房

研究課題

・実際に修士論文を執筆するプロセスをなるべく具体的にイメージし，どの作業に時間がかかりそうかを考慮しながら研究計画のスケジュールを立ててみよう。

・修士論文執筆時に困りごとが出てきたら，誰に，どのように相談したら良いか，具体的に考えてみよう。

・自分の研究成果を学会発表する場合はどの学会で発表するのが良いか，またどのような発表形式が良いか，学会についてホームページ等で調べながら，具体的に考えてみよう。

274

索引

●配列は五十音順，＊は人名を示す。

●英数字

FFP　245
G-P 分析　71
GTA　113, 116, 121, 132
KJ 法　116, 118, 132
M-GTA　116, 122, 127
p 値　85
QRP　246
SD（Semantic Differential）法　70
SEM　93, 95
TEA　116, 130
TEM　130, 132
t 検定　90

●あ　行

アイゼンク（Eysenck）＊　207
アクションリサーチ　148
厚い記述　109
アナログ研究　64
α 係数　89
逸話記録法　68
イン（Yin, R. K.）＊　175
因子負荷量　88
因子分析　71, 85, 87
インフォームド・コンセント　240
ヴァルシナー（Jaan Valsiner）＊　130
ヴィンデルバント（Windelband, W.）＊　11
エスノメソドロジー　100, 101
オーサーシップ　250
オーバーラポール　69

●か　行

ガーフィンケル（Garfinkel, H.）＊　101
回帰分析　93
改ざん　245

χ^2 検定（カイ二乗検定）　92
会話分析　217
確認的因子分析　88
仮説検証型　35, 82, 102
仮説生成型　35, 102
課題分析　217
川喜田二郎＊　118
間隔尺度　86
観察法　67, 139
間主観的普遍性　196, 197
間接引用　231
巻末引用　231
ギアーツ（Geertz, C.）＊　109
危害防止テスト　253
記述統計　84
基準関連妥当性　72
基礎心理学　12
木下康仁＊　122, 127
ギフト・オーサーシップ　251
帰無仮説　85
グラウンデッド・セオリー・アプローチ
　（GTA）　113, 116, 121, 214, 216
クラスター分析　89
グレイザー（Glaser, B. G.）＊　35, 121, 122,
　129
クレジット　250
クレスウェル（Creswell, J. W.）＊　139, 143,
　144
クロンバックの α 係数　72
群　91
決定係数（R^2）　94
研究不正行為　245
検査法　73
現象学的アプローチ　214, 216
公開可能性テスト　254

効果研究（outcome research）　190, 205

効果研究のデザイン　210

効果量（effect size）　57

交互作用　76, 92

構成概念　70

構成概念妥当性　72

構造化面接　40, 66, 105, 215

構造主義的モデル　100, 101

構造方程式モデリング（SEM）　93, 95

構築主義　140

項目―全体得点相関分析　71

ゴースト・オーサーシップ　251

個人情報　242

個性記述的研究　11, 198

個性記述的な事例研究　157

好ましくない研究行為　246

●さ　行

再検査法　72

作業検査　74

作業同盟　214

サトウタツヤ＊　118, 130

査読　45

サラミ出版　252

参加観察法（参与観察）　67

参加者間計画　76

参加者内計画　76

サンプリング　150, 260

参与観察　67

時間見本法　68

事象見本法　68

自然観察法　67

実験者効果　76

実験的観察法　67

実験法　75

質的改善研究　190

質的データ　63, 86

質的な1　179, 180

質問紙法　70, 139

社会構成主義　140

斜交回転　88

重回帰分析　94

修正版グラウンデッド・セオリー・アプローチ（M-GTA）　116, 127

従属変数　75

自由度調整済みの R^2　94

主効果　92

主成分分析　89

順序尺度　86

条件の統制　84

剰余変数　76

事例　174

事例研究法（case study method）　156

事例の概要　167

事例の経過　168

人格検査　74

神経心理学的検査　74

人口統計学的属性　86

シンボリック相互作用論　100

信頼区間　86

信頼性　72

心理検査（検査法）　73

心理療法に関する実証研究　203

心理臨床学　13

水準　76

スーパーヴィジョン　163

数量化三類　89

ストラウス（Strauss, A. L.）＊　35, 121, 122, 129

スピアマンの順位相関分析　92

省察的な事例研究法（reflective case study research）　160

生態学的妥当性　65

切片化　124

先行研究　43
専門職テスト　253
相関係数　85, 92
蔵書検索システム　48
総説　55

●た　行
対応の有無　91
体験過程スケール　214
タシャコリ（Tashakkori, A.）＊　25, 142
多重共線性　94
多重比較　91
妥当性　72
単一事例研究　160
単一事例実験　77
探索的因子分析　88
知能検査　74
調査対象者　63, 225
調査的面接法　66
直接引用　231
直交回転　88
ディセプション　241
データベース　48
適合度　96
テッドリー（Teddlie, C.）＊　25, 142
デモグラフィック属性（人口統計学的属
　性）　86
電子ジャーナル　49
デンジン（Denzin, N. K.）＊　138
投映法　74
統計ソフト　87
統計的検定　84
統計的推定　84
統計分析　82
統制群　211
盗用　245
特定不正行為　245

匿名化　243
独立変数　75
トライアンギュレーション　138

●な　行
内容的妥当性　72
二重出版　251
二重投稿　251
捏造　245

●は　行
パス解析　95
ハリー（Hulley, S. B.）＊　31
半構造化面接　40, 66, 105, 215
ピアソンの積率相関係数　92
非構造化面接　40, 66, 105, 215
非参加観察法　67
ヒステリー研究　158
人を対象とする研究　240
批判的思考（critical thinking）　45, 47
標準回帰係数（β）　94
標準偏回帰係数（β）　94
剽窃　231
標本　63, 83
比率尺度　86
フィールドワーク　69
複線径路等至性アプローチ（TEA）　116,
　130
複線径路等至性モデリング（TEM）　130
普遍化可能性テスト　253
プラノクラーク（Plano Clark, V. L.）＊
　143
フリック（Flick, U.）＊　28, 99, 100, 102,
　111
ブルーマー（Blumer, H.）＊　100
フロイト（Freud, S.）＊　13, 33, 36, 158

プロセス研究（process research） 205, 206
プロセス研究のデザイン 215
文献 44
文献研究 44, 54
文献検索 51
文献展望 55
文献の入手方法 49
文献のマッピング 53
文献のまとめ 44
文献レビュー 43, 44, 47
分散分析 90, 92
分析単位 175
文中引用 231
変数 86
法則定立の研究 11, 198
法則定立な事例研究 157
母集団 63, 83
ポスト実証主義 140
没主観的普遍性 196

●ま 行
無作為抽出 64
名義尺度 86
メタ分析 55, 57, 212
面接法 65, 139

●や 行
ユング（Jung, C. G.）＊ 13
要因 92

●ら 行
ランダム化比較試験（Randomized Controlled Trials） 212
ランダムサンプリング 64, 84
利益相反 241
リサーチクエスチョン 28, 29, 34, 37, 102, 125, 258
リッカート（Likert）法 70
量的研究法 81
量的データ 63, 86
量的な 1 178, 180
理論的検討 55, 56
理論的サンプリング 122, 129
理論的飽和 122, 129
臨床群 64
臨床心理士 16, 17
臨床的面接法 65
倫理テスト 253
レベル I の一般化 192, 193, 194, 198
レベル II の一般化 192, 194, 195, 196, 198
ロジャーズ（Rogers, C. R.）＊ 213

分担執筆者紹介

（執筆の章順）

田附　紘平 （たづけ・こうへい）

・執筆章→ 3・5・12

1989年　滋賀県に生まれる
2012年　京都大学教育学部教育科学科卒業
2017年　京都大学大学院教育学研究科臨床教育学専攻博士後期課程
　　　　修了，博士（教育学）
　　　　京都大学大学院教育学研究科特定助教，名古屋大学大学院
　　　　教育発達科学研究科講師を経て
現在　　名古屋大学大学院教育発達科学研究科准教授
専攻　　心理臨床学
主な著書　『二者関係のこころ』（単著，京都大学学術出版会）
　　　　『心理支援の理論と方法』（共編著，ナカニシヤ出版）
　　　　『事例研究から学ぶ心理臨床』（共著，創元社）

片畑　真由美 （かたはた・まゆみ）

・執筆章→ 4・13

2002年　京都大学教育学部教育科学科卒業
2007年　京都大学大学院教育学研究科臨床教育学専攻博士後期課程
　　　　研究指導認定退学，博士（教育学）
現在　　大阪公立大学現代システム科学研究科　准教授
専攻　　臨床心理学
主な著書　『箱庭療法の事例と展開』（共著，創元社）
　　　　『心理臨床における臨床イメージ体験』（共著，創元社）
　　　　『昔話から学ぶ人間の成長と発達―グリム童話からディズ
　　　　ニー作品まで―』（共著，ナカニシヤ出版）
　　　　『遊戯療法―様々な領域の事例から学ぶ―』（共著，ミネル
　　　　ヴァ書房）

編著者紹介

石原　宏（いしはら・ひろし）
　　　　　　　　　　　　　　　　　　　　　・執筆章→ 1・9・10・11・14

1977年　　大阪市にうまれる
2004年　　京都大学大学院教育学研究科博士後期課程修了，博士（教
　　　　　育学）
　　　　　京都大学大学院教育学研究科助手，佛教大学講師，准教授
　　　　　を経て
現在　　　島根大学学術研究院人間科学系　准教授
専攻　　　臨床心理学
主な著書　『箱庭療法の治療的仕掛け』（単著，創元社）

川部　哲也（かわべ・てつや）
　　　　　　　　　　　　　　　　　　　　　・執筆章→ 2・6・7・8・15

1977年　　大阪府に生まれる
2000年　　京都大学教育学部教育心理学科卒業
2005年　　京都大学大学院教育学研究科臨床教育学専攻博士後期課程
　　　　　学修認定退学，博士（教育学）
　　　　　京都大学大学院教育学研究科助教，大阪府立大学人間社会
　　　　　学部講師・准教授，大阪府立大学大学院人間社会システム
　　　　　科学研究科准教授を経て
現在　　　大阪公立大学大学院現代システム科学研究科准教授
専攻　　　臨床心理学
主な著書　『心が活きる教育に向かって──幸福感を紡ぐ心理学・教
　　　　　育学』（共著，ナカニシヤ出版）
　　　　　『身体の病と心理臨床──遺伝子の次元から考える』（共著，
　　　　　創元社）
　　　　　『魂と心の知の探求──心理臨床学と精神医学の間』（共著，
　　　　　創元社）

放送大学大学院教材　8950741-1-2311（ラジオ）

新訂　臨床心理学研究法特論

発　行　　2023年3月20日　第1刷
編著者　　石原　宏・川部哲也
発行所　　一般財団法人　放送大学教育振興会
　　　　　〒105-0001　東京都港区虎ノ門1-14-1　郵政福祉琴平ビル
　　　　　電話　03（3502）2750

Printed in Japan　ISBN978-4-595-14192-8　C1311